SV

Andrej Bitow

Georgisches Album

Auf der Suche nach Heimat

Deutsch von Rosemarie Tietze

Suhrkamp Verlag

Die Originalausgabe erschien 1996 unter dem Titel
Gruzinskij al'bom bei Folio, Charkow/TKO AST, Moskau

Satz: TypoForum GmbH, Seelbach
Druck: Nomos Verlagsgesellschaft, Baden-Baden
Printed in Germany
Erste Auflage 2003
ISBN 3-518-41478-X

1 2 3 4 5 – 07 06 05 04 03

Wofür wir die Georgier geliebt haben

1.

Meine Tochter sagt: »Früher mal gab es viele Georgier.«

Und meine Tochter ist vierzig. Da hat der Mensch schon Erinnerungen ...

Es gab also viele Georgier, noch vor einer Generation.

Und meine Tochter hat recht!

Früher gab es bei uns *Völkerfreundschaft*. Usbeken, Tadschiken und Aserbaidschaner waren in aller Munde, sogar Osseten. Armenier gab es noch speziell, der Witze wegen. Und Juden natürlich. Tschetschenen gab es, wie mir scheint, noch nicht. Es gab Gerüchte über die vertriebenen Tschetscheno-Inguschen (wie über die Krimtataren). Aber nur die Georgier haben wir speziell geliebt, ohne Völkerfreundschaft. Sollten wir sie dafür geliebt haben, daß sie keine Usbeken, keine Tataren, keine Armenier und keine Juden sind? Heute kommt mir der Verdacht, wir hätten sie dafür geliebt, daß sie keine Russen sind. Nicht wir. Aber wie wir. Aber besser als wir ... Nein, nicht besser natürlich – schöner!

Schwierig, sich selbst der Unschönheit zu verdächtigen.

Nein, es will mir nicht gelingen, Politkorrektheit zu wahren!

2.

Das *Georgische Album* wurde gleich nach den *Armenischen Lektionen* geschrieben, davon zeugt die »Erinnerung an Hararzin«, das erste, das Einreisekapitel.

Der Übergang. Über den Paß.

Die *Armenischen Lektionen* waren, so erwies sich beim Blick zurück von der Paßhöhe, wie eine Kirche gebaut. Eine ganzheitliche, siebenkuppelige Konstruktion, durchaus dem Objekt der Beschreibung vergleichbar ... und ist nicht eingestürzt, hat standgehalten.

Armenien hatte ich erschlossen, nach Georgien kehrte ich zurück. Wie nach Hause. Deshalb ist das *Georgische Al-*

bum keine Kirche mehr, sondern eine Kirchenruine. Darum wechseln georgische und russische Kapitel einander ab. Darum auch »Album«, weil die einzelnen Seiten für sich stehen.

Wir sind uns ähnlich, aber sie sind schöner. Verliebtheit und Liebe, heißt es, unterscheiden sich genauso wie Werbung und Ehe. Weiß ich nicht, sagt Soschtschenko, glaub ich nicht. Werben, das können die Georgier. Und eben da setzt wenn nicht Neid, so Eifersucht ein. Wie der den letzten Rubel aus der Tasche zieht, wie ein Cowboy die Pistole, was der für Halbschuhe anhat! Wie ihm der Mantel vorne aufspringt! Was für ein Manschettenknopf, dabei fehlt der andre. Wie unrasiert der ist! Als hätte er extra drei Tage ausgeharrt, bevor er aus dem Haus ging. Der Haß auf Menschen von gutem Schlag, der im Oktober-Umsturz triumphierte, wurde unbewußt SUBLIMIERT in dieser eifersüchtigen Vorliebe für die Georgier … Haben ja praktisch den gleichen Glauben, trinken gern, ihr Akzent bringt uns die Muttersprache zurück. (Im übrigen hat Stalin die russische Sprache sehr geliebt, sogar zu sehr, womöglich hätte er sie liebend gerne BEHERRSCHT. O russische Sprache! Ich beherrsche sie nicht, sie beherrscht mich … In allen anderen Fällen hat Stalin … Doch ich komme vom Weg ab. Kehren wir zur Mutter zurück.)

Das *Georgische Album* wurde IM ÜBERMASS geschrieben. Was ist das denn für ein Wort! Was steht hinter diesem Wort? Zuviel. So geht das nicht. Kehren wir zur Mutter zurück.

Heute sind es fünfzig Jahre seit Stalins Tod. Gestern hat, als ich an diesem Vorwort schrieb, Reso angerufen (der Freund, der mir seinerzeit die Schreibmaschine brachte, damit ich endlich anfing, zu Potte zu kommen).

Das Jahr war allerdings 1970. Das Kapitel (das zuerst geschriebene) war allerdings »Der letzte Bär«, in dem ich mit meiner Tochter, noch im heimatlichen Leningrad, wir beide eine Generation jünger, in den Zoo gehe. Geschrieben ist es allerdings in Tiflis.

Schwierig, heute das Maß der *damaligen* Verzweiflung einzuschätzen. Wie wir nichts als den *teuren Leonid Iljitsch* vor uns hatten, und das für immer. Wie außer Breschnew alles Mangelware war. Zumindest über sich selbst lachen konnte man.

Jedes Kapitel des *Georgischen Albums* ist geschrieben, als wäre es das letzte, als Abschiedskapitel. Wovon nahm da wer Abschied?

Drei *georgische* Kapitel wurden dann legal veröffentlicht, 1976, als Hintergrund zu Porträts meiner Freunde, drei *russische* Kapitel bereits illegal, 1979, im zensurlosen *Metropol*, dem berüchtigten Almanach.

Das Buch als Ganzes mußte Glasnost abwarten, um veröffentlicht zu werden.

So daß dieses Buch auch ein Denkmal für die glasnostlose Zeit ist.

Davon handelt das ganze Buch. Ich hatte schon 1970 von der Glasnostlosigkeit Abschied genommen, als ich, zur gleichen Zeit, ans *Puschkinhaus* ging, und seither habe ich noch einmal dreiunddreißig Jahre gelebt.

Sowjetisches und Russisches war damals noch deutlich geschieden. Besonders leicht gelang das in Georgien. Als ob die Georgier *alle* anders wären und du allein dazwischen, na, ein Russe eben. Als ob Georgien sogar mehr Rußland wäre als Rußland selbst, jedenfalls mehr Rußland als die Sowjetunion.

Haben sie mich tatsächlich so geliebt wie ich sie? Schließlich stellte ich niemals mein Recht in Frage, zu ihnen auf Besuch zu kommen, als käme ich nach Hause. Aber war ich ihnen nicht zuallererst vor dem Zentralen Telegraphenamt in Moskau begegnet, wo sie die Treppenstufen herabstiegen, betont geschäftig, wie Ausländer? Das ist es ja, daß ich jetzt so schreiben kann, damals konnte ich es nicht. Umsorgt und über Beziehungen in einem luxuriösen Einzelzimmer unter-gebracht, merkte ich gar nicht, wie alles vonstatten ging, wo mein Freund verschwand und wo er wieder auftauchte, »mein erster Freund, mein teurer Freund«, wem er was un-merklich ins hohle Händchen steckte, und als mir endlich aufging, ihn zu fragen, war er gar nicht mehr da, weil er irgendwie ganz besonders weit irgendwohin gefahren war, um für mich eine Schreibmaschine zu besorgen, eine mit russischem Alphabet, seine war dummerweise mit georgi-schem – ach, es gibt auch welche mit georgischem? wie viele Buchstaben hat denn das Georgische? – kam nicht mehr dazu, ihn zu fragen, denn da war er schon mit der Schreib-maschine zurück, denn ich hatte den Wunsch geäußert, in diesem Einzelzimmer mit dem Schreiben dessen anzufan-gen, was nach diesem Vorwort folgt.

3.

Mit meiner Mutter hatte ich Georgien vor mehr als einem hal-ben Jahrhundert zum ersten Mal erblickt. Mama zeigte mir also Georgien. Zu Anfang hieß das Kaukasus. Ich erblickte die Berge am Horizont von Mineralnyje Wody. Das können Sie bei Lew Tolstoi in den *Kosaken* und bei Lermontow im *Held unserer Zeit* nachlesen. Mir ist im Gedächtnis geblieben, wie der Hausknecht morgens das schäbige, noch nicht erwachte Städtchen fegte. Er kämmte den Staub mit gleich-mäßigen Besenschwüngen, als ob er Gras mähte, und hinter ihm setzte sich der Staub wieder in ebenmäßigen Reihen, wie der Sand am Saum der Brandung. Mama mußte sehr lachen, als ich ihr sagte, daß er den Staub kämmte, das gefiel ihr.

Was für ein Jahr das war: Stalin wurde 70, Puschkin also 150.

Wir beneideten uns gegenseitig, Georgier und Russen, von gleich zu gleich – das Fundament einer großen Freund-schaft.

Nach Georgien und Armenien haben sich viele *geflüchtet*. Haben sich hinter der Völkerfreundschaft versteckt, unsere großen Dichter, hinter der Übersetzung dortiger Dichter ins Russische. Schon für Puschkin war das einzige große Geburtstagsfest zu Lebzeiten in Tiflis arrangiert worden. In sowjetischer Zeit versteckten sich alle dort – Mandelstam wie Pasternak, Sabolozki wie andere, und so auch ich. Also, zuerst hatte das Kaukasus geheißen.

4.

In meinem ganzen Leben bin ich nur einem Menschen begegnet, der sich vor dem geschriebenen Wort noch mehr gefürchtet hat als ich. Das war Erlom Achwlediani. Dabei ist gerade er der Autor der Märchen von Wano und Niko, die ich erst für Volksmärchen gehalten hatte. Sie beginnen so rasch, daß man gar nichts weiter sagen muß.

»Einmal hieß es: Wano ist dumm und Niko nicht.« Oder: »Einmal war Niko zwanzig Jahre älter als Wano.« Oder: »Einmal kam es Niko vor, als wäre Wano ein Vogel und er selbst ein Jäger.« Oder: »Einmal war Niko allmächtig. Und Wano war nur Wano.« Oder (womöglich unübersetzbar): »Einmal war Niko die Familie Niko, und Wano war einer ganz allein.« Oder sogar: »Früher war Niko Wano, und Wano war Niko. Doch gegen Ende wurden sie beide Wano.«

Weil nämlich (ich erzähle aus dem Gedächtnis eines der Märchen nach):

»Einmal hatte Wano einen Wunschtraum.

Einen Wunschtraum hatte auch Niko.

Beide saßen auf freiem Feld, die Rücken gegeneinander gelehnt, und beide blickten aufs freie Feld.

›Und was, wenn‹, träumte Wano, ›was, wenn ein Mensch geboren würde …‹«

So beginnt es. Geht es zielstrebiger? Ohne Anlauf.

In der nächsten Zeile träumt Niko bereits von der Sonne,

daß sie aufginge und unterginge. »Viel verlangst du, Niko!« hören wir zur Antwort (ob das nun Wano ist oder der Autor oder von noch höher oben …).

Aber sie träumen weiter, der Reihe nach: der eine davon, daß der Mensch aufwüchse, der andere von Mond und Sternen, der eine vom bevorstehenden Leben, von seinem zielstrebigen Verlauf, von der Liebe, sogar von Krankheiten; der andere vom Wechsel der Jahreszeiten, vom Frühling und sogar vom Herbst.

Und indem sie, inspiriert, die allgemeine und sozusagen immer vorhandene Daseinsreihe durchgehen, gelangen sie fast schon zu Unmöglichem:

»Und da gäbe es auch dieses Feld. Es gäbe auch Wano, es gäbe auch Niko. Sie würden aufs freie Feld schauen, und sie würden beide träumen von …«

Und wieder die gleiche Stimme: »Viel verlangst du, Niko!«

Aber sie können sich nicht bremsen. Wano träumt, daß es Lachen gäbe und Tränen gäbe. Niko träumt, daß es »die Welt gäbe und …«

»Oh, und wenn der Mensch sterben würde!«

»Oh, das geht zu weit, Wano! Verlangst viel, Wano!«

Das ist alles. Der Kreis des Daseins. Ich befürchte, meine Nacherzählung ist länger geworden – ich konnte meinen Kommentar nicht unterdrücken.

Ins Heute übersetzt, ginge es auch so: »Früher war Niko Georgier und Wano Russe. Oder umgekehrt …«

Wie hätte das gehen sollen, den Freund nicht zu lieben?

Und wenn Sie den ganzen Text bewältigt haben, werden Sie Georgien lieben und Rußland bedauern. Oder umgekehrt.

Autor! Verlang nicht viel …

9. Mai 2003

Georgisches Album

Ich war mit Postpferden unterwegs von Tiflis.
Die Ladung meines Fuhrwerks bestand aus einem
einzigen, nicht sehr großen Koffer, der zur Hälfte
mit Reisenotizen über Georgien vollgepackt war.
Der größere Teil davon ging, zu Ihrem Glück,
verloren, der Koffer mit den übrigen Sachen blieb,
zu meinem Glück, unversehrt.

Lermontow

Das Phänomen der Norm

Versuchst du nachzuweisen, etwas sei so und so,
verlierst du es vollkommen.

Ein Thema hat die Eigenheit, daß es erschöpft werden muß. Bist du erst drin, führt kein anderes Labyrinth heraus. Du brauchst etwas nur ein einziges Mal zu machen, schon hast du Erfahrung; du brauchst nur Erfahrung zu haben, schon ist sie nicht mehr anwendbar, dafür wirst du nun geholt, wenn nicht als Spezialist, so als Zeuge: »Iwanow ist vor Ihren Augen gestorben? Tja, nun geht es Sidorow nicht gut.« Sich spezialisieren bedeutet, in diesem Sinne, sich dem ersten Fall unterzuordnen: Du brauchst nur »eins« zu sagen, schon mußt du bis drei zählen.

Du brauchst dich nur zu entschließen, schon fliegt dir alles von selbst in die Hand …

Ich brauchte einst nur vom neuen georgischen Kino hingerissen zu sein, brauchte nur den Ursprung solchen Erfolgs zu ergründen versuchen, an einem Beispiel zumindest – schon war das zuwenig, schon war fast alles außen vor geblieben. So mußte ich noch einmal beginnen, um zu überprüfen und mich zu überzeugen, daß ich recht gehabt hatte.

Ein Anlaß, mir Gewißheit zu verschaffen, bot sich überraschend und ganz von selbst. Ich ging auf den verlockenden Vorschlag ein, nach Georgien zu reisen, um Drehorte auszuwählen. Es gibt keine glücklichere Zeit während der Arbeit an einem Film als die Auswahl der Drehorte! Die Aufregungen um den Start der Produktion sind vorüber, die bitteren Niederlagen stehen noch bevor. Du genießt die Privilegien eines Menschen, in den größte Erwartungen gesetzt werden. Vor dir nichts als weite Perspektiven, wie die Sicht, die sich vor dem Fenster des Studiobusses entfaltet. Die Frontscheibe liefert den Bildausschnitt. (Vor welchem wunderbaren Hintergrund sich so manche Kinofarce entfaltet – eine

Erinnerung daran, von welchem Aufschwung des Gefühls der Anfang bestimmt war ...).

»Du wirst Georgien sehen, wie ich es hier drin habe!« Der Freund klopft sich auf die Brust, um mich zur Reise zu verleiten. Er schlägt also vor, ihm ins Herz zu schauen – das geht zu weit ... Aber ja, aber ja, hast mich überredet.

Klar doch – ich reise.

Rechtfertigen läßt sich die Zufälligkeit dieser Eindrücke nicht nur damit, daß sie abhanden gekommen waren (zusammen mit dem Koffer übrigens), nicht nur damit, daß sie eigentlich gar nicht »geschrieben« sind, sondern auch damit, daß sie gar nicht geschrieben werden konnten. Folgende Erinnerungen:

Ich war bereit, vom Leben Abschied zu nehmen. Warum, war mir nicht mehr wichtig. Seine Unerträglichkeit war noch Leben gewesen, damals war ich noch nicht bereit. Nun war auch die Unerträglichkeit dahin. Nichts schien mir mehr ... Von allen dreiunddreißig, die Kinderjahre vielleicht abgerechnet, war mir die Zeit zwischen den Fingern durchgerieselt, und auf der Hand blieb davon nur ... Die Sandkörnchen schwiegen. Ich versuchte, diese Klümpchen des Schweigens aufzuknacken, hielt das für meine Aufgabe. Womöglich gefiel mir der Zweikampf sogar, eben aufgrund seiner Aussichtslosigkeit. Von allen Funktionen des Wortes hat mich stets am meisten angezogen, daß es eindringt. Ich mutmaßte, es sei möglich, einfach nicht zurückzukehren. Ich kehrte jedesmal aus diesen Engpässen zurück. Zerschrammt, doch hineingelangt war ich nicht. Denn stärker als die Angst vor dem Tod (die hatte ich, so schien mir, nicht mehr), stärker als der Hunger nach Wahrheit (den, so schien mir, hatte ich noch) wirkte in mir die Angst, zu verstummen. Nein, nicht erfassen wollte ich! Ich wollte nicht sterben.

In Georgien schrieb ich über Rußland, in Rußland über Georgien ... Ich starrte auf eine krumme finnische Birke, die im Sumpf des heimatlichen Toksowo eingefroren war, um den Frühlingsrausch im georgischen Städtchen Signachi in mir wachzurufen; und ich stapfte über Hochgebirgswiesen, um das Heimweh nach jenem Sumpf in Toksowo zu stillen. Die Jahreszeiten und die Orte der Handlung und ihre Beschreibung überlagerten und vermengten sich in meinem Gehirn, dabei setzten sie die Realität außer Kraft. Im Dorf Golusino bei Kostroma oder in Golizyno bei Moskau – warum mußte ich dort von Tifliser Visionen überrollt werden, um dann, als ich endlich in Tiflis war, über den Leningrader Zoo zu schreiben? Ich weiß es nicht. Doch aus dem gleichen Grund träumte ich im legendären Wardsia von den Vögeln auf der Kurischen Nehrung ...

Das Imperium des Reisenden ist ein anderer Planet. Eine unterschiedliche Sonne bescheint Metropole und Provinz. Die zweifache Sonne blendete mich von hier wie von dort; ich warf zwei Schatten. Und als ich diese Blindheit und den Staub endlich weggeblinzelt hatte, unterwarf ich mich. Das Glück der Übereinstimmung beherrschte mich einen Augenblick, während ich mich, ganz losgelöst, dem fremden Heimatgefühl hingab. Als Einbrecher und Eroberer! Ich wollte nach Hause importieren, was sie sich dort bewahrt hatten: sich selbst zu gehören. Doch von wegen! nur von dort konnte ich mein Haus erblicken, nur von dort mich darin zu Hause fühlen. Zu Hause begann ich am Verlust dieses Gefühls zu leiden. Wahrhaftig, nur in Rußland kann man Heimweh empfinden, ohne das Land zu verlassen. Ein grandioser Vorzug!

Kaum hatte ich erobert, fand ich mich gefangen. Diese traditionell russische Fähigkeit, sich von fremder Existenz gänzlich durchdringen zu lassen (Puschkin, Lermontow, Tolstoi ...), erwies sich als etwas Rußländisches, verwandelte sich unter der Hand in ... Mit welcher Truppeneinheit ließe sich »Der Gefangene im Kaukasus« oder »Hadschi-Murat« gleichsetzen? Wesentlich ist dabei die Makellosigkeit der künstlerischen Form – bloß nicht aus dem Kanon fallen. Schwerlich ließe sich sagen, sie hätten schlecht geschrieben. Schreiben, das geht. Was haben wir nicht alles ... Aber Geisteskraft läßt sich nicht vom Nachbarn entlehnen: Der Geist gewinnt Kraft nur auf dem eigenen Boden, und sei er noch so ärmlich.

Ich wollte nicht erfassen. Ich wollte wegrücken. Jegliche Mehrung des Ruhms (auch durch mich), jegliche Anerkennung von dritter Seite (sei sie noch so verdient!) ist ein Vorbote des Endes, ist Eroberung und Aneignung. Merkwürdigerweise wird der Liebe ein nicht zu bestreitendes Recht zugestanden. Dabei sollte derjenige gefragt werden, den man liebt: Kann er das brauchen, das Unerwiderte, schmeichelt es vielleicht ... Die Rechte des Geliebten werden nicht berücksichtigt. Er ist das Opfer unserer Leidenschaft.

Aber wollen wir auch nicht übertreiben. Uns fragt keiner. Uns fragen nicht einmal die Eltern. Und die Geburtshelfer bringen den Menschen in gewissem Sinn dem Tod näher, eben das ist die Norm des Lebens. Seine normale Absurdität.

Das Wort »Norm« ist gefallen. Ich will mich darauf stützen, um über die Norm etwas sagen zu können. Die so wunderschön, erwünscht, langersehnt ist wie Wasser und Luft. Wo wir davon ja nicht mehr genug haben, von Wasser und Luft.

Ich weiß noch, in meiner Kindheit war das ein normales kleines Wort, fast Jargon, fast aus dem Wortschatz der Dürftigkeit und Beschränktheit; aber merkwürdigerweise hatte gerade dieses kleine Wort – ein »normaler Bursche« oder »normaler Film« – ein Ausrufezeichen, es war ein Superlativ. Die »Norm« war umgeben von der »Nicht-Norm«, und die war vielfältiger: »ein Irrer, ist doch nicht normal, sowas Beschränktes« oder »Spinnerei, Schwachsinn«, kurz gesagt: »nehm ich doch nicht ernst!« Allgemein ist bekannt, daß Kinder wie auch Hunde nichts Unnormales mögen, keine

Mißgestalten, Betrunkenen, Simulanten – da sind sie kategorisch und streng. Sie haben ein überfeines Gefühl für Norm. Frei von Menschenliebe.

Später, nach der »Brot-Norm«, in weniger hungriger Zeit, nahm »Norm« als gängiges Wort eine konziliantere Färbung an: »normal« im Sinne von »nicht schlecht«, aber auch »nichts Besonderes«. Noch später, näher zu unserer Zeit, klang es sogar abschätzig, im Sinne von »nicht mehr als das«, im Sinne von »sonst nichts«. Als ob wir selbst fraglos über der Norm stünden, ihr überlegen wären und unseren Blick gewöhnlich nur auf das Außerordentliche lenkten ...

So hat dieses Wort sich entwickelt, zumindest in meinem Umkreis, zusammen mit mir. Bis schließlich in allerjüngster Zeit im Wort »Norm«, wie mir scheint, wieder die Möglichkeit fast des früheren, kindlichen Lebens aufblitzt.

Andauernd strebst du irgendwohin. Vorwärts, aufwärts. Bist plötzlich außer Puste, sei es, daß du müde, sei es, daß du alt wirst beim Laufen. Schau: Gibt es überhaupt noch etwas, das gut steht, seiner Bestimmung entspricht? Gibt es, doch. Wenn auch eigentlich nichts steht, alles schief, schlecht und recht, husch husch, nicht recht gezeichnet, nicht recht gefertigt, nicht mal recht liegengelassen während des Zeichnens und Fertigens ...

Hier hätten Sie ein Bild: Ein wunderschönes Kapitell liegt ohne Säule herum, und schon erstehen gleichsam Kolosseum und Parthenon als Ruinen, unmittelbar, ihre Bestimmung überspringend. Verführerisch, diese Einsparung dank verkürzten technischen Prozesses, und gleich das Resultat: nullkommanix. Je weiter, desto schlimmer: eine Makkaronifabrik produziert zufälligerweise Streichhölzer, eine Bonbonfabrik Zigaretten ... Setz dich bitte einen Augenblick hin, steck dir eine an, überlege: Solange du so zielstrebig vorwärtsrennst, daß das Wort »Norm« für dich schon etwas unterhalb »unserer« (meiner, deiner) Norm ist (heute ist »Niveau« anstelle von »Norm« das Wort: etwas ungreifbar

Fortschrittliches, andauernd frontal Davonlaufendes, das eingeholt und erreicht werden will ... eine Kategorie anstelle der Realität) – solange wir derart vorwärtsjagen, wird da nach uns noch viel übrigbleiben?

Wie wäre das denn ... daß der Stuhl zum Sitzen da wäre, das Fenster zum Hinausschauen, der Zug zum Fahren, das Brot zum Kauen, das Wasser zum Trinken, die Luft zum Atmen und das Wort zum Aussprechen ... Daß den Gegenständen ihre Namen und Bestimmungen entsprächen und daß sie dabei nicht aufhörten, sie selbst zu sein – nicht wie bei »Austragungsort«, »Sehschlitz«, »Verkehrsmittel«, »Naturprodukt«, »Kulturpark« und »Erholungszone« ... Normen der Gesellschaft.

Doch wie war ich verblüfft, als ich im Getöse meiner Betriebsamkeit einst Musik von Mozart hörte, weil ich endlich einmal, obwohl in der Rolle des Kenners, mit allem zufrieden war, während ich zuhörte. Weil ich lange nicht mehr mit allem zufrieden gewesen war. Nicht, daß ich nichts Gutes gehört hätte. Aber alles war mal einerseits, mal andrerseits gewesen, da war keine Fülle. Hier aber war Fülle. Und nicht, weil sie in einer bestimmten Hinsicht besser als alle anderen gewesen wäre, diese Musik. Wie ständig irgendwas besser ist als was anderes, in einem Husch progrediert. Sondern weil sie *ganz* war, weil *alles* in ihr war, weil in ihr alles *richtig* war – *alles* entsprach, alles war *normal*. Nichts in ihr war einseitig, nichts mangelhaft. Sie war *Göttliche Norm*. Die gleiche wie in der Natur. Die Norm der *Schöpfung*.

»Geb's Gott, nicht den Verstand verlieren ...« Wo Normalität ist in dieser Welt, bleibt völlig unklar. Im Idealfall ist das offenbar vollkommene Entsprechung, ein Bezug zu uns persönlich. Denn wenn etwas imstande ist, uns zu entsprechen, so ist das ein Beweis vor allem für unsere Norm. Eben da wird offenkundig, wie wenig wir selbst uns ihrer sicher sind, der eigenen Norm – wir wissen nicht, wo sie ist. Wir halten uns aus letzter Kraft, wahren den Schein. Ich rede nicht von denjenigen, die so von sich überzeugt sind, daß das Leben für sie da ist. Ich rede nicht von der stumpfsinnigen Norm, von der Normalität der Fühllosigkeit. Ich möchte vielmehr von jener Norm des Fühlens sprechen, jener höchsten, herzklopfenden Norm, der feinen Balance, dem Stokken im Flug, wenn die Lebensfreude noch nicht verloren ist und du zugleich jeden Augenblick sie zu verlieren imstande bist, aber weiterlebst und weiterlebst in diesem labilen und unbeständigen Gleichgewicht, von jener Form des Fühlens, bei der du – nein, eben doch nicht den Verstand verlierst: vom Glück.

Erinnerung an Hararzin

In Erwartung von Sedaseni

Jenseits des Puschkin-Passes, wo die biblische Landschaft Armeniens allmählich dem warmen und feuchten Lebensatem Georgiens weicht und alles so stetig und zielstrebig anders wird – Gebirgslinien, Baumkronen, Bächerauschen, Grasfarbe und Fruchtbarkeit der Felder –, da bogen wir von der Landstraße und tauchten ins herandrängende Grün.* Über eine schmalere Straße fuhren wir eine Zeitlang eine enge Schlucht hinauf, immer tiefer in die feuchte Düsternis des Waldes tauchend. Rechts ragte nackter Fels, spitzwinklige, gelbgrüne Gesteinsschichten, links zog sich, steil abstürzend, saftiger Laubwald bis zum Grund, wo der wie ein Fisch silbrige Gebirgsbach tönte. Das Laub war schon fast nicht mehr grün, so dicht stand es. Der aus der Schlucht aufsteigende Geruch – von Wasser, Fels und Laub – stimmte heiter. Ein Sonnenstrahl, der mühsam durch die überhängenden Baumkronen gebrochen war, zitterte auf dem Weg.

Vor einer kleinen Brücke, die über einen trockenen Sei-

---

* Ich hatte natürlich Puschkin vor Augen (sowohl auf der Fahrt wie auch beim Schreiben), geht ja nicht anders ... Doch ich schlug nicht extra bei Puschkin nach, während ich stilisierte, frischte nicht ... Wie groß war mein Erstaunen, als ich später auf den halbvergessenen Text stieß:

»Ich begann den Besobdal hinaufzureiten, den Berg, der Georgien vom alten Armenien trennt. Die breite, von Bäumen beschattete Straße windet sich den Berg entlang. [...] Mir boten sich neue Berge dar, ein neuer Horizont; unter mir breiteten sich fette grüne Fluren. Ich blickte noch einmal auf das versengte Georgien zurück und begann, über den sanft geneigten Berghang zu den frischen Ebenen Armeniens hinabzureiten. Mit unbeschreiblicher Befriedigung nahm ich wahr, daß die Hitze plötzlich nachgelassen hatte – das Klima war bereits anders.« (»*Die Reise nach Erzerum*«)

Alles entsprechend – nur umgekehrt. Wie Negativ und Positiv. Seines ist, darf man annehmen, das Positiv...

tenlauf führte, hielt der Wagen. Die Brücke war zur Hälfte demontiert. Wir stiegen aus. Der Seitenlauf schob den Wald auseinander, und beim Überqueren der Brücke konnte man durch die fehlenden Bohlen den Grund unserer Schlucht sehen. Dort gischtete weißes Wasser über das rostige Gerippe eines verunglückten Autos.

Der Weg verengte sich noch mehr, wurde zum Pfad und ging immer steiler nach rechts und nach oben. Eine Zeitlang stiegen wir im Gänsemarsch diesen steilen grünen Korridor hinauf. Die Bäume verloren ihre Üppigkeit (man merkte die Höhe), wurden zu Büschen und öffneten über unseren Köpfen den Himmel, sie wechselten sich ab mit dem Fels und wichen schließlich dem Fels.

Schon war über uns nur noch Himmel, doch seltsamerweise weitete sich die Perspektive nicht, sie verengte sich, begrenzt durch die Festungslinie aus Fels, zu der der Pfad uns führte, und darüber hing der Himmel als Fetzen. Es drängte einen, den Aufstieg rasch zu bewältigen, um zu sehen, was hinter dem Fels war. Unser Ausflug hatte etwas angenehm Leichtsinniges und Ungezwungenes, als sei die Kletterei auf den Berg für uns gar nicht dringlich und gar nicht schwierig; dazu die Frische der lebendigen und endlich grünen, nicht glühenden Natur, das alles erfreute mein nördliches Herz, es atmete sich leicht, und ich kam mir vor wie auf einem alten Kupferstich – mit Pelerine, breitkrempigem Hut und kräftigem Bergstock, als wäre ich ein ganzes Jahrhundert jünger.

Solcherart »breitkrempig« hatte ich schließlich den Steilhang erklommen und fand mich auf einer Buckelkuppe, von der sich, recht unvermittelt, das Ziel unseres Ausflugs vor mir auftat. Es war ein Kloster. Es stellte sich mir plötzlich in den Weg, wie ein Mensch, der um die Ecke biegt.

Klein, bescheiden und gemütlich, hatte es nichts Majestätisches und Bedrückendes. Es sah aus, als wäre es bewohnt. Zwar hatte es mir, unvermittelt wie ein menschliches Wesen, den Weg vertreten, als ob die Neugier auf seiner Seite wäre und nicht auf unserer, doch es war ein gutgesinntes Wesen. Eigentlich hatte es nichts Besonderes an sich, dessentwegen die Kletterei sich gelohnt hätte, aber es gab auch keinen Grund, enttäuscht zu sein. Ich schaute zurück, lächelte den mir nachhastenden Gefährten zu, außer ihnen war jedoch unten nichts zu sehen – nur Fels, Weg und Klostermauer. Nicht einmal eine Aussicht gab es an diesem dörflich friedlichen Ort.

Dörflich ging es hier auch zu. Das Kloster war natürlich längst aufgelassen, und die wohltuend gesunde und sanftmütige Wächtersfamilie hielt sich Kuh, Kalb, Schafe, Bienen, Großmutter und Kinder. Etwas Warmes, wie frisch gemolkene Milch, ging von diesen Menschen und ihrem verlegenen Lächeln aus.

Wir besichtigten das Refektorium, das man uns mit besonderer Sympathie und geradezu mit Wohlwollen vorführte: »Hier also haben sie gespeist« – was erstaunlich war und verständlich. Wir zündeten in der Kapelle unser schwaches Kerzchen an und standen eine Weile in der staubigen Düsternis der nicht sehr großen Kirche, die die Klosterbauten um sich geschart hatte wie eine Glucke. Die Familie des Wächters blieb abseits, aus Schüchternheit. Alles hier war rechtschaffen, schlicht und so friedfertig – absolut nichts Aufregendes, und man bekam Lust zu schlafen. Heraufgestiegen waren wir denn doch recht lange im Verhältnis dazu, wie rasch alles vor uns aufgetaucht und bereits besichtigt war, und damit hatte es sich auch. Wir reckten und streckten uns wie nach einem Schlaf, als wir aus der Kirche traten, und in dem schmalen Durchlaß zwischen Kirche und Kapelle gingen wir die paar letzten, noch ungegangenen Schritte. Die kurze Gasse war sogleich zu Ende und brachte uns auf eine kleine freie Fläche oder Plattform. Ein hohler, ausladender Baum nahm sie fast völlig in Beschlag. An seinem Fuß waren eine Bank und ein Tisch in den Boden eingelassen. Der Baum versperrte die Sicht, man hätte gern gesehen, was dahinter war, hinter der Plattform. Wir umrundeten den Baum und ...

O Gott! Wir *waren.*

Wieder einmal finde ich kein anderes Wort. Wir waren. Waren da. Nein, nichts Übersinnliches. Wir waren da, wo wir schon ein Leben lang gelebt haben, wir und niemand anders. Wir waren in jener Welt, wo wir leben. Aber sie war ganz, ganz unserem Blick eingepaßt, gleichsam als wären wir eben erst, aus heiterem Himmel, auf dieser Welt gelandet. Eben erst angekommen, vertrieben worden ... Als hätte man uns eben erst an der Hand hergeführt und gesagt: »Seid fruchtbar und mehret euch.«

Verwirrt schlug ich die Augen nieder. Stocherte mit der Schuhspitze in Steinchen. Ein Steinchen rollte fort und riß den Kameraden mit sich. Nur ihnen folgend, konnte ich langsam den Blick wieder heben. Die Welt strömte unter meinen Füßen hervor wie ein Bach, ein Fluß. So ungestüm, als flöge sie, floß sie in die Breite ... Strom – Meer – Element ...

Diese blaugraue Welt war noch unbesiedelt. Kein Dach, kein Rauch, so weit das Auge reichte. Doch es reichte nicht, das Auge, so fern war alles und ohne Ende. Ich stand im Hals eines Trichters. Hier war es eng. Dicht heran drängten die beiden Flügel der Schlucht, die genau hinter meinem Rükken zusammentrafen. Draußen aber breitete sich alles aus, wachte auf, reckte sich, wurde munter, lebte, blühte, wuchs und wucherte und quoll wie aus dem Füllhorn. Das ganze, vor mir ausgebreitete Tal erinnerte seiner Form, Weitung und Biegung nach eben an dieses Horn. Als hätte es jemand auf die Erde fallen lassen und als wäre seine obere Wölbung durchsichtig geworden wie der Himmel. Mich hatte es auf den Boden des Horns verstoßen, und unter mir hervor war alles geflossen, wovon mein Blick fast überquoll.

Das Land war sanft, befruchtet, satt. Hinter einer blaugrünen Almwiese erhoben sich riesige schwarzblaue Tannen; diese schob, ja trieb ein weißes Flüßchen auseinander, das sich bald links, bald rechts dagegenstemmte, als treibe es die Tannenherde von der Alm ab, der gestrenge Wald begann sich zu runden, zu kräuseln, er zerfloß zu einem sacht wogenden Laubmeer; das tiefe saphirfarbene Talbecken lag, still und langgezogen, schon weit in der Ferne, und dahinter erhoben sich, ebenso langsam zu sich findend, die Berge. Mein Herz hüpfte glückselig dem Blick hinterdrein, als er das Entspringen der Welt aus meinem Punkt ungehindert nachvollzog und über den gedankenleeren Himmel wieder zurückkehrte zu mir. Mich selbst konnte ich nicht sehen. Da betrachtete ich voll Verwunderung meine Hand, um mich zu vergewissern. Eine Hand. Noch hat sie keine Berührung gehabt mit dieser Welt. Sie hat ihr noch nichts getan. Kennt noch keine Arbeit. Die Hand spielte wie ein Säugling mit den Fingern, sie grapschte nach der Welt, die ihr bevorstand.

Als wäre ich an der Hand hergeführt worden ... Ich schaute und staunte; doch als ich mich besann und mich umblickte, war Er schon nicht mehr da. Nur meine leere Handfläche wahrte noch die Berührung dessen, der uns hergeführt hatte. Leer war die Hand.

Ich habe in meinem Leben eine Reihe von Gotteshäusern gesehen, die meine Einbildungskraft erschütterten. Einbildung in jenem alten Sinne, als das Wort sich noch nicht von der Realität gelöst hatte, sondern rasche Vorstellungskraft symbolisierte. Nicht Phantasie, sondern eben – Einbildung. Das Bild stand vor mir, ging in mich ein.

Solches Schauen verwies mich jedesmal wieder an meinen Platz, das heißt, von mir fiel ab, was ich mir zugeschrieben hatte in eitlem Wahn. Von Dauer war das nie. Ich konnte den Zustand nicht aufrechterhalten, wenn ich die Kirche nicht mehr sah. Eine solche Kirche hatte sich jedesmal vor einem Hintergrund befunden, in der Natur, sie war in sie hineinkomponiert und nicht verdeckt vom Menschen und seiner Hände Werk. Und ich hatte bereits begriffen, daß die Wahl des Standorts womöglich die wichtigste architektonische Idee einer Kirche ist. Wie man in der Unendlichkeit der Taiga plötzlich auf ein graues Dreieck stößt – einen Triangulationspunkt, also eine topographische Anhängestelle –, so kam mir auch die an der einzig richtigen Stelle gebaute Kirche immer vor als ein Anhängepunkt des Menschen, nun jedoch nicht an der Oberfläche, sondern im Weltgebäude: Sie erinnert den Menschen, wenn er den Blick hebt vom täglich Brot, wo er sich befindet. Die Kirchen waren großartig und gewaltig. Sie erdrückten oder beschämten, löschten die Seele aus oder hoben sie empor, indem sie ihr unterhalb Gottes einen Platz zuwiesen oder in Gottes Nähe. Die jeweiligen Erbauer waren in ihrer Schöpfung so restlos aufgegangen, wie es keinem weltlichen Architekten je gelungen ist. In unterschiedlicher Weise hatten sie ihre Kirchen errichtet: Gott und ich, ich und Gott, nur Gott... Doch noch nie war ich auf eine Kirche gestoßen, die in solchem Maße der Idee der Auslöschung in der eigenen Schöpfung untergeordnet war. Auf solche Selbstzurücknahme war ich noch nicht gestoßen. Ganz unmerklich, leise, fast flüsternd ... entführte der Erbauer seine Linien unserem Blick, entführte er unseren Blick, damit wir nicht die Kirche erblickten – nein, das ist Tand von Menschenhand, nichts als ein Bau –, sondern damit wir schauten, wo sie steht, wo wir leben: Gottes Antlitz im Spiegel seiner Schöpfung. Denn was spiegelte ihn besser?

Sowas aber auch, wieviel Mühe man sich gemacht hatte extra meinetwegen! Damit ich lange auf sorgfältig gewähltem Weg den Berg hochstieg, damit mein Blick sich immer mehr verkürzte, sich begnügte und immer weniger sah, damit ich genau dort das Ziel erreichte, wo die Perspektive sich endgültig reduzierte, damit sämtliche Bauten mein Auge weder beleidigten noch begeisterten, sondern mir weiterhin die

27

Ferne verdeckten, damit ich, auch beim Zurückschauen, nirgends mehr erblicken konnte, als ich soeben erst gesehen hatte, damit meine Aufmerksamkeit und Erwartung eingeschläfert wurden und ich mich wie ein Kleinkind an der Hand genau an die Stelle führen ließ, von wo aus ... genau zu dem Zeitpunkt, als.

Den Menschen an seinen Platz verweisen (ihn unterweisen), das kann nur jemand, der selbst seinen Platz kennt. Es gab keine genialere architektonische Idee, konnte keine geben, als die Errichtung des Gotteshauses dem Schöpfer selbst anzuvertrauen.

So stand ich, schloß die Hand und öffnete sie, als wäre sie harzverklebt, und konnte doch nicht fassen, was ich kannte seit dem ersten Augenblick – meine Welt.

Herrgott! Da war sie, da ...

Nein, nicht in der Kirche, hier hätte ich auf die Knie fallen mögen. Ich tat es nicht, demonstrierte niemandem ... sowieso lag ich in diesem Augenblick auf den Knien, hochgemut geläutert und demütig dankbar.

Wortlos. Als hätte es nie Worte gegeben.

Hier mußte die Sprache neu erlernt, neu geboren werden, mußten die Lippen mühsam sich auftun, so unerschrocken und unter Kraftaufwand, wie die Augen sich aufzutun gewagt hatten, mußte das erste Wort ausgesprochen werden, das eine, um zu benennen, was wir sehen: die Welt. Dann weiter silbenweise, schrittchenweise, die Hände fest um den Rand des Abc-Buchs geklammert: Das ist – die Welt. Sie ist. Das ist – alles. Die Welt – ist alles. Alles ist – vor mir. Vor mir tut sich die Welt auf. Ich verharre auf der Schwelle. Erstarre unter der Tür. Zur Welt. Das Tor zur Welt. Ich stehe auf der Schwelle. Da stehe ich. Das bin ich.

Der letzte Bär

Am 8. April 1944 nahm Leutnant Lapschin,
Held der Sowjetunion, mit seinem Schützenzug
durch einen Überraschungsangriff von zwei
Seiten die Brücke im Zoo ein, wobei 30 Faschisten
getötet und 195 gefangengenommen wurden.
Damit war der Kampf um den Zoo entschieden.

*Inschrift an einem Denkmal
im Zoo von Kaliningrad*

Ich lebe wer weiß wo. Hin und wieder komme ich nach Hause. Meine Tochter sagt errötend, weit ausholend: »Papa, weißt du noch, letztes Mal, als du hier warst, da hast du gesagt, wir würden zusammen *wohin* gehen!« Welche Wörter sie laut ausspricht, welche leise – darin liegt der ganze Witz. Mir wird gleich übel von diesem ihrem Wissen, dieser ihrer Erfahrung, daß wir ja doch wieder nicht gehen. »Wohin« aber (dies im Flüsterton), ich weiß noch, das bedeutet: ins *Schloß*. Das Schloß schlechthin.

Plötzlich stehe ich entschieden auf, mit der zerschlissenen Würde eines Menschen, der den Erfolg gekannt und dann verloren hat, und sage: »Gehn wir.« Was kaum weniger erniedrigend ist, als erneut zu sagen: »Später mal.« Ich sage »Gehn wir« und hasse mich selbst dabei, doch sie – sie glaubt. Überhaupt weiß sie sehr viel mehr, als man das (zur Beruhigung der Erwachsenen) gemeinhin annimmt von, na ja, Kindern, na ja, ihres Alters. Und das bestürzt sie gar nicht, es bestürzt mich, ihr genügt offenbar vollauf meine Zustimmung, wie sie gegeben wurde – ohne rosarote Romantik.

Wir gehen. Wir treten aus dem Haus, und da zeigt sich schlagartig – ein Wetter heute! Es schmeckt nach einem anderen, einem verpaßten Leben, nach Reue und der Unzulässigkeit des Gewesenen, des vertrauten Wetters … Von unserem engen Hinterhof hat es den Deckel abgenommen, wir lächeln in den Himmel, lächeln in uns hinein, wie Tote. Sogar die bösen alten Hinterhofweiber – wie frisch gegossene Blümchen hinter blitzblanken Fensterscheiben. Jemand vergißt alle Vorsicht und grüßt überraschend, womit wir dazu verdammt sind, uns auch künftig zu grüßen.

Überhaupt wäre es an der Zeit, den Hof zu verlassen und zur Tat zu schreiten.

So trete ich, schüchtern blinzelnd, hinaus, in meiner Hand das fügsame, verschwitzte Händchen, und ich bin mir nicht sicher, ob ich das bin, der hinaustritt, ob das meine Schritte sind und meine Tochter ist, oder ob ich mich nicht längst auf jenem endlosen Filmstreifen bewege, der seit den geschwänzten Schulstunden an mir vorbeigeflimmert ist … Sowas, da erkundet man tagaus, tagein die Welt, um schließlich ein solch unwirkliches Alter zu erlangen! Rings um mich reckt und streckt sich das Prachtwetter, das allein wirklich ist – ein Tag heute! Überlassen wir die Individualität den trüben Tagen. »Würde ich etwa trinken, wenn ich mir für die drei Wodka-Rubel eine halbe Stunde Sonnenschein bestellen könnte?« meinte einmal Edik K., Gott hab ihn …

»So ein schönes Wetter«, sage ich arglistig, »komm, ins Schloß gehn wir ein andermal.« Das ist keine Verzweiflung, kein Gekränktsein mehr, wie meine Tochter mir zustimmt, eher Demut, Lebenserfahrung: wir gehen ja doch nicht. Sie hat das Prachtwetteralter noch nicht erreicht.

Wir gehen nicht ins Schloß und auch nicht in den Zirkus. Wir landen im Zoo.

Grauhaar schützt vor Tollheit nicht. Nach den verblichenen Grünflächen vor und hinter dem Einlaß – Soldaten und Schüler die Hälfte –, nach den Sperrholzkulissen der Kassen, den Schautafeln mit Besucherplansoll und Besucherregeln, nach den Karren der Eismänner und den fahrbaren Laboranlagen aus Lomonossows Zeiten zur Produktion von Selterswasser ist es nur natürlich, auch Tiere aus Sperrholz zu erwarten, ein weißer Kreis zum Zielen mittendrauf, wobei die Rechtsprofile dem Zeichner weniger gelungen sind als die Linksprofile ... Deshalb kommt das erste Tier so unerwartet.

Nehmen wir mal an – ein Elefant. Aber an ihn glaubt man noch nicht. Überhaupt kann man an ihn schwer glauben. Aber je nun. Ein Elefant also. Man schaut mehr auf den Wärter, der danebensitzt, sei es, um aufzupassen, daß der Elefant nicht mit völlig ungenießbarem Zeug gefüttert wird, sei es einfach zum Vergleich. Den Elefantenwärter zu beobachten ist lehrreich: er sieht zwischen den Beinen seines großen Freundes hindurch auf die Turmuhr, deren beide Zeiger sich unaufhaltsam, aber viel zu langsam auf das Pausenfläschchen zubewegen ...

Der Elefant hat alles begriffen – um nicht den Verstand zu verlieren, leistet der Elefant ebenso seinen Dienst ab wie der Wärter. Ohne daß Ihr Bewußtsein ihn ganz hätte fassen können, gehen Sie weiter.

Sie gelangen in die Abteilung Huf- und Horntiere. Farblose, kuhartige Unglaubhaftigkeiten mit verfilztem Fell. Auch Rentiere gibts hier, an ihrem Käfig gehen Sie besonders rasch vorüber, ist doch gerade dieser Hirsch für Sie nichts Neues. Dann noch ein bißchen Gnu und irgendein Lama. Ein doch nicht aus dem Dunkel seines Zimmers hervorkommender Wisent (nehmen wir mal an). Rasch verlassen Sie diesen trostlosen Stall, ohne die unerwartete Uneindrücklichkeit der Hirsche und Rehe in Ihrem Kopf sonderlich vermerkt und auch ohne Ihr Bewußtsein in Savannen und Selvas versetzt zu haben.

Dann kommt ein Tümpel mit etwas Kläglichem, Traumartigen, aber nicht Schrecklichen – ein Flußpferdwanst. Im Wasser dümpelt ein aufgeweichtes Brötchen; daß der Wanst zum Leben erwacht, werden Sie ja doch nicht erleben.

Staunen werden Sie über den Tapir, wie glatt er ist, wie neu, wie – synthetisch. Das Mädchen sagt: »Aus Amerika, sieht man doch gleich ...« Ein solider Bürger liest seiner schwangeren Frau das Täfelchen vor: »Ohne wirtschaftlichen Nutzwert. Aha, also nur von Anschauungswert ...« Die Frau schaut mit blicklosen, wie harte Eier gewölbten Augen, sie sieht überall ihren Bauch – ein erneuter Beweis für die Kugelförmigkeit der Erde. Was ist das bloß für eine Manie, schwangere Frauen partout in den Zoo führen zu müssen? Ist Ihnen das auch aufgefallen?

Vögel sind es zu viele, um sie noch auseinanderzuhalten. Alle sind sie irgendwie schwärzlich und fressen anscheinend alle Aas. Ganz oben die Vogelscheuche eines Geiers. In diesem Zusammenhang betrachten Sie aufmerksam einen Spatz. Zweifellos ein grandioser Vogel. Er ist – in Freiheit.

Der Spatz – König der Tiere.

Die Affen sind wegen Renovierung geschlossen. Gesondert wird der Schimpanse gezeigt. Er ist traurig: ihm steht die Menschheit bevor ... Mit seinen verzögerten Bewegungen verblüfft er uns ein weiteres Mal – daß er ein Mensch ist. Er pult an was – und schaut, er kratzt sich wo – und schaut. Staunt über seine Hände: Ist ja gar nichts drin. Leer. Nichts.

Unwillkürlich werden Sie mißmutig. Die verlogene Absicht, mit Hilfe des eigenen Kindes Leben zu gewinnen, alles mit Bilderbuchaugen anzuschauen, hat auch nichts gefruchtet. Sie sind einfach aufmerksam, die Kinder. Sie haben die Augen an der Grenze des Erschreckens. Und zwar des Erschreckens nicht vor der Entsetzlichkeit des Tiers – was ist an dem armen Kerl schon entsetzlich? im Käfig? –, sondern vor dem Leben. Die Kinder sind »vorher«, Sie dagegen »nachher«. An ihrem Augenschmaus können Sie nicht teilhaben. Ausgeschmaust?

Da jedoch, wäre wieder mal anzumerken: die Sonne. Die Stadt ist ihrer derart entwöhnt, ist derart lange schon farblos geworden. Farben werden in Leningrad nur bei grauem Licht kenntlich. Ähnlich wie Blinde oft eine fahle Haut haben ... Nichts ist beleuchtet: der Raum der Sonne existiert für sich, eingezwängt zwischen die Gegenstände, ohne sie zu berühren, zu tangieren, ohne an ihnen zu haften. So auch die Tiere, sie sind farblos oder khaki-, erd- und frühlingsfarben. Müll aus Sperrholz, Zäunen und Tierhäuten. Das Licht hat alles überrumpelt, nichts konnte mehr Farbe anlegen; beleuchtet und geblendet, ist alles konfus, weiß die Blöße nicht zu bedecken.

Eine blaue Kuppel über einer Müllhalde.

Bis Sie dann zu den Raubtieren kommen. Nur die Raubtiere haben Farbe. Nur sie sind tatsächlich auch Tiere. Jedenfalls ihrem Erfolg bei den Zuschauern nach zu schließen. Eine Menschenmenge, reges Leben, Gespräche – Unbefangenheit. Richtig, hochgradige Unbefangenheit drücken die Gesichter der soliden Bürger aus, wie bei einem Unfall oder einer fremden Beerdigung.

Zeit, vom Sie zum Ich überzugehen.

BÄR stand an dem Käfig geschrieben. Also war es tatsächlich ein Bär. Ich begegnete seinem Blick.

Und sogleich schienen alle Tiere, die ich hier gesehen hatte, mich anzuschauen, was recht merkwürdig war: Ein und dasselbe Geschöpf kann Sie auf vielerlei Weise anblikken, aber sich vorzustellen, daß so viele und voneinander so verschiedene Geschöpfe Sie zu unterschiedlichen Zeiten mit ein und demselben Blick anschauen, das kann nur eines bedeuten – entweder Sie sind wahnsinnig, oder alle Tiere sind es. Bleierner Wahnsinn stand meridional im Blick des Bären. Weder Wut noch Verschrecktheit, weder Angst noch Tobsüchtigkeit, auch keine Melancholie – nein, Verstandverlorenheit … Dies war ein Bär, der den Verstand verloren hatte, und er fraß Bonbons, fraß und fraß, einfach so, ohne die Papierchen aufzuwickeln, gleichgültig gegenüber den Zuschauern wie sich selbst, wie den Bonbons gegenüber. Mißmutig und unfehlbar fing er die Bonbons, wenn sie günstig zu seiner Schnauze geflogen kamen, und wenn sie ungünstig kamen, fing er sie nicht. Dann prallten sie an ihn wie

33

an etwas Lebloses und fielen herab. So saß er in einem Kreis aus Bonbons, und Bonbons waren es so viele, daß er offenbar schon lange so saß, ohne sich die Beine zu vertreten.

Dieser gleichbleibende, vollkommen flackerlose Wahnsinn, der in seinen Augen stand, hätte einfach als Blindheit erscheinen können, wenn der Bär vor den Bonbons nicht immer rechtzeitig den Rachen aufgerissen hätte, also, Blindheit war es nicht. Vielleicht eine Art ewiger Zahnschmerz, könnte man mutmaßen oder sich vorstellen, ein Schmerz von Geburt an, als einziger bekannter Zustand der Welt, ein Schmerz, der unerträglich wäre, wenn er nur einmal, nur eine Minute im Leben aussetzte, und nur deshalb erträglich ist, weil er nie ausgesetzt hat; ein Schmerz von solcher Beständigkeit und Intensität, daß darauf, direkt in seine Mündung, gleichgültig Bonbon um Bonbon gelegt wird, wie Zweige auf ein Lagerfeuer. Wenn nicht blind, hätte er stumm sein können, dieser Bär. Dann wäre sein Blick das Wimmern eines Stummen gewesen; in dem Fall hätte er jedoch keine Bonbons gefangen, er hätte seinen Schmerz begriffen gehabt, wenn er gewimmert hätte … also, Stummheit war er (der Wahnsinn) auch nicht.

Doch alle diese Mutmaßungen, die lediglich annäherungsweise den Sinn haben, wenigstens irgendwie, durch einen Kreis von Vergleichen (mit vorerst noch zu großem und nicht konstantem Radius), den für mich neuen Begriff des *Wahnsinns,* und zwar *dieses* Wahnsinns, abzugrenzen und zu definieren – alle diese mutmaßlichen Annäherungen sind entnervend ungenau. Im Mittelpunkt des holprigen und zu großen Kreises von Vergleichen brennt nach wie vor, trübe und gleichmäßig, sein Blick, ohne Bezug zu meinen Versuchen, ihn zu definieren.

Zuerst also der Bär, dann auch die anderen Tiere, an denen ich achtlos vorbeigelaufen war – alle schauten mich auf einmal mit dem gleichen blicklosen, wahnsinnigen Blick an. (Außer vielleicht einem Ziegenbock, der sah mich mit der cleveren Verschmitztheit des Schizophrenen an, der alles von der Welt begriffen hat und, Sie im Blick, auch weiterhin begreift, das heißt, er allein war mir von der Art seines Irreseins her vertraut.) Ausgetretenen Bahnen folgend, hätte man meinen können, daß sie alle von der Unfreiheit, vom Leben im Zoo, vom Gefängnis den Verstand verloren hätten – doch nein. Das spielte zwar mit, doch hier war noch etwas. Und dieses *noch etwas* war wesentlicher, schlimmer und neuer für den Menschen.

Wie jäh und mit welcher Wehmut wurde mir plötzlich bewußt, daß es diesen Bären vor mir schon gar nicht mehr gibt, ja mehr noch, er *kann nicht sein*. Wenn der Mensch von heute nicht alles sich selbst zuschriebe, nicht in solchem Maße sich alles aneignete, daß sogar die Aussage über einen Gegenstand der äußeren Welt schon keineswegs mehr diesen Gegenstand charakterisiert, sondern den über diesen Gegenstand urteilenden Menschen, so bezöge sich der bekannte Witz vom Juden, der ein Nilpferd erblickt und sagt: »Das kann nicht sein!«, nun endlich nicht mehr auf den Juden, sondern auf das Nilpferd.

Das Nilpferd, das kann nun wirklich nicht sein.

Nein, ich bedauerte das Tier im Käfig nicht, vielmehr hätte ich fast dem Zoo kniefällig gedankt dafür, daß es hier noch diesen Bären gibt, den es schon nicht mehr gibt – denn wie hätte ich sonst davon erfahren? Dieser Bär hatte wie durch ein Wunder überlebt, er war der *letzte* Bär, wie auch alle anderen Tiere die letzten waren; es schien, als glaubte er selbst nicht, daß es ihn noch gibt. Wiederum beschreibe ich einen Kreis von Annäherungen zum Mittelpunkt seines Wahnsinns und komme nicht näher. Ich bin jedoch überzeugt, daß in seinem Blick genau dieser Wahnsinn stand – dessen, der als Letzter übriggeblieben ist. Vielleicht war es dahin gekommen, daß der Bär vor dem Weiterleben kapituliert hatte; und zwar hatte nicht dieser Bär (persönlich) kapituliert – in *ihm* hatte der Bär schlechthin kapituliert, er hatte nicht die geringste Lebensenergie mehr, *Bär zu sein*. Wirklich, falls den tierischen Instinkten, die, im Unterschied zum Menschen, noch nicht der Logik von Schöpfung und Schöpfer zuwiderlaufen, das genaue Gespür für das Nahen des Todes nicht abhanden gekommen ist, also, wenn das Tier sich versteckt, fortkriecht usw., warum sollte es dann den Tod nicht auch globaler spüren, also den Tod der Art, der Gattung, des Lebens selbst? Die Tiere auf der Arche Noah hatten mehr Chancen, im Wüten der Elemente zu überleben, als diese hier im Zoologischen Garten, in der absoluten Gefahrlosigkeit, wie sie auch Todeskandidaten zwischen Urteilsspruch und Hinrichtung umfängt. Hier gab es keine Reinen und Unreinen mehr – *alle* waren sie die Letzten, bläulich, im Abschiedsdunst.

Am liebsten wäre ich zurückgelaufen, zum Elefanten, um mit plötzlich geöffneten Augen mir alle noch rechtzeitig anzuschauen, allen in ihre letzten, vertrauten Augen zu blicken, getrieben von Schuldgefühlen und Brüderlichkeit, der Brüderlichkeit alles Lebenden auf der Erde angesichts des Untergangs. Und wirklich, warum partout umarme ich nicht Schwester Gnu, warum sage ich nicht: Da bin ich wieder, dein spurlos im Fortschritt verschollener Bruder! Ja, er ist es, ich bin es, lebe noch und habe dich nicht vergessen ...

Falls nun jemand sagen sollte, ich hätte bei dieser Erzählung meine Tochter vergessen – o nein, ich hob sie hoch vor jedem Käfig, wo sie schlecht sehen konnte. Sie erlebte alles tief, das heißt, schweigend, und hinderte mich nicht, das zu erleben, was ich, all das Stumme, hier irgendwie wiederzugeben versucht habe. Aber – und das kommt nun noch hinzu – sie erlebte *etwas anderes*, doch was, kann ich wahrscheinlich nicht ausdrücken. Jedenfalls, während diese Tiere kraft ihres mir plötzlich augenfälligen Stigmas, die Letzten zu sein, inmitten der Sperrholzkulissen, Verkaufsstände, Zäune und Käfige für mich zu etwas in seiner Unechtheit nicht mehr

Unterscheidbarem geworden waren, ihren zerbeulten Blechbrüdern im Schießstand gleich – waren für sie (die Tochter) diese selben Tiere zwar auch etwas Unglaubhaftes, doch gerade aufgrund ihrer Realität und Lebensechtheit. Als ich unweit des Karussells ein schäbiges, abgewetztes Pony erblickte, das nun schon überhaupt nicht mehr vom Karussellpferdchen aus Pappmaché zu unterscheiden war, und zögernd, mich quasi für die Schäbigkeit des Ponys entschuldigend, zu meiner Tochter sagte: »Möchtest du auf dem Pony reiten?«, da nickte sie plötzlich so entschieden und heftig, da errötete sie derart vor Verlangen, daß ich begriff, daß die Welt des Lebendigen noch allen Ernstes existiert.

Ist es nicht merkwürdig, daß wir immer mehr Bücher mit Märchen und Bildern von Hasen, Wölfen und Füchsen herstellen, immer mehr Fischchen, Rehe und Bärchen aus Gummi, Plastik und Plüsch fabrizieren und zugleich immer weniger begreifen, wozu wir das tun? Indessen leben unsere Kinder bereits in einer Welt, wo es tausendmal mehr Spielzeugtiere als echte Tiere gibt. Dieses Spielzeug ist bereits nicht mehr Gegenstand des ersten Kennenlernens und der Erkenntnis dessen, womit man sein Leben zubringt, es ist Gegenstand einer Mythologie. Und der Tag ist nicht mehr fern, da die Märchenhaftigkeit des Fabeltiers – des Häsleins, des Wolfs, des Bären – über die Allegorie hinauswächst und die Dimension eines Phantasieprodukts annimmt, die von Drachen und Greifen. Das ist einfach so. Objektiv gesprochen, ist es kein bißchen leichter, ein Häslein hervorzubringen als einen Greifen, wenn es das nicht mehr gibt, das Häslein … Und ein wenig graust es einem bei dem Gedanken, daß unser ganzes Spielzeug und unsere Märchen nur Überbleibsel sind aus einer anderen, entschwundenen Epoche, als die guten alten Jungfern der Erziehung dafürhielten, daß so, mittels solcher Spiele und derartiger Kurzweil, im Herzen des Kindes der erste Keim gelegt werde zur christlichen Nächstenliebe.

Die Stadt

Hier – die Stadt! Sie ist groß und ist klein. Darin liegt vielleicht ihr besonderer Reiz. Einerseits hat sie all das, was jede Krakenstadt hat: eine Million Einwohner, Untergrundbahn, Traffic, Industrie am Stadtrand und ein Klima, das, merkwürdig genug für solch ein gelobtes Land, nicht das allerbeste ist, mit einer gewissen Bösartigkeit der Luft; andererseits hat sie das alles nicht. Sie biegen ab …

Und um die Ecke herum erinnert diese Stadt an einen Baum, ein Nest, einen Bienenstock oder einen Weinberg, eine Etagere, eine efeuumrankte Wand. Sie erinnert an ein einziges Haus mit wildwuchernden Etagen, Anbauten, Aufbauten und Galerien, wie auch jedes ihrer Häuser auf seine Weise eine Stadt ist. Jeder ihrer Zweige ist im gleichen Sinne unvollendet wie ein lebendiger Zweig, der eine Knospe trägt, der wächst. Sie können nicht sicher sein, ob an diesem Haus nicht noch ein Balkönchen hinzukommt oder ein Treppchen oder noch ein Speicher am Speicher – sei es, weil Sie ihn gestern nicht bemerkt haben, sei es, weil er morgen aufgestockt wird. Und wenn Sie aus dem Hof einen Freund rufen und er antwortet: »Ich komme!«, so wird er noch dreimal verschwinden und wieder auftauchen, mal links, mal rechts, mal auf einem Treppchen, mal noch auf einem Balkönchen, bevor es ihm gelingt, unten anzukommen, vor Ihnen stehenzubleiben und Ihnen die Hand zu drücken, höchstwahrscheinlich mit dem Verdacht, Sie wollten gar nichts von ihm. Und wenn Ihnen zwei Liter Weißwein die Nachtsichtigkeit genommen haben, wie werden Sie sich verirren auf diesen Zweigen, Sie werden einsehen, daß Sie nicht dieses Treppchen hätten hochsteigen sollen, sondern das wie eine Weinrebe sich darum herumrankende, aber zu einem anderen Fenster führende Treppchen. Oh, Pardon, *kalbatono*, ich wollte nicht zu Ihnen. Pardon, Pardon, ich sehe Sie im Traum: Diese Treppchen brechen nicht ab, verheddern sich nicht in Ihren Treppenfluchten, sie führen einfach nicht zu Ihnen.

Hier wächst, hinter einem hohen und dichten Gitter, wie unterm Haus hervor, den Asphalt durchstoßend und die Steine auseinanderschiebend, auf der Fläche einer menschlichen Fußspur ein Garten … reckt den mächtigen, gar nicht standfähigen Stamm empor; erreicht einen Mauervorsprung, klammert sich fest, klettert seitwärts weiter; überzieht die Wand, überzieht die Fenster, auch ein Balkönchen überzieht er; seine Barthärchen ahmen die Schnörkel des Balkongitters nach; er umrankt den Balkon, umrankt die Frau, die auf den Balkon getreten ist, um ihr Topfblümchen zu gießen, umrankt die Tülle des geneigten Teekessels in ihrer Hand; in seinen Windungen und Wendungen hat er die Zeit festgehalten wie in einem Netz – sie hat sich verheddert, ist stehengeblieben, steckengeblieben; ebenso das neunzehnte Jahrhundert, seine Häuser, die Menschen in den Häusern, die düsteren Räume, ebenso, wer im Kühlen still darin herumwandert und den Kopf nicht herausstreckt. Und nicht mehr der Weinstock ist über die Hauswand gewuchert, nicht mehr der Weinstock klammert sich an diese dem Untergang geweihten Wände, vielmehr hängen die Wände an seinen mächtigen Wucherungen und halten sich nur, weil sie ihm einst Halt gaben, nur durch die Erinnerung, wer einst hinter den Wänden gewohnt hat, und ihre zerbrechliche Schale birgt ein Bild jener Liebe, die Heimat heißt.

Das Wasser floß am Blumentopf vorbei, als kleiner Wasserfall, als dünner Strahl, es überquerte die Straße – und um die Ecke herum kamen drei sorglose Herren: der eine hochgewachsen, schmal der Kopf, mit Schnurrbart und Käppi; der zweite mit Wattejacke, sah Puschkin ähnlich; der dritte eine Krähe mit Jackett … Ohne sich im geringsten zu wundern, daß ich anders war als sie, gingen sie durch mich hindurch; ihr unregelmäßiges, recht lustiges Lied stieg noch lange, schlingernd, die Straße hinab und schien schon völlig versiegt zu sein, als es plötzlich, dank einer neuen Straßenwindung, mich wieder erreichte.

Müßte ich sie nicht ansprechen, aufhalten? Denn wenn sie noch einen knappen halben Kilometer weitergingen, würden sie plötzlich auf eine asphaltierte Straße mit Tageslichtlampen stoßen, würden geblendet, von einem O-Bus überfahren, wer weiß, was sonst noch alles …

Vielleicht biegen sie ja auch von selbst rechtzeitig ab, schiebt ein *duchan* ihnen ganz von allein die arglistigen Kellerstufen unter die Füße, atmet sie ein und atmet sie nicht wieder aus. Denn woher wären sie soeben vor mir aufgetaucht, woher wären sie ans Licht gekrochen, wenn nicht aus dem Gestern, nach einem Jahrhundertschlaf? Ganz sicher, sie werden nicht bis zu der Hauptstraße vorstoßen, die nach dem großen Dichter benannt ist, werden nicht lange disputieren und auswählen, sondern sich damit zufriedengeben, was ihnen, einen Katzensprung von hier, der *Zufall* beschert.

Hier werden Sie es immer schaffen, gerade noch rechtzeitig vor einem Eindruck abzubiegen, der Sie durch seine Überzeugungskraft oder Folgerichtigkeit völlig erschlagen könnte. Wohl kaum finden Sie irgendwo sonst für die angekratzte oder abgenutzte Psyche derart sanfte Übergänge wie in dieser Stadt. Hier werden Sie nicht den Verstand verlieren, hier paßt auch Ihre Verrücktheit rein. In dieser Stadt ist noch Platz für einen Stadtverrückten, von allen geliebt und verwöhnt.

Diese riesige Stadt wird unendlich für Sie in Erfüllung gehen. Wird sich erfüllen wie ein Wunsch, wie ein Traum – hinter jeder winzigen Biegung. Sie werden sich stets in einem kleinen und gemütlichen Raum wiederfinden, brauchen sich jedoch nur umzudrehen, um Ferne und Berge zu erblicken. Und dieser ständige Wechsel in einen neuen, zugleich schon ein bißchen vertrauten Raum beruhigt, tröstet, beschwichtigt.

Die Stadt hängt am linken, dem Steilufer des breiten, seifigen Flusses tatsächlich wie ein Nest: Balken und Balkons ragen wie die Reiser eines Nests über den Rand. Am rechten, flachen Ufer kriecht sie geschmeidig und unaufhörlich aufwärts, umwindet die nahgelegenen Hänge wie eine Weinrebe, einzelne Blätter werden dabei größer, dunkler, gröber, andere gelber, röter, wieder andere frischer grün, und dieser gesamte Teppich ist zuletzt – die Stadt. Von oben stellt sie sich als Etagere dar, als wildwuchernde Zündholzschachtel: Brettchen, Terrassen, Treppchen und Galerien scheinen Haus mit Haus zu verbinden, und zusammen hält sie ein gemeinsamer Baum, der im einen Hof wächst und über den nächsten sich neigt, oder eine gemeinsame Weinrebe, die sich vom Balkon des einen Hauses zum Balkon des nächsten hinüberschwingt ... Alles wuchert, hat sich verheddert, ist verwachsen – alles ist lebendig.

Sie durchstreifen sie wie einen Wald, ohne Zweck und Ziel. Gleichförmigkeit und ständige Veränderung, ohne daß deren Gesetz sich offenbarte: ein Baum. Und diese nicht ermüdende Gleichförmigkeit, die kaum merkliche Vielgestaltigkeit, dieser lebendige Rhythmus – die Stadt stimmt allmählich mit Ihrem Atem, Ihrem Puls, dem Flüstern Ihres Bluts überein. Sollten Sie sogar imstande sein, vom Leben noch mehr zu erhoffen (wie man aus einem Übermaß an Liebe selbst in der Gemeinsamkeit noch mehr Liebe wollen mag), kann in dieser Stadt selbst eine Laune in Erfüllung gehen, auf der Stelle, hinter der nächsten Ecke ...

Wir bogen aus einem Sträßchen, in dem wir sozusagen nicht hatten landen können. Wie soll ich das erklären? Mein Freund hatte mir die Werke eines Malers zeigen wollen, und ich stand und betrachtete das Häuschen hinter dem Gitter, das von Unkraut überwucherte Gärtchen mit der trockenen, unebenen Schale eines nicht funktionierenden Springbrunnens im hohen Gras … Ich stand und trat von einem Fuß auf den anderen, während mein Freund drinnen verschwunden war, um einen Besuch zu verabreden. Endlich kam er heraus, geknickt: Die Witwe des Malers war krank und konnte uns nicht empfangen. Derartige Mißerfolge inspirieren mich; wir bogen aus dem Sträßchen, in dem wir eigentlich nicht gewesen waren, und gelangten in ein noch erstaunlicheres und noch nie dagewesenes. Das Sträßchen schwang sich unter den Füßen weg nach links und nach oben, wie von einer Handbewegung gezeichnet. Pflastersteine, dazwischen Gras; ein Häuschen, mittendrin eine Treppe zum ersten Stock; ein Mann, der einen Bund Reisigbesen trug … Alles hier wirkte wie die wohlverdiente Muße in einer reinen Seele … Bloß die Tafel da mit dem Straßennamen kam mir irgendwie überflüssig vor. So eine Tafel nach heutigem Geschmack, eine gußeiserne, mit erläuterndem Text. Die Buchstaben zwar georgisch, aber die Daten – meine eigenen. »Bloß diese Tafel da ist überflüssig«, sagte ich hingerissen zu meinem Freund, »nimm sie runter, und es ist keine Zeit vergangen.« In dem Augenblick kam ein finsterer und unrasierter Mann aus dem Haus, ließ eine dicke Frau im Fenster zurück, mit einem Gesichtsausdruck wie nach einer Schreierei, blickte prüfend und – montierte mit Hilfe einer Nagelzange die Tafel ab; dann verschwand er im Haus, die Tafel unterm Arm. Die Frau schrie uns irgendwas nach. Mein Freund lachte. »Na, siehst du …« – »Hat sie wirklich gehört … ?« fragte ich. »Sie hatte es satt, daß ihr alle zum Fenster reinschauen«, antwortete er.

Solch eine Stadt. So geworden, bis heute so gewesen. Ob wohl mit der kommunalen Versorgung alles zum besten steht? Ob es genügend warme Toiletten und heißes Wasser gibt? Ist sie wohl sicher in Hinblick auf, sozusagen, den Brandschutz? Nein, nein, tausendmal nein. Man muß sie unbedingt abtragen bis auf den Grund, und dann … Einen anderen Ausweg gibt es nicht.

Wenn Sie die Stadt auch heute noch so sehen möchten, wie sie immer gewesen ist, ist das jetzt nur von drei Punkten aus möglich.

Gut ist, sich im Hochhaus des zentralen Hotels einzuquartieren, das von überall her nur allzu sichtbar ist; dafür ist es von seinen oberen Stockwerken ganz hervorragend nicht sichtbar. Die Stadt tummelt sich um das Hotel herum wie die Ziege auf der Weide – so weit, wie der Strick reicht. Von überall her erblicken Sie diesen Pfahl, sobald Sie aus dem Hotel treten und sich umdrehen.

Ebensogut ist, von oben auf die Stadt zu schauen, von dem Berg, auf dem eine teutonische Aluminiummutter mit Schwert steht. Da erblicken Sie diese lange, unter Ihnen ausgestreute Stadt in bläulichem Tabakrauch. Von hier, so weit oben, erscheint sogar das Hochhaushotel nicht gar so hoch. Unterm Ansturm der Gefühle werfen Sie den Kopf in den Nacken und erblicken über sich die Vernietung im Nasenloch der Aluminiumfrau; gerade furcht über ihr eine TU-104 den Himmel, ihr Bruder, der ihr an Größe gleichkommt.

Gut wäre auch, noch einen anderen Punkt zu überprüfen, obwohl ich selbst es nicht mehr geschafft habe. Man muß ans linke Hochufer hinüberwechseln, auf den Fels zu dem Kloster steigen, das überm Fluß hängt, und sich, unterhalb davon, neben das unlängst errichtete Pferd stellen, auf dem, ebenfalls mit Schwert, ein neuer Stadtgründer die Hand ausstreckt, noch älter als der bisherige, und man muß hinunterblicken zu dem Ort, wo nun endlich die bösartigen Elendsquartiere abgerissen wurden, wo eine Grünanlage entsteht und ein Schwimmbad für Pioniere. Das wäre ein Blick auf die Stadt, in dem alles Platz findet, außer dem Pferd, doch so habe ich sie nicht gesehen. Ich streifte dort unten umher, im abgerissenen Hühnerstall, über die Müllkippe aus Ziegelsteinen, Stoffetzen und Konservendosen, schleuderte mit der Spitze meines Schuhs einen anderen, geflickten Schuh

beiseite, streifte, wie der Archäologe sich ausdrücken würde, in der Kulturschicht von heute umher und lauschte dabei
der Erzählung, was für Sprachen, Handwerke und Völker es
hier noch unlängst miteinander ausgehalten hatten, in dem
hiesigen kleinen Babel. Was war das für ein nie dagewesener
und mit nichts zu vergleichender Strudel von Sprachen
gewesen, eine philologische Blume, ein Knäuel von Mund-
arten, unwiederholbar, unwiederherstellbar. Ein Dialekt ist
lebendig, solang er gesprochen wird. Er wird gesprochen,
solang es jemanden zum Reden gibt, solang die Leute beisammen sind. Jetzt gibt es diese Sprache nicht mehr, sie
wurde ausgesiedelt in den Komfort. Es war merkwürdig,
sich vorzustellen, wie menschliche Rede von Bulldozern abgetragen, wie eine Sprachschicht abgeschabt wird. Ich stieg
nicht bis zur Höhe des Pferdes hinauf, dafür sah ich es gut:
Während ich über die Müllkippe stolperte, wo »eine Stadt
werden und ein Garten blühen« würde, sah ich jedesmal,
wenn ich mich umblickte, den sieghaften Huf über mir
erhoben. Diese Stute ist von einmaliger architektonischer
Eitelkeit: Damit sie in die Nachbarschaft des seit Jahrhun-
derten die Stadt beherrschenden Kleinods gelangen konnte,
war es notwendig, den Felsen, auf dem das Kloster stand,
»anzugleichen« (ein Stück abzusprengen), denn an der Linie
des Steilhangs war kein Platz für ein Pferd. Doch derjenige,
der eben diesen Ort ausgesucht hatte, dermaßen zum Neid
des Bildhauers, hatte eben diese Felslinie gesehen und aus
ihr sein Bauwerk herauswachsen lassen, wie ein Wildling
mit einem Kulturreis veredelt wird. Und es war angegangen.
Diese gemeinsame Linie von Kloster und Fels werden Sie
niemals wieder erblicken; dort steht das Pferd, und es steht
absichtlich in der Blicklinie, wird sich immer bemühen, mit
seiner schwerfälligen Kruppe die Kirche vor Ihrem Blick
von unten zu verdecken.

In dieses einheitliche Stadtmassiv, diesen lebendigen Leib
wurden drei exakte Keile getrieben, wie in einen antiken

Sklavensteinbruch. Nacht für Nacht werden die Risse breiter. Bald, sehr bald wird die Stadt in drei Teile zerfallen, in Tortenstücke zerbrechen, und schon wird es nicht mehr schwer sein, jedes Tortenstück in lauter winzige Keile zu zerstückeln.

Das ist alles vernünftig und zweckmäßig, obwohl auch manchmal, wie die Stute, nicht wirtschaftlich. Dennoch tut es einem unvernünftigerweise in der Seele weh: Laßt es sein Leben zu Ende leben! Ist doch lebendig, soll ruhig leben. Bald, bald stirbt es von allein.

Es ist etwas an dieser Stadt, es ist auch etwas an ihren Menschen: Sie lebt, sie überlebt jedoch nicht, die Menschen beharren gleichsam nicht darauf. Überleben kann man nur in einer neuen Qualität, die vorherige Qualität jedoch, das ist Ihre Seele, eine andere haben Sie nicht. Treue ist zum Absterben verurteilt, Verrat zum Leben. Und wenn die Menschen anders nicht leben können, werden sie verschwinden, sie werden es nicht aushalten in veränderten Kategorien, denn sie werden sie nicht ändern mögen. Aus Trägheit, könnte es den Anschein haben, aus Lebensuntüchtigkeit. Aber das ist doch Tüchtigkeit, so zu sterben, wie du geboren wurdest! Sie brüsten sich vor ihren Nachbarn, die tragisch über die ganze Welt zerstäubt sind, jedoch überall überleben, daß es für sie keine Emigration gebe, daß sie nirgendwo sonst leben könnten. Sie können nirgendwo sonst leben, aber auch hier werden sie immer weniger. Denn was sich nicht untreu werden mag, stirbt aus. Das Blut wird immer blauer, und es gerinnt nicht, tropfenweise fließt es aus leichten, fast zufällig entstandenen Schürfwunden …

Wer kann mir erklären, wo all die Etageren hingeraten sind? Welcher Erklärung werde ich glauben? Wenn bei uns zu Hause eine Bambus-Etagere sogar die Blockade heil überstanden hat – offenbar deshalb, weil allen klar war, daß sie aufflammen würde und sogleich verbrannt wäre und nicht mehr Wärme gäbe als ein Zündholz … wenn sie sogar die

Blockade überdauert hat, wo ist dann hinterher ihr körperloses gelbes Skelett hingeraten, das mir für mein ganzes Leben sein Quietschen und Wackeln hinterlassen hat, während ich den mir aufgetragenen Staub wischte? Wer hatte es eines Tages satt, diesen Staub zu wischen, wer hielt es nicht mehr aus, daß man nichts drauflegen konnte, und was ist in jener Etageren-Zeit eben doch auf die Etageren gelegt worden? Und wenn die Notwendigkeit, den Staub zu wischen, jahrzehntelang niemanden verwundert hat, an welchem Morgen hat das plötzlich so gestört? In welchem Augenblick ging uns auf, daß wenn man sie ein Leben lang nicht wischen und die Wischzeit mit der Zahl der Staubtücher malnehmen würde, daß dann ein Sideboard herauskäme? Wohin hatten wir es auf einmal so eilig, daß wir, im Laufen fluchend, mit den Taschen an ihren albernen Brettchen und Stäbchen hängenblieben? Wann begannen unsere Wecker nervös zu tikken und setzten damit den gemessenen Gang des fast unbeweglichen, die Zeiger nicht antreibenden Pendels außer Kraft? Wann ersetzte ich Besuche durch Briefe, Briefe durch Ansichtskarten, Ansichtskarten durch Telefonanrufe, wann stellte ich das Telefon ab? Und warum erinnere ich mich jetzt gerührt an diese dumme Etagere, da ja sogar mir einleuchtet, daß eine Etagere tatsächlich ein ungewöhnlich unpraktischer, unsinniger, unnützer Gegenstand ist, der nicht nur seine Bestimmung verloren, sondern auch nie eine gehabt hat? Was sollen diese Tränen auf der Müllkippe?! Laß den Kopf nicht hängen, es lohnt nicht.

Wird man mir sagen …

Es überlebt das Lebendige, es stirbt das Schwache. Was ist das für eine merkwürdige Leidenschaft für alles, was untergeht? Als ginge etwas unbedingt unter, wenn es gut ist, und als wäre alles, was untergeht, gut. So ist es nicht. Lohnt nicht. Wozu.

Trotzdem, schade drum.

Hier kann man leben, hier leben nicht Sie. Hier lebt sich

sogar der Böse ein, mürrisch, ohne jemandem Böses zu tun. Hier wird man seßhaft.

Als hätten Sie schon einmal gelebt … So ein friedliches und liebevolles Wiedererkennen allenthalben, wie wenn Ihnen noch einmal erlaubt worden wäre, für kurze Zeit zurück… Und Sie kommen in das Büro, in dem Sie einst gearbeitet haben, räumen ein offizielles Dokument von der einen Seite zur anderen, blasen den Staub vom Schreibtisch, holen jemanden ans Telefon: »Einen Moment bitte …« Der Arbeitstag ist um. Nach Haus. Sie begegnen einem alten Freund, er erinnert sich an Sie, umarmt Sie, klopft Ihnen scheu auf den Flügel, Sie haben den gleichen Weg … trinken miteinander ein Gläschen oder zwei, dann noch jemand von den Freunden, die Runde wächst, Sie gehen noch irgendwohin, wo alle zusammen gerade »sehr erwartet« wurden … Auf einmal zerfällt die Runde, die Freunde fallen ab wie Blütenblätter, Sie gehen allein über ein sich aufbäumendes Sträßchen, über funkelnde Pflastersteine, über die bereits keine Hufe mehr klappern und kein Phaeton entgegenrasselt – als letzter Funke steht erstarrt der einzige Stern. Der Wind weht bald warm aus einer stickigen Gasse, bald frisch von den Hügeln. Noch um eine Ecke, da ist Ihr Haus … In der Hand tragen Sie, wie einen Rosenstrauß, eine riesige Papiertüte, darin Plätzchen und Makkaroni und obendrauf zwei Granatäpfel, man darf nicht mit leeren Händen heimkommen … aber wer hat schon gewußt, daß Sie heimkehren würden: wieder mal hatten Sie weder ein Netz noch einen Korb noch ein Falttäschchen von der Art dabei, wie sie sich von hier aus übers ganze Land verbreitet haben. Irgendwie unpassend für einen Mann, mit Einkaufskorb … Die Stufen an Ihrer Treppe sind irgendwie laut, durchlöchert … Nun bell doch nicht, mein Gott! Bist alt geworden, Dummkopf, erkennst mich nicht, mein Bester … bin doch nach Haus gekommen. Ein Fenster nur ist hell: deines. Die Frau löst ihren Greisinnenzopf. Schaut mit liebevoller Mißbilligung –

47

weil du zehn Jahre nicht zu Haus warst oder weil du wieder nicht nach Haus gekommen bist, wie gestern … Mein Gott, diese Frau – eine Frau eben: ist der Ansicht, du wärst ihr Mann, wieso ihr die Laune verderben, ist bestimmt eine gute Frau, meint, sie wäre deine Frau, das glaubt sie, soll sie es doch glauben … sie meint, du wärst lebendig … ein Dummerchen, natürlich … wozu das Abendbrot? du brauchst doch nichts, dort, wo du herkommst, wird nicht gegessen, bin schon satt, danke … und jetzt geh, den Strohsack in den Armen, als gingst du zum Schlafen aufs Dach, als wolltest du zum Stern aufschauen, geh fort für immer, ganz still und leise, während die Frau im Schlaf schnaubt, die Tochter im Schlaf schnaubt und der Sohn mit der Glühbirne unter der Decke … gehst still und leise, wirfst dabei Waschschüsseln und Gummibäume um und verirrst dich im Wäschedickicht, über den Balkon, über die Feuertreppe, hoch zum Speicher, wo braune Zwiebeln in brauner Fensterluke hängen und die Malerei überflüssig machen … gehst für immer, nach oben, bevor du morgen eine wer weiß woher stammende, unschöne, sich auflösende Tüte auch wieder herschleppen mußt, an den – allerdings wachsenden – Bauch gepreßt …

Sie gehen fort für immer, Sie kehren immer zurück.

Sie biegen ab. Ach, das neunzehnte Jahrhundert ist doch erst unlängst gewesen! Man konnte darin zufällig hängenbleiben und seßhaft werden. Das heißt, ich möchte damit sagen, daß man in dieser Stadt seßhaft werden möchte. Aber sogleich sehen Sie ein, daß das nicht geht. Weil es nicht das neunzehnte Jahrhundert ist. Das heißt, die Stadt, die ist schon so, aber sie ist nicht für Sie da.

Wie merkwürdig, die Einsicht, daß dies jemand anderen angeht, nicht Sie. Dabei haben Sie derart empfunden, derart geliebt, derart begriffen! Das aber – ist Neid.

Sie sind so uneigennützig, so von ganzem Herzen hingerissen, daß Sie allmählich schief angesehen, eines Hintergedankens verdächtigt werden. Von wegen Hintergedanken, wo der doch vor Ihnen ist und Sie ihn vor sich hertreiben in der Furcht, rückständig zu werden. Ach, diese internationale Vulgarität: die Scham für das Vaterhaus ...

Aber keinen einzigen dieser Gedanken gestehen Sie sich ein, keinen einzigen ... Sie bringen es derart fertig, hingerissen zu sein und alles Fremde liebzugewinnen, daß Sie sich nicht als Eroberer vorkommen. Sie verlangen ja gar nicht eine ebensolche Liebe zu Ihrer Heimat, wie Sie sie für die fremde verströmen, und die Echtheit dieses Hingerissenseins dürfte, Ihrer Meinung nach, eine mehr als ausreichende Sühne sein, denn für die Sippschaft wie für das Vaterland sind Sie nicht mehr verantwortlich, Sie sind daran nicht schuld. Ebendeshalb, scheint Ihnen, hätten Sie Gegenliebe verdient. Der -zigste Agent des Imperiums tritt als Friedensbote auf, fühlt sich keineswegs als Herr im Haus; er nimmt alles wie aus Gedankenlosigkeit entgegen, wie wenn er das Recht dazu hätte. Man weiß über ihn, daß er eine Steuer eintreibt – er allein befindet sich diesbezüglich in bescheidener Unwissenheit. Gleichsam genierlich und nur, um den Brauch nicht zu verletzen und die Gastgeber nicht zu kränken, gestattet er ihnen, einen Toast auf ihn auszubringen und für das Mahl zu bezahlen.

Spucken Sie das Stück Unschuldslamm wieder aus, rülpsen Sie die überflüssigen Kognakjahre hervor, sagen Sie, wer Sie sind, verletzen Sie, schließlich und endlich, den falsch verstandenen Brauch – dann stecken Sie eben Schläge ein ... Verlassen Sie das gastfreundliche Mahl, wischen Sie die ungerechten Tränen auf Ihrem Gesicht breit, als wären es fremde ... Sie biegen ab.

Sie biegen ab, nachdem Sie am Bahnhof für verdünntes Bier und vergiftete Teigtaschen einen dreifach überhöhten Preis bezahlt haben, Sie sind völlig allein, die Mädchen schauen Sie nicht an, die Rasierklinge packt den Stoppelbart nicht mehr, die Schuhe reiben, und im Bauch so ein saures Stechen. Sie biegen ab.

Und Sie sind glücklich … Es glänzen die unebenen Pflastersteine, die Straße bäumt sich hoch und nach rechts, und durch die warme schwarze Luft hindurch, am Ende dieser Straße, entzündet sich ein einzelner Stern.

Dort ist die Stadt zu Ende, ausgelöscht sind ihre oberen Etagen, die Berge, morgens früh werden sie als erste rosa erglühen.

Wie licht ist es in dieser Finsternis!

Was hat das angeborene Bild doch für eine gedankenlose Macht … Als ob der Mensch, wenn er zur Welt kommt, ein für allemal den ersten Eindruck seiner Säuglingsnetzhaut eingeprägt hätte, weshalb er dann solch einen Teppich webt, so sein Haus baut, solch ein Gitter schmiedet, solch ein Friedhofskreuz erhält. Diese Ganzheitlichkeit ist in Ihrer Seele gespannt und singt wie eine Saite: Sie hören das vertraute Lied, und seine Worte – das sind Sie.

Die öde Straße

Among the evolved characters which frequently
occur in the self-replicating systems we call living
organisms is the termination of the individual.
This »natural death« of the living units which carry
for a time the unbroken line of descent from the
first primordial origin of life is of little conse-
quence to the vast majority of living things, for the
places of those that die are soon occupied by other
individuals.

Bernard L. Strehler: Time, Cells, and Aging

Der Muschik   Ich bin unterwegs zum Dorfladen, zur
Post und einfach so ... Darf nicht verges-
sen, Butter zu kaufen, Waschpulver, nicht vergessen, den
Redakteur in der Stadt anzurufen, und falls er nicht da ist ...
vergessen, für die Tochter Schokolade zu kaufen, vergessen,
den Brief der Schwiegermutter einzuwerfen (noch berühre
ich ihn ständig in der Hosentasche, um ihn nicht zu vergessen, doch dann ziehe ich die Hand aus der Tasche); darf
bloß nicht vergessen, auf dem Weg zum Butterholen den
Artikel zu durchdenken, einen ungemein dringlichen, über
den derzeitigen Stand der Literaturkritik, um mich, wieder
zu Hause, sofort dranzusetzen und ihn gleich morgen nach
Moskau zu schicken, wo sie ihn (andere Sorgen haben die
keine!) fieberhaft erwarten (ich werde ihn nicht einmal jetzt
schicken, einen Monat später, weswegen ich mir schwere
Vorwürfe mache, statt mich zu loben und in mir zu bestär-
ken, daß Realitätsgefühl und Zugehörigkeit zum Leben noch
nicht restlos in mir erstorben sind).

So bin ich unterwegs, und einiges merke ich mir, anderes entfällt mir von den beharrlich mich bedrängenden Besorgungen. Nicht vergessen werde ich Butter Nägel Milch
Waschpulver Kerosin, vergessen werde ich Kerosin Waschpulver Milch Nägel Butter, einen Telefonanruf, zwei Besu-

che, drei Abschiede ... bestimmt aber werde ich vergessen, daß um mich herum, mit Wetter, Passanten und Wolken, das Leben sich abspielt, daß ich selber dahinsause in diesem Strom, den die Sonne um meiner Augen willen bescheint, daß genau diese »sinnlos vergeudete« Sekunde mir einst »schwer auf dem Gewissen liegen« wird, denn egal, ob ich die oder jene Spiralwindung meiner (von wem eingeforderten?) Pflichten letztlich vergesse oder nicht vergesse, sowieso bin ich beschäftigt mit dem *Nichtvergessen* und nicht mit dem gegenwärtigen Augenblick, der unterdessen ein für allemal verstreicht und sich nicht zurückholen läßt – nie mehr.

Mein Gehirn ist eine gesättigte Lösung. Die Gifte und Salze des Gedächtnisses haben löchrige Gänge hineingefressen, durch sie entfleucht allem Anschein nach der flüchtige Liquor des Lebens; an der Oberfläche ist die Gehirnrinde porös und trocken. Doch ich lebe noch. Zumindest einen nekrosefreien Fußzeh kann ich noch rühren, und an ihm sticht noch ein Hühnerauge. Und wenn ich noch lebe, kann ich nicht völlig am Leben vorbeigehen. O nein! Es könnte mich tangieren. Sich anschmiegen, mich umarmen braucht es gar nicht; doch in seiner lebendigen Gedankenverlorenheit, noch unbelastet vom Geschwür des ausformulierten Gedankens, könnte es, ohne mich zu beachten, wie ein Mädchen, das auf dem Weg ist zu einem Rendezvous nicht mit mir, sondern mit einem anderen, einem Schönen und Verläßlichen, einem Glückspilz, so könnte es unsereinen im Bus, beim Aussteigen, mit seiner Wolke aus Gesundheit und saubergewaschener Jugend streifen. Und obwohl ich kein direkter Verwandter des Lebens mehr bin, verschlägt es auch mich Namenlosen zuweilen auf ein Fest zu Ehren seines Namens, auch für mich findet sich noch ein Plätzchen am Katzentisch vor peripheren kalten Platten. So daß ich nicht immer am Leben vorbeigehe mit meinem schwer zu tragenden, in peinsam reißendes Zeitungspapier geschlagenen Bündel aus lauter Aufträgen, die nicht weggeworfenen Mayonnaisedeckeln gleichen, aus lauter Pflichten, die an nicht gewaschene Socken und nicht veröffentlichte Manuskripte erinnern, und obwohl ich es nicht wegwerfe, dieses Bündel mit zwei Paßphotos, einigen Knöpfen, Korken, Kopeken von vor der Währungsreform, dazu zahllose Bindfadenknäuel, auch ein kleiner Nagel ist drin, auch eine Telefonnummer steht obendrauf, hab vergessen von wem ... das Zeitungspapier aber reißt und zerschleißt, und in einer Woche bin ich dreiunddreißig, kann nicht nach Haus finden und mein Haus nicht vergessen, kann weder Haus noch Bündel verlieren ... dabei fällt immer mehr raus. Und als wieder was rausfällt, empfinde ich plötzlich, nach dem Schmerz über den Verlust, das entspannende Gefühl der Freiheit; sogleich erblicke ich einen Mundwinkel, den Rand eines Gewässers, ein Stück Himmel; dann auch ein blühendes Feld, und keiner hat gemerkt, ob du die rechte (nicht die rechte) Richtung eingeschlagen hast, keiner hat dich aufgehalten, wird dich aufhalten ... sogleich aber tritt an die freie Stelle im Bündel, die Stelle nur eines kleinen Nagels, eines krummen und rostigen, oder eines vertrockneten Korkens – an diese Stelle tritt: Wald und Fels und Vogel ... Man kann eben nicht am Leben vorbeigehen und dann unversehens einen Blick darauf werfen, ohne nicht sofort etwas zu vergessen! Gelobt sei, was ich unvollendet ließ, verpaßte, fallenließ, verlor, was ich vergab, verzieh und mir verziehen wurde. Gelobt sei meine Faulheit. Verflucht sei die Gier, daß ich nichts wegwarf, abstieß, beiseite schob, sondern stets auf die Gunst des Zufalls hoffte, um etwas zu verlieren.

So platze ich in diese Erzählung hinein, puterrot und schwitzend, mein Bündel tragend, ich presse es gegen den Bauch, und am Hals pikst mich der Draht eines Sektkorkens (warum gerade der oben das Loch in die Zeitung bohren mußte?), an meinen Hosenbeinen kleben Bonbonpapierchen und fremdes Konfetti, Straßenbahnfahrscheine mit Glückszahlen, ebensolche Lotterielose und gewinnbringende Kassenbons, der Einheitlichkeit halber alle auf die Schnapszahl 2,87 Rubel ausgestellt, auch ist da eine Karte für die amerikanische »Porgy and Bess«, die vor fünfzehn Jahren zu Silvester gegeben wurde, und in der Uhrentasche ein Garderobenschein, der ohne Zeiger genau anzeigt, ob Tag oder Jahr oder Stunde, wann das alles gewesen ist … in der Hand halte ich Zettel mit Prüfungsfragen aus Botanik, Staatsbürgerkunde und Sprengtechnik; der Lift funktioniert nicht, die Füße brennen, das Herz hämmert gegen das Bündel; zu alledem angele ich noch aus der Gesäßtasche einen rostigen Bund mit Schlüsseln von längst verschwundenen Schlössern, um damit im Bus, falls er von der Brücke stürzt, das Notausstiegsfenster zu öffnen … In diesem Zustand begegne ich meiner Liebe, und es ist wie verhext – nirgends kann ich mein Bündel ablegen, um ihr um den Hals zu fallen, sowieso könnte ich es nicht ablegen, auch wenn ich wüßte, wohin, denn ich kann es kaum noch zusammenhalten, es würde sofort aufgehen, vor den Augen der Liebsten, und das wäre nun doch sehr unschön. Überhaupt, wie fällt man wem um den Hals, wenn man erst vorsichtig ein Päckchen absetzen muß? Auf dem leeren Treppenabsatz falle ich auf die Knie – vor mir mein Bündel, am Hals blutet die frische Schramme vom Sektkorken, und ich verbeuge mich bis zum Boden vor dem Mülleimer … Dabei wollte ich eigentlich sagen: Zwar sucht das Leben schon mal aus Versehen meine Zelle auf, doch das bedeutet, daß ich nur wieder einen Abschnitt vergangenen Lebens aus dem Gedächtnis verliere, denn wie in einer gesättigten Lösung führt die Beigabe von Salz, selbst unter ständigem Rühren, zur Ausfällung der gleichen Salzmenge und deren sofortiger Kristallisation.

Ein solcherart nichtreales Wesen tappt also wie ein Phantom zwischen realen Sträuchern und Gräsern, wo reale Vögel zwitschern und reale Käfer kriechen, da es im Dorfladen Butter und Waschpulver kaufen will, aber es tut im Grunde nicht

einmal das, und nicht nur, weil die Heftklammern und Reiß-
zwecken der Besorgungen ihm nicht die Möglichkeit lassen,
sich umzuschauen und sich in dieser, es stets verblüffenden,
doch ohne es stets fortbestehenden Realität wiederzufinden,
sondern auch, weil Butter und – was wars nochmal? … Seife
für dieses Wesen ebenfalls keine Realität sind; im Gegenteil,
sie sind etwas Fremdes, Derbes, werden von seinem Inner-
sten abgestoßen und dringen ebenfalls nicht als Realität in
sein Bewußtsein. In solch einem Realitätszwiespalt, mittendrin in dem Spalt, mit Fusseln und ausgefransten Fäden rechts
und links am Rand – in diesem toten Winkel tappt der Schatten meines Wesens, überschreitet einen verdreckten Bach,
der eine Anhöhe hochsteigt, und findet sich in einem lichten
Korridor aus Zäunen und Birken, an dessen Ende, bereits
zwischen Kiefern, ein Abgrund blaut … Seife und Butter
gleiten ihm aus dem Sinn, und da durchfährt mich jäh ein
heftiger Glücksschmerz: über mich herein stürzte ein Himmel von seltener Bläue und Helle – schon lang kein solches
Prachtwetter mehr gehabt! –, plötzlich rauschten die Blätter,
schrie ein Kind, tirilierte vor meinen Füßen eine Schwalbe,
und auf meinen Finger setzte sich ein Marienkäfer …
Der Marienkäfer flog auf zum Himmel, und vom Himmel
fielen drei Äpfel: mir einer, dir einer und dem Erzähler einer … Der blaue Abgrund tat sich zwischen zwei endlosen
Kiefern auf – dort war ein See. Ich wurde hinausgeschwappt
aus dem engen und spannungsgeladenen Korridor der Erleuchtung, und ich zerfloß am Ufer. Entkräftet besann ich
mich auf die eingetrübten Wörter: zufällig herausgegrif-
fen, zusammenhanglos, hatten sie keine Bedeutung mehr,
sie waren getrocknet und abgeblaßt wie Steinchen aus dem
Meer … Wie wäre auch das dünne, brüchige Fädchen des
poetischen Kicks wieder zu fassen gewesen, ohne zugleich
den Gegenstand herabzuwürdigen, der, muß man sagen,
auch ohne dich bestens auskommen kann?
Ich saß am Ufer meines Sees. Es war wirklich *mein* See,

nicht besser als andere, die ich gesehen oder nicht gesehen hatte, denn nur er taucht bei dem Wort »See« vor meinem geistigen Auge auf: der See schlechthin. Mit Booten, schwarzen und halb abgesackten, und mit leichten, farbigen, die vor mir schaukelten wie Schwimmer an der Angel. Mit einem sandigen Abhang rechter Hand, über dem, an der Nahtstelle zum Wald, die Steppstiche eines Eisenbahnzugs zwischen den Kiefern vorbeihuschten, und mit einem Sumpfteppich linker Hand; mit einer tannenbewachsenen Landzunge, die man gewöhnlich mit einem Bären beim Trinken vergleicht, und mit Hügeln in der Ferne, am anderen Ufer, wo obenauf, schon vor dem Hintergrund des Himmels, die einzelnen Bäume nicht mehr unterscheidbar, ein Gehölz stand, das einer Burgruine glich. Vor mir schwamm eine kleine Insel mit spärlichen Krüppelkiefern, daran schloß sich der Sumpfteppich an, und auf ihm leuchteten, immer mehr zu durchgängigem Weiß verschmelzend, als dekadente Laternchen die Kapseln irgendeiner besonderen Sumpfblume. Die Sonne versank im Sumpf, immer tiefer sich rötend, und das Wasser, hellgrau vor meinen Füßen, schimmerte ein Stück weiter schon perlmutten, dann wurde es lila, dann golden, purpurrot und blau, und ganz in der Ferne, am gegenüberliegenden Ufer (bei der »Burg«), war es plötzlich schwarz. Der Blick konnte nirgends verweilen, er war schwerelos, der Blick, er schuf einen so unmittelbaren und entspannten Kontakt, daß alles – wo du selbst bist, wo vor allem dein Haus ist, überhaupt, wo alles ist, was nicht hier ist – nicht existierte.

Hätte ich denn nicht ihn ansehn und nicht ich selbst sein und dieser See sein können, zumindest, solange der Sonnenuntergang es zuließ?

Mußte das sein, sich derart die Hacken abzurennen und dem Einfall nachzulaufen, und zuletzt holt er dich ein?

Folgendes habe ich damals am Ufer wohl gedacht:

»Ich habe nie über den Tod nachgedacht (ihn nie gefürchtet?), aber ist dieses unablässige Leiden an der Unfähigkeit und dem Verlangen, eins zu werden mit der Realität, die nur in der Gegenwart existiert – ist das nicht mein aktives (angeborenes?) Verlangen nach dem Nichtsein?? Ich könnte auch in meiner Nichtrealität (unwissend) glücklich sein, in der Hängematte zwischen Vergangenheit und Zukunft, würde ich diese Nichtrealität als die meine akzeptieren. Letzten Endes bin ich nie ein anderer gewesen und befand mich nie bewußt in meinem ›programmatisch-ersehnt-realen‹ Zustand – also wozu, verdammt, brauch ich die Umwelt? Doch wenn Liebe und Glück, rein erfahrungsgemäß, nur die Augenblicke sind, als ich nicht war (die frühe Kindheit war nicht, ›weiß nicht mehr‹ war nicht, der Liebesakt war nicht, und es war nicht – der Tod), so hat vor allem das Verlangen, völlig zu verschwinden, mich das ganze ›bewußte‹ Leben lang beherrscht.«

Dreiunddreißig Doch wo ist der Muschik? Wo ist der Kerl?

Während dieser ganzen Zeit kommt er am Seeufer entlang auf mich zu.

Er kommt schon seit Urzeiten auf mich zu, und heute ist er aufgewacht, hat den Kater verjagt und einen Schluck getrunken, weil nämlich heute ein Feiertag ist, der Tag des Sieges, und er war Soldat, hat den ganzen Krieg mitgemacht, ist bis Berlin gekommen (»bis Berlin« war natürlich eine Abweichung von der Route, doch eine exakt berechnete, um genau heute rechtzeitig einzutreffen, in dem Moment, wenn ich am See sitzen und darüber nachdenken würde, daß …).

Hier läßt sich nun auch das genaue Datum einsetzen:

Die erwähnte Woche vergeht, sie ist schon vergangen, und demnächst werde ich, schon bin ich … dreiunddreißig. Die Nägel schmerzen in den neuen Schuhabsätzen, und an diesem denkwürdigen Tag des Herrn bin ich damit beschäftigt, aus dem üppig grünenden und blühenden sei's Armenien,

sei's Georgien wenigstens annähernd aufzufahren gen mein
feucht-kühles Heimatland, zu meinem See, dem Muschik
entgegen, meinem Apostel. Ich versetze mein widerstreben-
des, sich absichtlich schwer machendes Ich an jenes andere
Ufer und stemme die neuen Absätze in den festen nassen
Sand. Deutlich sehe ich mich aus der Distanz, wie ich ver-
stört und hasenherzig am Ufer stehe, im Land der noch
nicht verschreckten Themen, und ich grinse schadenfroh.
Doch – zu spät. Als ob in einem verrußten und zerdellerten
Kessel (der in diesem Fall der Morgenform des Kopfes entspricht) über einem blakenden Span sich langsam Gestriges
aufheizte, ein Gemisch aus schalem Bier, Kaffeesatz, aufge-
lösten Kippen, Liebt-mich-liebt-mich-nicht-Blütenblättern,
und die aufsteigende Strömung bald eine Kippe, bald Rotze
an die Oberfläche wirbelte, und wieder gehts runter, gehts
rund. Schöpferisches Brodeln. Nun komm endlich her, Kerl,
ich werd dir hier – die Fresse modellieren.

Er nähert sich mir von rechts. Aus diesem Kesselhaus
oder dieser Pumpstation drüben bei der Eisenbahn kommt
er, blinzelt ins Licht, schwankt selbstsicher in pflichtbewuß-
ter Trunkenheit, sieht mich … Tja, und ich verfasse also meine Autobiographie von vor drei Jahren. Wie krieg ich bloß
das dünne, brüchige Fädchen des poetischen Kicks wieder
zu fassen, der ohnehin beim Durchdenken und Formulieren
niedergezwungen und in der Trunksucht eines unsteten Daseins verunstaltet wird?

Aber ja, das ist er. Er hat mir letzten Herbst den Ofen
gesetzt. Einen ebenso bemühten, schiefen und rechtschaffenen. Was solls, der Ofen brennt … Er hat damals aus uner-
findlichen Gründen Gefallen an mir gefunden. Sei's, weil ich
aus Schreibunlust (der heutigen) allzu bereitwillig den Mör-
tel anrührte und die Ziegel zureichte, was von mir gar nicht
verlangt wurde, sei's, weil wir ins Reden kamen: darüber,
daß man ja trinken könnte, aber wissen müßte, wieviel, und
bei ihm gäbe es das ja überhaupt nicht, sowas, obwohl er

natürlich schon ab und zu, aber alles zu seiner Zeit und mit
Maßen, oder darüber, daß wir für die Katz die Araber durch-
füttern, oder daß wir damals, fünfundvierzig, nicht in Berlin hätten stehenbleiben sollen, sondern weitergehn bis nach
Amerika, dann hätten wir jetzt überhaupt keine solchen
Konflikte, wie wir sie jetzt haben, oder über die Juden – ein
vorsichtiges, tastendes Gespräch ... Jedenfalls, die tumbe
Durchtriebenheit, durchtriebene Tumbheit – diese ganze
plumpe Zublinzelei des viele Male übers Ohr gehauenen
kleinen Mannes war eines Tages wie weggeblasen, und von
dem Fünfer, den er noch zusätzlich für Wodka bekam, gab
er mir zwei Rubel zurück: für ein Halbliterfläschchen nehm
ich was, mehr nehm ich nicht. Danach brauchte er mich ab
und zu zum Reden, wenn er aus seinem Hof kam, sich mitten auf unsere öde Straße stellte und so stehenblieb, selbstsicher schwankend, wie auf einem Schiffsdeck, doch stets das
Gleichgewicht wahrend und niemals strauchelnd, und den
abendlichen Weg entlangsah, wo sich schon der Zopf der
Trampelpfade zur Dämmerung verflocht. So stand er, geduldig wartend, die uralte Sehnsucht nach Ansprache in den
Augen ... aber kein Mensch kam vorbei. Sag du mir mal folgendes, Andrej, äh, Jegorowitsch, stimmt doch? folgendes
sag du mir mal, Andrej Grigorjewitsch ... Ich lächle, be-
kümmert über die eigene Unaufrichtigkeit, neige quasi
freundlich den Kopf zur Schulter, höre zu. Und antworte
bemüht, wäge die Worte, darauf er: Du bist doch gebildet,
hast studiert, konnt ich damals nicht ... er hört zu, müm-
melt, und plötzlich – ja, Kränkung überflutet seine Augen,
er räuspert sich, reißt, um in Schwung zu kommen, jedes
Bein einzeln vom Boden los und geht, ohne sich umzublik-
ken: Du kränkst mich, Andrejewitsch, warum sagst du nein,
ich hätt noch ein halbes Viertelfläschchen – es austrinken
geht er, und bestimmt räuspert er sich nochmal und wedelt
zwei-, dreimal mit der Hand vor Ärger ...
Er also kommt auf mich zu und reißt mich mal wieder

heraus, an der vorgelochten Linie, wie ein Blatt vom Abreiß-kalender. Gerade erst war ich unterwegs, Seife holen, in die hektische Auftragsliste des Nichtseins vertieft, plötzlich fuhr die Erleuchtung nieder, eine Sekunde lang war ich eins mit der Welt und der Gegenwart, dann warf es mich erneut aus dem Leben ins Nichtsein, doch gleichsam in ein inspiriertes, poetisches, und wieder – aus der Traum: Was, zum Teufel, kommt dieser Kerl auf mich zu?!

Der neunte Mai ist heute, der Tag des Sieges, das sagt er zu mir, und ich bin bis Berlin, dreimal schwer verwundet, zwanzig Jahre ist es her, warum da nicht trinken, muß man doch trinken, ihm könnte keiner was nachsagen, wirklich nicht, daß er oder daß irgendwas … Also ist er vom Reichstag, kehrt marsch, zwanzig Jahre unterwegs zu mir und hat es exakt so hingekriegt, daß ich jetzt hier am See sitze und in dieser Sekunde denke, daß …

Ich werde das endgültig alles vergessen haben, sobald er vor mir steht. Die Nachbarn werden eine Platte auflegen, das kratzt und rauscht und verknäult die Landschaft zu einem dämmergrauen Knubbel.

»Was ist denn mit dir«, wird er freundlich sagen. »Stehst da …«

»Ich denke«, werde ich barsch erwidern, und von da an wird kein einziger einsamer Gedanke mehr meinen Kopf aufsuchen, dieses ganze außerordentliche Gefühl wird in heißen Schamwellen in mir verebben – tausendmal entschuldigen werde ich mich, werde schwindeln: »Verstehst du … war unterwegs … der Sonnenuntergang … hab nachgedacht … der See … schad drum … die Erde … der Himmel … die Vögel … aber ist ja alles …«

Mich derart seiner rechtschaffenen Trunkenheit anbiedernd und ihm nicht in die Augen schauend, wo der Regenbogen des Alkohols schillert, ein perlmutterner Untergang der Vernunft auf dem glatten Spiegel abendlicher Augen, mit Verschwommenheit und unverwandtem Starren, Durchtriebenheit und Schuldbewußtsein, Ergebenheit und Rüpelei, Selbstzufriedenheit und Beflissenheit, Achtung und starkem Zweifel an meinen, seinen, deinen Worten, an den Worten von »denen da« … des Volkes Gedanken klaubte ich in mir zusammen, um sie ein für allemal anzuzweifeln und abzuwerten.

»Ja, es gibt überhaupt nichts mehr!« rief ich, vor Unaufrichtigkeit fast in Tränen ausbrechend und in eine pathetische Apotheose abrutschend. »Genauso hat mir mal im Zoo ein Bär in die Augen geblickt! Wenigstens die Illusion hätten sie einem lassen können!«

Der Muschik bohrte seinen Blick in mich und lehnte schwer dagegen.

Wie könnte ich das … Vielleicht so: Ein Betrunkener hat ein Wagenrad den Weg lang gerollt, damit es nicht verkommt, ein – so ein nützliches Stück, fast wie neu, kann man im Fall des Falls, man weiß ja nie, gut gebrauchen, zur Erinnerung an das Pferd, das nicht mehr sein kann. Das Rad hatte die unregelmäßige Form eines Kreises und rollte den Betrunkenen unregelmäßig hinter sich her, bald zerrte es ihn mit einem Ruck voran, bald wischte es ihm davon; ins Trudeln geraten, trieb es ihn zur jeweils anderen Seite, das Rad nach links, ich nach rechts, hinterhältig verharrte es kurz, bockte und sprang plötzlich weiter, und – ach! wieder kippte es zur Seite. Nun schlug das Gefühl, das vorherrschende, allmählich um: Ist ja das Hinterletzte! ein – so ein guter Einfall, lohnend, ergiebig, und nützlich dazu – getrunken hat er, und ein Rad hat er auch –, wenn der sich plötzlich derart verkehrt! Wart nur! dachte er, überholte das Rad und bremste mühsam ab, um es, wenn es sich erneut jäh aufbäumte, diesmal abzufangen. »Dich werd ich …« sagte er, stellte vorsorglich die Beine breit, ging in die Hocke und umklammerte es fest. »Hat ihn schon!« Es erwies sich jedoch als verdächtig leicht, wie ein Kinderreif, oder, mag sein, als stark wie eine Feder, mag sein, daß nicht er es, son-

dern es ihn so geschickt über sich hinweggeschleudert hat ...
»Du machst mir nichts vor!« (Ausdrucksstarkes Anschleichen von der anderen Seite.) »Von wegen! Entweder ich werd nüchtern, oder ich laß dich sitzen!« Was diesmal der Frau gilt, an der seine ehrlichen Absichten abprallen, als das Rad endlich aufseufzend in den Hof rollt, gegen den Hauseingang prallt, aber *sie* weiß es ja nicht zu schätzen, im Halse steckenbleiben ihm alle Herzlichkeit und Zärtlichkeit, die seine Brust schier sprengen. Er, sie, es – das graphische Bild des trudelnden Rades. Die Ersiees – ein naiver Volksstamm, der die Zivilisation überlebt hat. Der rituelle Tanz des Rades der Mühsal, des Lebens und Todes, des Wortes mit dem Menschen. Und während die Prozession weiterzieht in unzüchtigem Tanz, gänzlich ohne Scham, sich im Kreis drehend und die Plätze tauschend, vor sich hertreibend das gemeinsame, wechselseitige Bild ...

Der Muschik blickte mich mit seinen Stirnwülsten an, bückte sich in sich hinein, bis auf den Grund seines Leibes, umklammerte ein schweres, für Notfälle gespeichertes Wort und wuchtete es hoch über den Rand, wobei er vorwurfsvoll zu einem im Straßengraben verkommenden Rad hinsah ...

»Das stimmt«, sagte er. »Wenn der Mensch das Tier restlos abmurkst, ist er nämlich selber hin, ohne das Tier. Die Natur hat ihn nämlich so geschaffen, mit dem Tier: daß es das Tier gibt und den Menschen auch ... Also muß er, wenn es das Tier nicht mehr gibt, es sich selber aus den Rippen schneiden. Damit die Rechnung wieder aufgeht.«

»Genau!« bestätigte ich begeistert. Die Welt war noch wunderschön, sie *war* noch, wenn sie für mich Undankbaren und Treulosen erneut solch ein Geschenk auf Lager hatte! Da soll wer meine Gedanken unterbrochen haben? was, zum Teufel, für Gedanken? Aus ihnen bestand die Luft, der Wald, das Wasser – sie hatten uns, ganz zufällig, erwählt ...

Wir standen am Ufer, die Köpfe zusammengewachsen wie Kälberköpfe, eine doppelköpfige Ausgeburt von Verstrahlung und Vergesellschaftung, und sein Rausch floß in meinen Kopf, mein Gedanke in seinen; so standen wir am Ufer, schwankten am Stengel der vertrockneten Nabelschnur, durch die plötzlich ein schwacher Stromstoß von der Erde fuhr.

»Herrgott, ich danke dir!« jubilierte ich. »Jeder von uns beiden steht noch nicht allein auf der Welt!«

»An Gott glaubst du also auch?« fragte der Muschik zweifelnd und einschmeichelnd.

»Wie denn nicht, das da vor Augen …« erwiderte ich und wies mit großer Geste auf die üppige Gabe der uns verbliebenen Welt hin, liebkoste gleichsam den Gegenstand unseres gemeinsamen Gedankens, unseren Sprößling, der uns geboren hatte …

»Ich glaube eigentlich nicht an Gott«, sagte er. »Ich glaube an die Natur. Wenn es Ihn da oben gäbe, wie könnte Er ihren Untergang zulassen? Wäre ein Herr im Haus, würde er sowas nicht dulden.«

Er hatte zwar recht, aber widerrufen war unmöglich. Ich sagte: »Glauben heißt nicht, mit Gott eines Sinnes zu sein. Glauben heißt, nie und nimmer an ihm zu zweifeln.«

»Dann ist also schon das Jüngste Gericht im Gang, meinst du das?«

»Eben!« pflichtete ich bei, erfreut über die Logik. »So weit haben wir es gebracht.«

»Mir tut aber mein Junge leid«, wandte er ein. »Was sagst du dazu? Wenn ich ihn gern habe und er mir leid tut, was dann? Siehst du, so haut es auch nicht hin. Du und ich, wir zwei hätten es vielleicht verdient, aber der Kleine, woran ist der schuld? Wieder geht die Rechnung nicht auf.«

Ich wand mich heraus. »Was du vom Tier gesagt hast, da hattest du recht. Und genauso ist es mit den Kindern … Wir töten doch das *Kind* in ihnen, ziehen *uns* in ihnen groß.«

»Schon«, sagte er. »Aber was ist, solang er noch so klein ist, so ein Winzling?«

»Solang er noch so klein ist, kann das Ende nicht kommen«, verkündete ich zuversichtlich.

»Dann haut es hin«, bestätigte er.

Zufrieden über seine Zustimmung, glitt ich immer mehr ins Ungefähre ab. »Du hast doch gesagt, wenn es das Tier nicht mehr gibt, muß der Mensch es von sich selber hernehmen, damit die Rechnung aufgeht. Dann bleibt von ihm, vom Menschen, sowieso nur die Hälfte übrig. Und bis die Kinder groß sind, ist fast gar nichts mehr da. So gehen wir mehr und mehr gegen null.«

»Dann haut es hin.« Zustimmend nickte der Muschik mit meinem Kopf. »Wenn erst nur die Hälfte, dann ein Viertel ...«

So standen wir umschlungen am letzten Ufer, noch des Rechnens fähig und befriedigt über diese unsere Fähigkeit.

»Der Mensch ist immer in der Minderheit«, sagte er tiefgründig, das allerletzte Wort vom Grund hochstemmend. Dann geriet er ins Stolpern. »Wir sind su sweit, k-komm, gehn wir su mir ins K-kesselhaus.«

Der K-kesselwärter war ein k-kleiner Mann ...

Das ist die Frage Wir saßen in dem Kesselhaus, das eher eine Pumpstation war. Es stand am Ufer des Sees, unterhalb des Bahndamms, oberhalb von uns fuhren die Züge vorbei. Hier war es gemütlich. Der Raum war so abgelegen und isoliert, daß man sich ins Gedächtnis rufen mußte, wo er sich befand: unterhalb des Bahndamms, zwischen dem See und einem sattgrünen Wasserreservoir, einer Art Bombentrichter, das im übrigen schwerlich vermuten ließ, daß daraus Wasser entnommen wurde. Wenn ein vorbeifahrender Zug das gleichförmige technische Dröhnen und Zittern des Raums übertönte, konnte man sich einbilden, vor der Mauer draußen sei das Meer, man selbst am Ufer, wohl auch deshalb, weil es hier drin sehr warm war.

Ich vergaß ständig, wo ich mich befand, und wenn ich es mir ins Gedächtnis rief, durchlief ich eine Phase der Vorerinnerung, als wäre ich des Nachts mitten auf einem großen Gewässer, in einem Kahn oder so, etwas Isoliertes und Willenloses, wie eine kleine Welle oder ein Luftballon.

Ringsum befand sich lauter Technik von jener Art, die im Unterschied zu Jetlinern, Atomreaktoren und Laser-Masern, ganz kindlich, den Namen »Technik« verdient. Dicke, zottige Rohre drückten sich in die Ecken; es wucherten Ventile, groß wie Steuerruder; es schmatzten zwei Pumpen, grün wie Laubfrösche und gedrungen, und in der Mitte saß, sehr groß, massig, mit den finsteren Ecken verschmelzend, so etwas wie die Urgroßmutter einer modernen Rakete mit zwei nicht funktionierenden Manometern, als hätte sie eine bindfadenumwickelte Nickelbrille auf, und schnaubte leise vor sich hin, den leeren Heizschlund offen.

Der Muschik pflegte sie gut, sie strotzte ölig vor verläßlichem Alter, hie und da blinkte blankpoliertes Messing. Es ging ihr gut hier, überhaupt ging es einem gut hier: es war warm, sauber und, aufgrund der Sparglühbirne, schummrig. Es roch ... mein Gott, wie es hier roch! nach Putzwolle, Kohlen, Schmieröl, Kalk, erkalteter Wärme, der Düsternis der Frühschicht und der blauen Farbe der Metallspäne ... Im leeren Eimer stand ein Reisigbesen, auf der Ablage überm Waschbecken ein Becher und auf dem Zottelknie der Rohrkröpfung – ein halbes Viertelfläschchen ... Alles kannte seinen Platz, jeder Leisten ...

Ich bedachte alles mit Lob, und er hörte es sich geduldig an.

»Wie auch nicht ... Proletariat ...« sagte er nebulös, und wir tranken. »Du bist doch gebildet, schreibst Bücher, sag du mir mal folgendes. Warum veröffentlichen sie die schlechten Bücher, aber die guten drucken sie nicht?«

›Nicht möglich!‹ dachte ich erfreut. ›Woher weiß er sogar das? Ach, was bin ich undankbar!‹

»Warum schon«, erklärte ich.

»Zum Beispiel ›Der Ritter des goldenen Sterns‹, wer hat den geschrieben?«

»Babajewski.«

»Stimmt«, sagte er. »Weißt du also. Warum veröffentlichen sie das nicht?«

Ich wunderte mich. »Haben sie doch. Sogar den Stalinpreis hat es bekommen, den erster Klasse.«

»So, so, haben sie …« Er zweifelte. »Ich hab es von Hand gelesen.«

»Von Hand?!«

»Ja, abgeschrieben. Ein Buch, das sagt, wie es ist. Darin geht es nämlich um den, der Herr im Haus ist, der wirtschaftet. Um den Boden. Erklär du mir mal: Warum wird nicht gedruckt, wo es um den Boden und das Wirtschaften geht?«

Mir hatte es die Sprache verschlagen. Ein Apokryph des »Goldenen Sterns«! Also nein! Zum Wert eines Solschenizyn …

»Darin geht es nämlich um den Kulaken. Und erklär du mir auch noch: Warum haben sie den Kulaken so ungerecht behandelt? Seine ganze Schuld war doch, daß er gearbeitet hat, geschuftet, Tag und Nacht. Das Proletariat, was hat das schon … Deine Schicht ist um, zu tun hast du nichts, liest einen Roman, kriegst so einen Kopf« – mehr als schulterbreit hielt er die Hände auseinander – »und schon gehts los!«

Das war ausdrucksstark. Wir tranken noch ein halbes Viertelfläschchen.

»Na, was macht der Ofen?« erkundigte er sich. »Zieht er?«

Also hatte tatsächlich er ihn mir gesetzt.

»Klar zieht er.« Ich nickte. »Bloß fallen Ziegel raus.«

»Raucht nicht?«

»Das nicht.«

»Also nichts Schlimmes. Fallen noch ein paar raus, dann hol mich.«

»Mach dir keine Sorgen«, sagte ich. »Er zieht ja.«

»Macht euch der Käfer keine Sorgen?«

Ich begriff nicht. »Der Käfer?«

»Ich weiß noch, der Käfer hat euch Sorgen gemacht.«

»Nein, hat er nicht ... Was für ein Käfer?«

»Der Holzkäfer. Er frißt Holz. Mir macht er große Sorgen.«

»So ein kleiner? schwarzer? harter?«

Das elektrisierte ihn. »Was, du hast den Käfer gesehn?!«

»Bei meinen Eltern. Dort hat er die Stuhlbeine gefressen.«

Das inspirierte ihn. »Dann hast du nicht den richtigen Käfer gesehn! Den Möbelkäfer hast du gesehn! Nicht den echten Käfer! Ich zeig ihn dir!« Er sprang auf und verschwand hinter einer unsichtbaren Tür.

Kurz darauf erschien er wieder.

»Ein paar hab ich noch.« Vorsichtig schob er das in seinen Schlosserhänden winzige Schächtelchen auf. »Zwei oder drei Exemplare.« Er sagte tatsächlich »Exemplare«. »Zwei«, sagte er enttäuscht. Und behutsam, wobei völlig unerfindlich war, wieso die Flachzange seines Daumens und Zeigefingers die »Exemplare« nicht zerquetschte (so hatte uns seinerzeit in der Wochenschau »Aus Wissenschaft und Technik« das Schauspiel beeindruckt, wie eine gekröpfte Wellssche Roboterhand eine Flüssigkeit, Symbol für Radioaktivität, aus zerbrechlichem Kolben geschickt in Reagenzgläser umfüllte), behutsam und feierlich hielt er mir ...

Tatsächlich, ich hatte mir etwas ganz anderes vorgestellt. Es war ein ziemlich ekelhaftes, weiches, rötliches Geschöpf, ein Mittelding zwischen Fliege und Küchenschabe. Am meisten beeindruckte mich, daß es weich war. Einen Käfer, der Holz nagt, kann man sich höchstens schwarz wie Anthrazit vorstellen, als eine Art kleinen, von der Natur geschaffenen Schrambohrer ...

»Der ist ja weich!« sagte ich.

»Pah, weich ...« höhnte er boshaft. »Was du nicht sagst! Feucht ist er!«

Seine Augen blitzten inspiriert, sein Gesicht glühte, seine Rede floß leicht und mitreißend wie die eines Pharisäers, sie hatte im Nu die erschwerte Rede des Apostels verdrängt. Es war dies in rhythmisierter Prosa die Geschichte, wie er (der Käfer), zunächst geflügelt, ausfliegt, einschwärmt, Eier legt, die Flügel verliert; dann kam mir alles andersrum vor: daß er zunächst Eier legt, dann ausfliegt – die Männchen haben so ein spezielles Chitinschlüsselchen mit komplizierten Riefen, die Weibchen das Schloß dazu: alles wie im Safe, tja, mit einem fremden Schlüssel kommt da keiner ran, von wegen ... jedenfalls, wenn er legt oder wenn er fliegt, was weiß ich, vertilgt er besonders rasch Holzhäuser, und zwar vertilgt sie vor allem das Weibchen, das Männchen ist unschädlich, obwohl, vielleicht auch andersrum ... jedenfalls vertilgt er vor allem sein (des Muschiks) Haus. Die Augen des Muschiks wurden zu Schlitzen, und seine Rede gewann ein anderes Melos, ging über in das der Märchen und Heldensagen, und es war dies die Saga, wie er, der Muschik, als einsamer Recke antrat gegen eine großmächtige Übermacht, den Fehdehandschuh warf und den Kampf aufnahm; wie er ihnen mit Desinsektal, Chloroform, Kerosin, DDT die Köpfe abschlug, doch die wuchsen nach; wie er ihnen die Schlupflöcher mit Wachs verklebte, mit Pech verkleisterte, mit Teer verschmierte; wie er sämtliche Balkenkränze an seinem Haus austauschte und zu unterliegen drohte im ungleichen Kampf – die Käfer nährten sich von DDT, vermehrten sich besonders rasch in Desinsektal und erlangten verhängnisvolle Stärke und Ausdauer durch Kerosin ... Er schrieb Briefe an die Zeitungen »Stern der Landwirtschaft«, »Rotes Leben«, »Prawda der Medizin«, »Aktuelles von gestern« und viele andere, abonnierte ein Dutzend Fachzeitschriften, probierte zwölf mal zwölf Ratschläge durch, doch – er ergab sich nicht. Mit glühendem Eisen begann er sie auszubrennen (buchstäblich mit einem Nagel), da brannte ihm die Haustreppe ab ... Apokalyptische Wolken zogen auf über seiner

Erzählung, die erneut die Wucht eines Apokryphs gewann. Die biblische Heuschrecke klapperte mit stählernen Flügeln, und in sich hatte sie einen geheimen und lebendigen, feuchten, fettigen Leib.

Wäre das Unglück, von dem er Kunde gab, nicht so elementar und gewaltig gewesen, könnte ich mich jetzt an seiner Gestalt ergötzen, die, plötzlich gewachsen und monumental entflammt, solche Leidenschaft und solchen »Heldentod« ausdrückte, daß der Bildhauer Wutschetitsch vor Neid erblaßt wäre. Da verengte sich jedoch erneut das kostbare Glitzern seiner Augen, sie verschleierten sich ölig ...

»Jetzt habe ich aber begriffen«, flüsterte er wollüstig, »die kann man nur jeden einzeln bekämpfen.«

Ein leichtes Zittern lief durch meinen Körper.

»Du glaubst mir nicht?«

Weich und gebieterisch nahm er mich bei der Hand, ich duckte mich unter die zottige Röhre, die mir belebt und insektisch vorkam wie ein Hummelbauch, und derart reduziert, glitten wir mit Fliegentrippelschritten durch die unsichtbare Tür, und sie war auch ein durch Hartes genagtes Loch wie das des Käfers, bloß vom Menschen für den Menschen.

Ich stand in einem kleinen Labor, wo in mittelalterlicher Enge – bei der Weiträumigkeit jener Jahrhunderte einzig bedingt durch den Charakter der Tätigkeit – ein gewaltiger, pulsierender Geist, rastlos vorangetrieben von der Reinheit seines logischen Imperativs, sich mühte, marterte und zerfleischte im heroischen Ringen um die Materialisierung einer Idee; wo er die Schwere dieser Welt einzig durch die Anspannung seines Denkens, ohne alle archimedischen Hebelkniffe, auf sich genommen hatte und zu überwinden willig war und jedesmal an einer jähen Ohnmacht scheiterte, einem verräterischen Koma, kurz vor der Pforte, an der Schwelle schon, eine Handbreit vorm Ziel ... wo er nach Ohnmachtsewigkeiten jedoch wieder zu sich kam, seine Geistesabwesenheit gar nicht bemerkend, um nun mit glücklicher Hand, mal hier, mal da, leichtgewichtig und elegant, Dinge zu erfinden, rein zum Selbstzweck, die vormals der IDEE gedient hatten – und da er bei den feinsichtigen Linsen, raffiniert geschliffenen Bronzebuchsen und subtil dünnwandigen Glasretorten eine gewisse Fertigkeit im Absatz des Ideeninstrumentariums erlangt hatte, mit anderen Worten, da eine weitere Anspannung des Denkens unerträglich gewesen wäre, bog er auf halbem Weg ab zum technischen Fortschritt und trieb, einiges überspringend, unter dem Tikken und Schlagen von Stroh- und Wasseruhren, von mikro- und makrozephalen Kristalluhren, die Zeit weiter bis zur industriellen Produktion, wo nun jedoch der Unternehmungsgeist dieses Naturtalents à la Kulibin und Polsunow (den russischen Edisons des 18. Jahrhunderts), diese Verkörperung volkstümlichen Forscherdrangs, die Zeit zur Feder spannte, welche die Produktivkräfte davonschnellen ließ – bis hin zur Kremluhr mit ihrem Glockenspiel ...

Und wo der naive Jude, in der lustvollen Trance des Genies, jetzt die Integralrechnung erfindet, den professionellen Erschaffern des unendlich Kleinen zum Spott, dort stand mein Mann aus dem Volk mit seiner jüngsten Erfindung, einer Uhr, die in Gang gehalten wurde durch die überm Kesselhaus vorbeifahrenden Züge; dort fand, aus anderen Zeiten kommend, auch ich mich jetzt wieder, und der Muschik hielt – ach was, die Uhr! – in seiner Hand eine Spritze, zielte wie ein Chirurg, bis eine kleine Fontäne kam, dann stieß er die Nadel ins Schlupfloch des Holzbohrerkäfers ... Klötze von dem im letzten Jahr ausgetauschten Balkenkranz lagen, sorgfältig aufgeschichtet, für weitere Experimente in der Ecke ...

»Vorerst spritz ich noch Chloroform, aber bald hab ich ein neues Mittel, meine eigene Erfindung ...« Und er blinzelte mir durchtrieben zu, als er anfügte: »Und dann ...«

Ich blickte auf die durchsichtige Reihe der Reagenzgläser auf der Werkbank, auf die eindrückliche Reihe der bauchigen Giftflaschen im langen Regal, auf den hinter Glas hängenden Zeitungsausschnitt aus der »Aktuellen« (Leser I-ow aus T-wo fragt ...»I-ow« rot unterstrichen), auf die bronzenen Wohlproportioniertheiten der Sprühgeräte, auf die glitzernde, nun erstarrte Spitze der aufwärts weisenden Spritzennadel, die, ein weißglühendes Pünktchen, das Zentrum (das Herz) des Augenblicks markierte und um sich herum den Raum konzentrierte ... die Pause dehnte sich, das Schweigen wurde lastend, ein langer, feiner Ton zog von Ohr zu Ohr.

Ich blickte auf den injizierten Holzklotz – die Lochmyriaden bildeten, scharf fokussiert, schwarze Tagesgestirne, sich drehende Spiralgalaktiken, Welten und pathetische Antiwelten, wo die kompakte Materie des übriggebliebenen Holzes bloß ein Gestirn kosmischer Leere war, wo das Holz gleichsam in dem Lochgebilde hing – Preisfrage, was zuerst war: Holz oder Loch ...

Schüchtern, kaum hauchend, fragte ich: »Und so in jedes einzelne?«

»Ja, sicher!« Plötzlich klang seine Stimme wieder sehr normal und natürlich.

Über meinem Kopf fuhr ein Zug vorbei, sacht erklirrte die wohlgestalte Parade der Reagenzgläser, die Stille riß, das Schwindelgefühl verließ mich, und wie jener Landmann aus dem Witz, der den reisenden Vortragsredner fragt, wie die Marmelade in die Pralinen reinkommt, so fragte auch ich, zur normalen Beschränktheit und Alltäglichkeit zurückfindend, aus der Welt des Schreckens zurück in eine schreckenlose Situation:

»Hör mal, wie ziehst du eigentlich die Balken unterm Haus vor? Es steht doch drauf!«

Er schaute mich erst völlig perplex an, kehrte dann, sichtlich zu Fuß, aus unergründlichen Bewußtseinstiefen zurück, bis er in der Ferne mich erblickte.

»Dussel!« sagte er mit liebevoller Überlegenheit. »Ich heb das Haus hoch. Diese Studierten! Nur Krampf im Hirn!« Er tat entsetzt, grinste aber. »Nicht das ganze. Erst die eine Seite, dann die andere. Knallkopf!« Er lachte fröhlich, von ganzem Herzen. »Gehn wir lieber einen trinken. Ich hab da noch ein halbes Viertelfläschchen ...«

»Haben wir doch schon ...«

»Gar nichts kapierst du. Ich hab da immer noch ein halbes Viertelfläschchen ...«

Ich trat hinaus in die nächtliche Nacht. Sie war groß und finster wie ein Bär. Mittendrin schimmerte der Mond, ein wahnsinnsweißes Leukom. Ihr lichtes Auge hatte die Welt geschlossen. Das Leukom stand genau überm Schornstein vom Haus von der Frau mit der Kuh, wo wir Milch holen; finsterer noch als der Himmel war dieses Haus, so verbissen wollte es ein Wirtschaftsbetrieb sein und von der eigenen Arbeit leben, sich und seinen Boden ernähren mittels einer Art Kreislauf, organisiert auf einer Fläche von zehn Ar, wo der friedliche Saft der Kuh jetzt durch die Bodenporen zu den unermüdlichen Kartoffelknollen sickerte und im Keller die abgeschöpfte Milch stockte, während der Rahm in den obendrüber schlafenden Menschen verdaut wurde – die Kuh aber, die gab es in dieser noch größeren Finsternis des Gehöfts, und in ihrem Schlafen und Schnaufen war die Welt jetzt stärker verkörpert als in der unsterblichen Anordnung der physikalischen Körper im Raum. Sie schnaufte um mich herum, ich tauchte in die laue Luftlache, die sich zwischen zwei Heumieten staute, und es hätte mir so gefallen, wenn diese Nacht mehr von der Kuh als vom Bären gehabt hätte. Hier gab es Ungleichheit, doch keine verschwenderische Gleichmacherei.

Nicht, daß ich mich jenes obenerwähnten Bären erinnert hätte. Aber es war alles eins. Muschik und Käfer und Mond.

72

›Darf nicht vergessen, daheim zu erzählen, worin mein Muschik sich nicht vom Aristokraten unterscheidet.‹ Bedächtig trug ich diesen Satz, zusammen mit dem Krug Milch, den ich von der Vortreppe mitgenommen hatte. Der Krug war randvoll, mein Fuß erkannte das Mikrorelief früherer Pfützen nicht, die Schuhsohle hatte ihre Sensibilität verloren, die Milch rann über die Finger und in den Ärmel rein – mir zum Trost ein Zeichen setzend, daß diese Nacht nun doch ein bißchen mehr von der Kuh ...

Und ich war wohl betrunken.

Darf nicht vergessen, von meiner Sympathie für den halsabschneiderischen Kulaken zu erzählen ... Mich überwältigte gereimtes Pathos. Mein vom Käfer zerfreßner Muschik hinkt hinter der Zeit nicht zurück, und immer noch atmet die Kuh, doch kein Mensch hört ihr zu, wir haben das Ohr am Tagesgeschehn, da kann einem Hören und Sehen vergehn. Drum sei Dir, o Herr, jubiliert, zum Dank, weil Du mich geführt auf die Höhe des Kalenders ... Kalenders ... Kalenders ... drum sei Dir, o Herr, kalendriert ...

Hatte mal, als ich klein war, eine Tante, Tante Polja, die war Kulakin, eine liebe alte Oma, wie ein Frikadellchen – unter der Erde ist sie, längst schon unter der Erde, hab gar nicht bemerkt, daß sie gestorben ist, weiß nicht mal, wann ... Die hat immer erzählt, ich weiß es noch wie heute, wie ihr beim Pflügen einst das Pferd durchging, doch die junge Polja ließ die Zügel nicht los, konnte sie nicht loslassen, sie hatte Angst um das Pferd, Angst vor ihrem Mann – stärker als der Schmerz, stärker als das Blut war die Erde, auch die Erde war Blut; »die Steine wachsen«, hat sie immer gesagt – wer wollte daran zweifeln? Und diese Erzählung, die so sehr Literatur ist, daß sie aus dem schwarzen Teller des Volksempfängers zu kommen schien, unter dem Tante Polja Zwiebeln schnitt, sie war, stellt sich nun heraus, die Wahrheit, war angeweht vom Atem der Kuh heute nacht ...

Die Milch rann mir über die Finger in dieser Nacht des wahnsinnigen Bären, darf nicht vergessen ... wem was zu sagen? darf nicht vergessen ...

Was?

Das also darf ich, stellt sich nun heraus, nicht vergessen, das also dachte ich, stellt sich nun heraus, damals am Ufer, als der Muschik auf mich zukam und meinen Faden abriß:

Vergessen oder nicht vergessen? Das ist die Frage.

Genau, genau! Darum lebe ich nicht, weil ich an gestern zurückdenke und nicht im Heute lebe und in der Zukunft aus dem Gedächtnis zu leben vorhabe ... Also muß man vergessen, um lebendig zu sein, real, im Jetzt. Die Welt ging aber zugrunde, weil alle Welt vergaß. Also nicht vergessen? Sich erinnern, damit nicht endgültig alles zugrunde geht, wie die Frau mit der Kuh, ein gräßliches Weib, ja auch an ihre Kuh denkt und wie Tante Polja ihr Pferd zurückgezurrt hat – so sich erinnern!

Erinnere ich mich, lebe ich aber nicht, gehe ich in allem, mit allem zugrunde; vergesse ich, zieht sich damit der letzte, der noch weiß, aus der Welt zurück. Vergesse ich, gehe ich endgültig zugrunde, habe ich vor dem Tod Angst und lebe überhaupt nicht. Also – sich aus der Welt zurückziehen, um, vergessend, für sich zu leben, oder in ihr bleiben, um nie in der Welt zu sein, nie zu sein im Jetzt?

So rollte ich das betrunkene Wagenrad vom Wegrand nach Haus. In meiner Hosentasche schmolz ein Lutscher – das Mitbringsel, der letzte Rest vom Fest.

Vergessen oder nicht vergessen? Hamlet gestammlet ...

Zum Gedächtnis an Nikolai Rubzow

Das Schicksal   Jedes Frühjahr, wenn ich auf die Datscha übersiedle, lasse ich mir berichten, was sich in unserer Straße den Winter über ereignet hat.

Es ist eine seltsame Straße. Sie hat weder Anfang noch

Ende; erst ein Pfad im Sumpf, schießt sie plötzlich in die Breite, zieht sich dann, rechtschaffen und solide, mit Häusern, Gärten und Nachbarn hin, um als lichte, rasch sich verengende Sackgasse plötzlich abzubrechen. Dort klafft Leere, ein blaues Loch zwischen Bäumen. Und wer hier nicht wohnt und zum ersten Mal herkommt, kapiert zunächst gar nicht, was ist denn da los, wo ist die Straße abgeblieben? Ein Abhang ist dort, steil hinab, und unten – Flüßchen, Wiese, Schwemmland. Aber dazu muß man dicht rankommen und bis zum letzten Schritt in die sich weitende Leere des Straßenendes blicken, dann erst begreift man … Vielleicht heißt sie deshalb »öde Straße«, weil sie kein Ende hat und keinen Anfang. Und dort, in diesem grünlichen Durchblick, der einem träumt im leichten Schlaf nach untröstlichem Kummer, dort sehe ich ein Wort, es steht geschrieben, wird weggewischt und steht wieder geschrieben – das Wort Schicksal. Das heißt, bei dem Wort »Schicksal« blitzt wie ein Fischchen dieses Bild vor meinem geistigen Auge auf. Und ich merke es nicht einmal.

Dort steht ein Häuschen, wie es das in diesem Leben offenbar gar nicht mehr geben kann. Dort wohnen Menschen, die es einfach nicht geschafft haben, schlecht zu werden … Sie nämlich haben sich die halbe Straße angeeignet, haben sich ihre Sackgasse, ihre Meerenge gebildet, weil sie ums Haus herum kein Stück Land hatten, das aber brauchten sie zum Leben, Platz ums Haus herum. Tja, und das Haus – von wegen Haus! ein herrenloser Badeschuppen, wo sich vor undenklichen Zeiten ein Zugereister eingenistet hat, den keiner kannte, der aber alle überlebt hat und unbekannt und zugereist geblieben ist. Und obwohl ringsum lauter Leute leben, die später kamen als er, sogar später als ich, sogar erst gestern, sind diese Späteren so beharrlich dabei, zu bauen, Fuß zu fassen und Wurzeln zu schlagen, so dick und stumpf wie Mohrrüben oder Finger, daß natürlich *sie* hier leben, der mit der Soundso, die mit dem Soundso, und nicht er. Wie

75

weggeschubst, ist das Haus an den Rand der Straße gedrängt. Sein unförmiges Stückchen Land ist wie eine Flickendecke herabgeglitten, die eine Ecke hängt im Fluß. Der Badeschuppen hat, jeweils bei Bedarf, Kämmerchen und Verschläge angesetzt, denn die Zeit vergeht, die Familie wächst, und keiner geht wieder weg, nachdem sie sich die halbe Straße und den Winkel am abfallenden Ufer angeeignet haben; ihr Anwesen, ihren Rasenfleck, haben sie mit einem welligen, durchsichtigen Zaun aus Knüppeln umgeben, dazwischen schimmert ihr Leben durch, für alle Welt einsehbar, beschattet und unkenntlich: da hängt eine Hängematte, liegt eine Waschschüssel, und das einzige Beet, klein wie ein Grab, es besteht nur der Ordnung halber, damit man in dieser Welt als »Bevölkerung« durchgeht, ein mickriges Beet mit allem möglichen, zwei Mohrrüben, drei Dillen, einer Sonnenblume, gilt zugleich als Blumenbeet; gießen muß man es, wie ein Kätzchen Milch bekommt oder ein Welpe – falls was übrigbleibt, essen kann man nichts davon, und vor allem, wozu auch gießen, es bringt sowieso keinen Ertrag.

Dort hört man nie etwas: die diskutieren, streiten, schreien nicht, klären nie ihre ... Jemand schaukelt in der Hängematte, vergißt sein Buch, jemand tritt barfuß auf den Rasen, wirft einen Blick auf die Waschschüssel – das ist alles. Wer es war, kriegen Sie nicht raus, keine Chance. Deshalb mußte das übrige, vollblütige und angestrengte Dasein, das sich ringsum konsolidiert hat, diesen Winkel aus seinem Bewußtsein verdrängen, aus der Sphäre seines Zugriffs, als einen unsichtbaren Teil des Spektrums, einen unhörbaren Teil der Schallwellen, als nicht existent. Dieses zufällig offenbarte Bruchstück eines gleichzeitigen, anderen Lebens, das (kaum zu glauben, solch ein Glück!) im Innern erstarrter und unbequemer, eingespielter und festgefahrener Formen abläuft ... Die schauen durch uns hindurch, wir durch sie. Und es ist dies der einzige Ort auf der Welt, wo irgendwas passiert.

Nun wurde gerade er, als er betrunken war, nachts vom Zug überfahren, was mir voriges oder dieses Frühjahr berichtet wird, und so verlebe ich den Sommer ohne ihn. Aber geändert hat sich nichts, es hat sich sogar einiges konsolidiert im Haus am Rand. Ich begegne ihm im Herbst, er lebt, doch ihm fehlt ein Bein, und ich wundere mich, wieso mir nie auffiel, daß ihm ein Bein fehlt ... aber das sind zwei ganz verschiedene Geschichten, und wer weiß, welche zuerst war, ob ihm zuerst ein Bein fehlte und er danach überfahren wurde, ja, bin ihm erst gestern begegnet, da war er heil und unversehrt – oder ob sich nicht, im Gegenteil, die Zeit auf deren Stück Land in umgekehrter Richtung bewegt, uns entgegen oder von uns weg, bei uns bewegt sie sich ja nicht; sie rutscht durch uns hindurch, deren Zeit, und bald kriegt das Enkelchen endlich einen Großvater. Manchmal kommen bei denen dort Leute hinzu, als würde jemand sich aufraffen und überlaufen – ätsch, bin schon da! – und glücklich übern Zaun rüberlinsen, weil er entwischt ist, endlich uns entwischt ist. Dort lieben alle – wen gehts was an! Vergossene Milch ...

Aber auch sie sind hart, nicht uns, sondern sich selbst gegenüber, und in ihrer Härte, darin lebt, wie sie in uns, was? Ist nicht dort jene Wolke, von wo die geliebten Toten kommen, um im Traum mit uns zu verabreden, daß wir uns manchmal treffen werden, darfst bloß keinem was verraten, und vor stummer Liebe schier platzend, schaffst du es nicht einmal, »Bis morgen!« zu sagen, wie du wolltest – einen Finger an die Lippen, psst! unser beider Geheimnis ... Um am Morgen, Wasser ins Gesicht geschwappt, den Tag wahrzunehmen und – da war doch was? was war da bloß? Plötzlich fällt dir ein, was dir nicht einfallen darf, und du lächelst: euer Geheimnis. Ist es nicht dort, wo all das lebt, sich festhält am Rand? Vielleicht lebt unter diesen Liebes- und Lebensleuten, diesen »nicht wir«, dort also, für sie, womöglich bis heute jene einzige, ohne sich aufgehängt und ohne sich er-

schossen zu haben, die ich aber totschlug, die er in mir totschlug, unter deren Namen weiterhin jemand mit mir lebt,
außerhalb der eigenen Tiefe, die Seele hinausgesetzt vor die
Tür, und in der Maske der Ermordeten unbeholfen deren
frühere Gesten und Worte nachahmt: ach, man sieht, daß
nicht sie druntersteckt? klar, darum hab ich mich ja schlecht
maskiert, damit es jeder sieht, so leben wir doch, so geht es
doch bei uns …

Es ist alles so schrecklich, wenn man bei denen dort ist, in
der Liebe, hinter dem durchsichtigen, nicht ernstzunehmen-
den Zaun, und von dort, aus der eigenen inneren Wahrheit,
hinausschaut auf die eigene Straße, die eigene Behausung,
auf sich selbst, diesen Vampir in den Kleidern des kleinen
Jungen, den er ausgesaugt hat, dessen Namen er sich sogar
an die Brusttasche geheftet hat, daß er ihn ja nicht aus dem
Gedächtnis verliert. Dort sind wir alle, Gott sei uns gnädig,
deshalb ist es auch so eng in dem Häuschen, weil Weggehen
schrecklich wäre und unmöglich und wir alle nur das eine
haben, außerdem ist der Großvater, der diesen Winkel einst
gefunden hat, noch am Leben, auch wenn er unterm Zug lag,
der Lok hat er zwei Räder abgeschnitten … Er hat mir heute
was abgebettelt, für ein Viertelfläschchen, gestern gab er es
zurück, ein guter Mensch, obwohl, was beleidigt er mich so,
obwohl ich in den Jungen verkleidet bin, den ich getötet
habe, hätte ich ihm gerne den Rubel vergessen, aber er will
nichts mit mir zu tun haben, vom nächsten Viertelfläschchen
zieht er einen Rubel ab und gibt ihn mir zurück. Traurig.
Was könnte ich denen bloß Nettes tun? Nichts. Niemals.
Vielleicht sie anzünden?

Was die alles haben: Brände, und Morde, und Gefängnis,
und Kinder eins nach dem andern, und keine Kuh, keinen
Gemüsegarten – die haben, was wir nicht haben. Alles haben
die, sogar den Mangel dessen, was alle haben – unsereiner
hat nichts. Darf man reinkommen? Sie hören es nicht. Die
Pforte stets sperrangelweit offen, doch überlaufen wird un-

sereiner nie. Das Gewissen läßt einen nicht. Was einen dran hindert, sich aufzudrängen bei denen, das ist also ein Rest von Gewissen ...

Wieder ein neues Frühjahr: Der Junge von dort, der Sohn, so ein Hübscher, der letztes Frühjahr so ein patentes Mädchen geheiratet hat (eben sie war damals neu hinzugekommen hinter der Einfriedung, im Tümpel der zum Fluß abgleitenden Leere) – der Junge, das Söhnchen, gestern heute nacht ist er ermordet worden, eine Kugel ein Messer durch die Schläfe; hatte mit einer Bande angebändelt, dann sich abgeseilt, das Band gelöst, als er geheiratet hat; ob es nun so war, ob es anders war, jedenfalls fand man ihn übermorgen, das Herzenssöhnchen, im Gebüsch, ermordet, am Finnländischen Bahnhof.

Ja, ja! Passiert alles nicht mir! Niemals, aus gar keinem Grund, von Natur aus – nicht mir. Der Selbstmord in Reserve. Das Schicksal im Ruhestand. Die Seele in Pension. Das Gewissen auf der Wartebank. Der Körper in Reparatur. Der Geist in der Abstellkammer. Und ich such die Tür ins Freie.

Mann und Frau, Komplizen, haben klammheimlich ein Kindchen gefressen; die Großmutter fand es später im Gemüsegarten, jetzt singt sie ihm Wiegenlieder; runter zum Fluß geht das Paar, der Mann trägt einen Korb voll mit Wäsche von den Leuten, die sie ermordet haben, die ihnen von Größe und Qualität her zum Ermorden gerade recht kamen. Und wie die umgedrehten Zaunpflöcke sich in den Pupillen spiegeln, so auch ich ... leer ist der Rasen, mich verfolgt der Blick der liegengebliebenen Waschschüssel. Als alle in den Badeschuppen gestürzt sind vor Schreck, da haben sie die Waschschüssel liegenlassen.

Im Haus dort ist das Schicksal. Es stößt jenen zu, die nicht zu uns werden konnten, auch wenn sie es gewollt hätten, die sich in unseren irden-eisernen Formen am Rand niederhockten und da blieben und ebenso absichtslos in diesem

Leben ihren Platz einnahmen wie irgend jemandes Mutter, Großmutter oder schlicht eine entfernte Tante.

Genau das ist der Begriff *Volk* – und eben nicht die Lieder, nicht die Birken: Volk als gottgegebenes Schicksal, das auf Erden noch jemandem zustößt. Dort sind alle, die waren, die nicht mehr sind und nie gewesen sind. Alles, was ich geliebt habe und was der Rest von mir noch liebt, was ich gehabt habe und was nun noch übrig ist, und das ist sehr wenig; doch es ist nun eben *alles*, was ich liebe. Schicksal ist Volk, Volk ist Schicksal; und ich, verstoßen, bin draußen. Solange noch ein bißchen Neid in mir ist, solange ich das von mir übriggebliebene Krümelchen nicht auf die raffende Hand lege, werde ich niemals dort hineingehen, wo alles klar auf der Hand liegt, wo die Pforte stets offensteht …

Herbst in Agrigati

Für R. G.

Wir fuhren hinab ins Tal des Alasani. Herbst lag in der Luft, ein Herbst, der einem Frühling glich. Mit dem wunderbaren Unterschied, daß er keine Ansprüche stellte und du locker und ungezwungen, unbeansprucht, einfach nur sein konntest in diesem kristallenen Raum, wie ein herabgefallenes Blatt, das an einem Spinnfaden hängt. Wir fuhren durch ein Städtchen, es nistete an einem Ausläufer des Gebirges; aus dem Glockenturm ohne Kreuz, der über dem Abgrund hing, brach ein Krähenschwarm – vor uns tat sich eine Sicht von ungewöhnlicher Tiefe auf. Und während wir willenlos über die Serpentinen hinabglitten – mal her, mal hin, wie jenes wiegend herabgefallene Blatt –, wurde der Blick weit, das Leben leicht, mußte nichts mehr bewältigt werden. Die Durchsichtigkeit der Welt war anders verteilt als sonst, verkehrt herum: sie begann mit Undurchsichtigkeit, endete nicht damit. Nicht in der Ferne kam Dunst auf – er war zum Greifen nah, vor unseren Augen, weiter weg aber folgte, sprunghaft, über dem Tal entschiedene Leere, und hinter ihr, auf der Höhe der Berge, war die Luft erkaltet, abgeklärt, frostig; ihre Durchsichtigkeit hatte jene betörende Eigenschaft, die sich nicht mehr vom Gesichtssinn, sondern nur noch vom Geschmack wahrnehmen läßt, wie jene Durchsichtigkeit, die wir auf der Zunge spüren, wenn wir aus einer lang ersehnten Quelle trinken. Dort standen reine weiße Berge, wir aber fielen, wie das Blatt, auf den Grund einer riesigen Mulde, wo in Siedlungen unten Menschen lebten, wo geboren und gestorben wurde, und bläulich wie Zigarettenrauch stand darüber der Atem vom Leben dieser Menschen: von den Herbstfeuern, den häuslichen Herden, den Kohlenbecken, vom fauligen Laub und von den ausgelaugten Trauben.

Der Herbst. Ein Schrei. Verweht ist schon der Rauch.
Das Echo jagt die Schatten in das Tal.

In Klüften Düsternis vom Flügelschlagen
Der Kraniche, die fortgeflogen. Verhallt
Ist schon der Schrei. Das Feuer längst erloschen.
Von Stern zu Stern hängt leer die Luft der Nacht,
Leer klingt das Ohr vom Hahnenkrähn. Doch fern
Der Stille, fern der Vogelrasterpunkte
Am Talesende ragt,
                              wie gestern schon,
Der Berg –

so sagt ein vortrefflicher georgischer Dichter, Bruder eines
anderen großen georgischen Dichters.

Und wir fallen in die Verse seines Herbstes. Was für
ein anheimelndes Leben, wenn du im eigenen Land spüren
kannst, daß genau von hier, an der gleichen Stelle und zur
gleichen Jahreszeit, ein aus dem Abc-Buch bekannter Dichter das gleiche geschaut und empfunden hat; dann ist die
Heimat mit dir so verschweißt, daß die Naht spannt und
schmerzt und der Blick aus dem Fenster, der Vers aus dem
Abc-Buch und das Gesicht der Mutter … – ohne die Augen
zu heben, flüchtest du vor dem Gefühlsansturm, doch im
duchan der erste Schluck: der Wein ist von der gleichen Art.
Und im herbstlich durchsichtigen Wein liegt die Idee jener
Luft, jener getrübten Durchsichtigkeit, jenes Geruchs von
Niedergang und Liebe, die uns weiterzuleben erlauben – der
Geruch von Unvergänglichkeit und Tod: Das Blatt wurde
verbrannt, ein Wunsch war dabei frei und wurde doch nicht
gewünscht. So auch jetzt: Was in der Luft lag, war – *nach*
dem Rauch, *nach* dem Fortfliegen der Vögel, *nach* dem Fallen des Blatts, *nach* dem soeben abgebrochenen Hahnenschrei; das hatten wir alles nicht mehr mitbekommen, war
alles kurz vor uns abgeklungen, nicht einmal mehr ein Echo
war das, sondern *nach* dem Echo, *soeben erst*, wenn es gerade

entschwunden ist in den für unser Ohr nicht mehr hörbaren Lautbereich (doch wir hören es noch!): das ist der Herbst. Und der Schatten – kann man es besser sagen? – dieser Schatten, der schwarz und blau und schmelzend zwischen den Klüften und Graten lag, den so fernen, dort, jenseits des Tales, daß sie klein schienen wie Flecken, wie Fingerspuren des Töpfers im Ton – dieser Schatten war die Spur des zerschmolzenen Schreis.

Wir suchten das *Aggregat*. Was das sein sollte, wußte ich nicht. Meine Freunde fragten nach dem Weg – man verstand sie nicht. Allmählich wurde es geheimnisvoll: Aus solch einem wahrhaften Herbst, dem ich auf der Flucht vor dem Winter nachgejagt war und den ich endlich eingeholt hatte, aus solch einem Herbst heraus nach einem so unpassenden Wort zu suchen, *Aggregat*, und es dann nicht einmal zu finden! Meine Freunde fragten nach dem Weg – man schaute uns an. Dieser Blick glitt über unser Städtertum, grinste unmerklich in sich hinein und führte in die Landschaft, tauchte ein in sie: dort, dort war das Aggregat. Und die Landschaft tauchte gleichsam durch den Blick der Befragten auf, war ihr Blick, sie selbst sahen sie ja nicht ... Die Dörfer waren menschenleer, nur alte Leute. Sie ließen sich Zeit mit dem Leben, wie ja auch der Herbst sich Zeit ließ mit dem Sterben. Sie ließen sich Zeit beim Zuhören und ließen sich Zeit beim Antworten. Ich wußte nicht, worüber sie jedesmal meine Freunde so geschickt in ein Gespräch verwickelten, aber jedesmal nahm es wieder diese Wendung, daß nicht mehr die Freunde sie befragten, sondern die Alten meine Freunde. Ich verstand nicht, weshalb sie zu lächeln anfingen, aber für den unbeteiligten Beobachter sprachen diese beiden Posen Bände, auch ohne Übersetzung ... Ein Greis mit durchsichtigen Augen, zwei blühende Greisinnen und eine verschreckte Schwiegertochter, die ihren Bauch über die Schwelle schleppte, bedienten sich unser als eines weiß Gott nicht aufregenden, doch immerhin eines Schauspiels auf diesem verlassenen

Feldweg, zu dem abzubiegen nur die allzu gewissenhafte Befolgung der Wegbeschreibungen hatte verleiten können. Unser Fahrer suchte auf die Leute einzugehen, aber wie: die Tür seines Made-in-USSR-Fiats halb geöffnet, das eine Bein auf dem Weg draußen, das andere sozusagen auf dem Gashebel, die linke Hand am Türgriff, die rechte frei für jene Gestik, die rechtmäßig wie ein Buchstabe zum georgischen Alphabet gehört – also in der Pose eines Menschen, der keine Sekunde verlieren möchte, nur fort und weiter, wüßte er bloß, wohin … Wieder betrachtete ich diese klaren Gesichter, reingewaschen von der Zeit und geglättet von ihrem Überfluß, denen es an Zerstreutheit und Hektik fehlte, um nur das Geringste von dem zu verlieren, womit sie wirtschaften konnten, unter anderem Zeit und Würde, davon vergaben sie nichts und verloren sie nichts. »Aggregat? Aggregat …« Nachdenklich flochten sie in ihre Rede das mir verständliche unverständliche Wort ein. »Aggregat?« Sie drehten und wendeten es. »Agrigati? Ach, Agrigati!« Und wiesen uns den Weg, nach dem wir noch dreimal fragen mußten.

Meine Freunde lachten. »Wir hätten das Wort auf georgisch aussprechen sollen, auf russisch verstehen sie es nicht.« Aber mir gefiel »Agrigati« auch besser.

Da erreichten wir den auf den ersten Blick unansehnlichsten Ort unserer ganzen Suche. Eine schwarze und tote Schlucht kreuzte die Straße (das heißt, umgekehrt). Es sah aus, als wäre sie überdies aufgegraben, umgewühlt, *seziert* worden. Keine einzige Grasspur (Blutspur) fand sich in ihrer Landschaft (ihrem Gesicht). Nicht einmal tot konnte man sie nennen, eher verreckt. Ihre Ränder drohten sich beim ersten besten Regen in eine Hölle zu verwandeln. Geregnet hatte es schon lange nicht mehr.

»Schau«, sagte mein Freund. »hier ist es *echt*!«

Und daran, wie er aufblühte, lebhaft und heiter wurde, ließ sich mit einemmal ablesen, daß die ganze Zeit, während wir gefahren waren und geredet hatten und er zuhörte, reagierte, nickte und zufrieden war – all das war etwas Fremdes gewesen, nicht das rechte Geschirr, und obgleich er hin und wieder daraus genippt hatte, so nur, weil er ein gutmütiger und nachgiebiger Mensch war. Jetzt aber spürte er die Nähe seiner eigentlichen Welt, wie ein richtiger Jäger die Beute wittert. Wir ließen den Wagen stehen – mein Freund schritt schon voraus, ohne seine Erregung und Freude zu verbergen; er führte mich zielsicher dorthin, wo er selbst noch nie gewesen war, wovon er jedoch genau wußte, daß uns dort erwartete, was wir brauchten. Vor uns, am Rand der Schlucht, nistete eine Art Scheune oder Unterstand; davor parkten einige Kipper, was den Eindruck noch vertiefte, die Schlucht sei keine Schlucht, sondern ein Exzeß ausgeuferter Erdarbeiten.

Das Hexenhäuschen kehrte uns den Rücken zu, und bis wir dicht heran waren und von der Hinterseite eintraten, bis zum Schluß also, konnte ich mir immer noch keinen Reim machen, was es denn nun war.

Folgendermaßen sah es an diesem Ort aus.

Uns entgegen kamen, mit merkwürdig schwankendem Gang, zwei kapitale Ferkel. Sie schenkten uns keinerlei Beachtung und torkelten weiter zu einem Haufen knorziger Baumknorren, um sich daran zu scheuern. Wir stiegen zwei Stufen hinab, mein Freund verdeckte mir für einen Moment mit dem Rücken den Eingang, dann noch einen Moment, weniger sogar, damit die Augen sich an das verminderte Licht gewöhnten und unterscheiden konnten, was da im Schatten …

Wo wir waren, war es *echt*. Ich kann dieses Gefühl schwer beweisen, wie jedes Gefühl ist es unbeweisbar. Ich kann nur schwören, daß Suggestion und Autosuggestion nicht mit im Spiel waren. Das Gefühl, mit dem ich mich einfand in diesem Halbraum (Halbraum ist das treffende Wort: es gab ein Dach und zwei Wände, die beiden anderen Wände fehlten; an Architektur war nur das Notwendigste vorhanden: vier

Pfosten unter einem Regendach und zwei schlecht und recht mit allerlei Trödel verkleidete Wände, damit man nicht von der Straße alles einsehen konnte; der Ausblick ins Tal und auf die Schneeberge war offen, ebenso der Ausblick in die Schlucht, den Graben) – also, das Gefühl, mit dem ich mich hier wiederfand, läßt sich schwer beschreiben, mit nichts vergleichen, höchstens in ein Bild fassen. So schießt die Kugel durchs Kolosseum des Rouletts, stößt an, prallt ab, zieht große Kreise, will hinausfliegen über den Rand – so leben wir! –, wird jedoch schwächer, die Kreise werden kleiner, immer unentschlossener schlingert sie zwischen den Löchern, als hätte sie noch die Freiheit, sich eine Nummer auszusuchen, vielleicht springt sie sogar kraft ihrer Trägheit aus einer Kuhle wieder heraus, als ob sie ihr nicht paßte, aber damit hat sie ihre Kräfte nun vollends verausgabt, und – klack! fällt sie schließlich in *ihre* Kuhle, die ist es nun, keine andere; sie ruckt und zuckt noch ein wenig, rollt sich gleichsam von einer Seite auf die andere, macht es sich gleichsam bequem – und erstirbt, gibt sich zufrieden: gut so! Genauso auch ich, als hätte es mich mein Leben lang herumgestoßen und umhergetrieben und nun endlich angetrieben, und da bin ich nun und weiß nicht mal so recht, wo ich gelandet bin (in welcher Kuhle), aber *gelandet* bin ich, das steht fest. Ein Geruch hier, irgendwie, man merkts doch gleich, so ein Dunst. Jedenfalls bin ich *hier*, und das ist die Wahrheit, und endlich weckt nichts mehr in mir Zweifel oder den Drang – nur fort, und insofern ich nun mal hier bin, kann ich mich auch umschauen, wo ich eigentlich bin, in welcher Umgebung mir, nun bereits endgültig, bevorsteht zu *sein*.

Diese gemütliche Kuhle der Reihe nach zu beschreiben ist sehr schwer, am liebsten wäre mir, wenn sie mit einem Schlag sichtbar würde, doch das übersteigt die Möglichkeiten der Sprache; außerdem war es ja tatsächlich so, daß ich erst dies, dann jenes sah, während ich mir klarzuwerden suchte über das Gefühl, das mich auf der Schwelle (das also bedeutet: auf den ersten Blick!) befallen hatte. Das Herz dieses Mausoleums (schließlich war ich, wie bereits gesagt, am Ende meines schwierigen Lebensweges) war die Feuerstelle (das »Aggregat«). Ein heißes, glutheißes Herz! Es bullerte und gluckste, verschluckte sich schier an dem, was (nur wußte ich davon noch nichts) zu meinem Blut und meiner Lebensfreude werden sollte. Seinerseits erinnerte dieses Herz (die Feuerstelle, das Brennaggregat) an ein Mausoleum von der Art, wie ich es unlängst in Chiwa gesehen hatte. Den lehmverputzten Kubus krönte ein blankgewienertes Kupferdach wie eine goldene Kuppel, auf der obendrauf noch so ein Nippel saß, nur daß der Halbmond fehlte. Dieses Kupferdach war das *kostbarste* Stück hier, darum auch blinkte es so, darum war es so blankgewienert (darum sehen wir es hier auch zuallererst) – regelrecht eine Sonne. Es war übrigens gehörig eingedellt, doch alle seine Dellen blinkten ebenfalls betörend, sandten einzelne, vom Licht abgezweigte Strahlen nach allen Seiten, insgesamt jedoch machte die Kuppel, trotz der Dellen, noch immer einen sphärischen Eindruck. Sie blinkte ebenso rund und ebenso kupfern wie derjenige, der sie wohl auch geputzt hatte – wie Gogi, der Betreiber des »Aggregats«, der an der Feuerung hantierte.

»Bück dich mal und schau rein«, sagte mein Freund. »Siehst du, wie der Ofenrost glüht!«

Tatsächlich, die dicken Stäbe über dem Feuer hatten sich durchgebogen, hingen bauchig herab. Aus der Feuerung strahlte solch eine betörende Hitze, so aufgebläht waren die runden Kohlensegmente an den Holzscheiten, solch ein nie ermüdendes, lebensbejahendes Drama der offenen Ofentür spielte sich in diesem Theater ab, daß ich, hätte man mir jetzt einen Atomreaktor gezeigt, nur die Nase gerümpft hätte über seine klägliche und einfallslose, epigonale Form.

»Ob du es glaubst oder nicht«, sagte Gogi, wobei er unablässig weiterhantierte, doch ein so klares Lächeln dazwischenschob, daß seine Kupferbacken sich rundeten und überallhin Feuerreflexe versprühten. »Ob du es glaubst oder nicht«, sagte er mit dem Stolz des Pazifisten, »schon drei Monate geht in diesem Ofen das Feuer nicht aus.«

Ich glaubte es.

Wem hätte ich auch hier nicht glauben sollen? Diesem Feuer? Dieser Ferkelhälfte, die am Haken des einzigen Pfostens hing, den die Wände nicht berührten – an der Säule dieses Tempels? Diesem betrunkenen Schwein, der Mutter meiner Schaschliks, das auf dem schmalen Streifen zwischen Aggregat und Schlucht im Dreck wühlte, aber nicht in die Schlucht hinunterfiel? Diesen friedlichen Schwerstarbeitern, die ihren wohlverdienten Festschmaus an dem schmalen Tisch abhielten, der sich, wie ein Pronaos, an der einen Seite des Tempels befand? Diesen werktätigen Laienbrüdern, die so stetig und würdig tranken und plauderten, wie kein einziger Lord hätte Würde bewahren können nach soviel Alkoholgenuß? Jenem Schaschlik, das vor meinen Augen vom Bein des Ferkels abgesäbelt wurde, das noch unlängst hier herumgesprungen war? Diesem Wein von der Farbe eines Herbstblattes? Zumal das noch gar kein Wein war, sondern Weinmaterial, das heißt, unschuldige Natur, noch nicht verfälscht durch Dressur und Dienstalter. Dem »Material« des Weines nicht glauben? Diesen vier Pfosten? Dieser Kupferkuppel? Diesem Regendach oder diesem Himmel im Loch dieses Dachs? Diesem Ausblick durch die fehlende Tür auf die höchsten georgischen Berge, die uns auch gar keine Vorwürfe machten, denn wir hatten ja nichts Übles im Sinn? Diesen Bergen? Meinem Freund? Gogi, schließlich und endlich? Nein, niemals hätte ich Gogi nicht glauben können!

Denn das einzige Ding, dem ich hätte nicht glauben können, das mein neidgeschärftes Auge nun doch ausmachte, war der rosa Schalter, der am Pfosten befestigt war: auf elektrisches Licht hatte sich Gogi nun doch eingelassen, mit elektrischem Licht ist die nächtliche Wache trotz allem bes-

ser durchzustehen. Einzig dieser exakt und endgültig ge-
formte Gegenstand wirkte plump und irgendwie verquer an
diesem auf die Schnelle, krumm und schief zusammenge-
zimmerten Weltenschiff, diesem morschen Glücksnachen,
diesem Luftschiff (nach sieben Glasen)! Ich werde meine
Augen nicht mehr auf diesen Gegenstand richten; das Leben
ist so wunderschön – sollen uns doch die Krämerseelen so
wenig lieben, wie sehr wir sie bedauern! denn es weilt keine
unter uns.

Genau hier, an diesem Punkt, vollendete sich der Lebens-
kreislauf des Jahres (falls man bei einem Kreis Anfang oder
Ende finden kann) … Ein vertikaler Kreislauf allerdings, im
Unterschied zum sinnlosen Rotieren an der Oberfläche. Hier
war der Anfang von jenem Ende, wenn wir, mit Schwung von
der Höhe des sommerlichen Mittags herabsausend, in Berührung geraten mit der Erde, eintauchen in jenes Trägheits-
feld, das uns mit besonderer Kraft zur Erde niederdrückt.
Ihr Werk getan hatte die Hitze, ihr Werk getan hatte die
Erde, nun ruhte sie, schlapp und leer, wie eine Mutter, deren
Kinder zu ihren Familien in die Städte fortgezogen sind; ihr
Werk getan hatten die Trauben, die zu Wein geworden waren und sogar ihren Trester Gogi überantwortet hatten,
damit er Tschatscha daraus brannte, den tödlichen Trester-
schnaps; denn was da so geheimnisvoll brodelte und blub-
berte unter dem blitzenden Kupferdach, war ein Destillier-
kessel … Sogar der Trester hatte sein Werk getan, aber auch
als unansehnliche rotbraune Schlempe war er noch zu etwas
nütze, eben daran nämlich taten sich mit Begeisterung die
Ferkel gütlich auf dem schmalen Streifen zwischen Destille
und Abgrund, und auch sie waren davon glücklich und selig
beschwipst, so daß der Übergang zum Schaschlik sich für sie
offenbar schmerzfrei und angstfrei vollzog. Leicht flogen
ihre unschuldigen Seelen davon und traten ungehindert in
den Seelenkreislauf der Natur ein, wo, je nach Begabung
und Sündenschuld, sie eine Beförderung oder Rückstufung

erwartete auf der Karriereleiter der Evolution: Sie würden zu Hühnerseelen werden oder zu Pferdeseelen ... Ihr Werk getan hatten auch die Menschen, die jetzt das »Material« des Weines tranken, und sie waren ebenso rechtschaffen wie dieses »Material«, weder übergoren noch angesäuert, weder mit Spiritus versetzt noch mit Zucker. Alle hatten ihr Werk getan: es war Herbst. Allein Gogi war noch tätig.

Dies allerdings »ohne Rast noch Ruh«! Schön sah er aus, wie er arbeitete: zielstrebig und unermüdlich, doch derart ohne Hast, daß er sich träge zu bewegen schien. Er heizte ein, spaltete Holz, beschickte den Kessel, schnitzelte Schaschlik, briet Schaschlik, deckte den Tisch, schenkte Wein nach, war freundlich und heiter und das alles gleichzeitig, rechtzeitig und in der rechten Reihenfolge. Wie fürsorglich und blitzartig – ein Zauberkünstler! – er uns Raum schuf für unseren Festschmaus, denn der einzige Tisch war ja schon besetzt; wie er eine Zeitung ausbreitete: das Tischtuch; eingelegte Paprika draufschüttete; eine Handvoll Salz hinstreute, eine alte Decke über eine Bank breitete und liebevoll glattstrich – setzt euch! –, und beim Bedienen keine Spur von Sklaverei: nichts als Würde, keine Spur von Flegelei: nichts als Freundlichkeit. In einem alten Gurkenglas servierte er den Wein (und es wurde nie leer, war wie verzaubert, aber nie bekam ich mit, wann er nachschenkte oder es austauschte); in eine Hundeschüssel aus Aluminium klatschte er mit Eleganz und Aplomb das Schaschlik, mit einem Ratsch hatte er den Spieß herausgezogen wie einen Degen aus der Scheide (und die Schüssel wurde nie leer, aber da bekam ich mit, wie das ging, denn genau über meiner Schulter streckte Gogi seinen behaarten Arm durch, und der Spieß ratschte über meinem Ohr). Ein solches Aufwarten, einen solchen »Service« hatte ich nie erlebt und würde mir anderes nie erträumen. Alles, was recht ist: Männer können doch alles besser, bloß schade, daß sie keine Kinder zur Welt bringen können ... Wie schön und heiter es hier war, unter Männern. Wieviel Zärtlichkeit und Reinheit zwischen Freunden möglich ist – wo, außer in Georgien, versteht man das noch!

Nie zuvor hatte es uns so geschmeckt. Das war schon keine Fresserei mehr – wir sogen Fleisch ein wie die Luft beim Atmen. In solchen Mengen fettes, halbrohes, glühendheißes Schweinefleisch zu verschlingen, das rundherum mit groben Salzkristallen eingerieben und auf offenem Feuer gebraten war, dazu literglasweise das »Material« trockenen Weines zu trinken – besser, man hätte gleich seine Leber den betrunkenen Schweinen vorgeworfen. Doch es wäre leichter gewesen zu sterben, als sich diesen Genuß zu versagen.

»Versteh mich doch, Leber«, sprach ich. »Du mußt mich verstehen!«

Mein Freund schwebte, mein Freund herrschte, es funkelten seine Augen. Er saß immer aufrechter, hielt immer gerader und feierlicher die Hand mit dem Glas; immer nationaler wurde die Linie seiner Schulter, der rechte Winkel zwischen Schulter und Hals; dann war er bereits von Pirosmanis Bild »Festschmaus der Fürsten« herabgestiegen. Unsere Tische hatten sich längst vereint; ein Mann, der außerordentlich meinem Vater in jungen Jahren glich, hatte mit einer leichten, nicht zu vertraulichen Umarmung diese unsere Photoblutsverwandtschaft fixiert; unser Boot wurde losgebunden, und wir schossen die Schlucht hinab, dem Hauptkamm des Kaukasus entgegen; die Schweine scheuerten sich, wohl um nüchtern zu werden, heftig an den Reifen der Kipper, die, das sah man schon, heute auch noch übernachten würden hier. Mein Freund brachte einen Trinkspruch aus, der mir nicht mehr aus dem Russischen ins Georgische übersetzt werden mußte, verstand ich doch Russisch nun nicht schlechter als Georgisch ... Und so glücklich war er, mein Freund, daß ich begriff: auch für ihn, der über die Gabe dieser Welt verfügt, in der wir uns jetzt befanden, ist es weiß Gott leichter und angenehmer, von außen in sie hineinzugeraten, als sie unablässig mit sich herumzuschleppen.

Ach, lebensbejahend kann nur fremdes Leben sein!

Hier nun schenkte man mir – meinem Freund aufs Wort glaubend, daß ich dessen würdig sei – ein Buch, das einzige, das mein Nennbruder, der immer mehr meinem Vater glich, zufällig bei sich hatte, und es war dies – sowas läßt sich kaum erträumen! – eine Biographie von Puschkin auf georgisch. Ich zerfloß in Tränen vor soviel Symbolik.

Aus Kummer zu trinken ist ungut, es schadet nur, doch sich vor Glück nicht zu betrinken ist unmöglich. Denn vom Glück kann man nicht von selbst loskommen, dazu reicht die Kraft nicht (das sind mir vielleicht willensstarke Menschen, die gerade in solch seltenem Moment die Kraft in sich finden und sich heldenhaft vom Glück abwenden, um dann abzuschlaffen und sich lange nicht wieder aufzuraffen, weil sie es entwischen ließen!). Nicht abwenden kann sich der Mensch vom Glück, die Zeit aber fließt, spült, unterhöhlt, sie beschleunigt den Verrat gerade an diesem Augenblick, der schon nicht mehr dauert, vorbeigeht, vorbeigegangen ist – wohin? Kann denn etwas, wofür wir ein Leben lang gelebt haben, zu Ende sein?! Nein! Niemals! Niemals werden wir von selbst dieses Glück verraten! Uns wird der Morgen wecken, und da wird sich einfach herausstellen, daß das Glück verflossen ist.

Bald wird auch Gogi allen Trester in Feuer übersetzt und alles Feuer an den Trester verausgabt haben. Und der Rost im Ofen wird sich ganz durchbiegen, wird durchbrennen und durchbrechen. Dann wird Gogi sein »Aggregat« abbauen, seine Destille zusammenpacken: den Kupferkessel nimmt er herunter und trägt ihn nach Haus, die Pfosten gräbt er aus und trägt sie ebenfalls nach Haus, lehnt sie im Hof in die Ecke; den Rest läßt er liegen als Müll. So wird es ablaufen, hat man mir erzählt, wenn wir fortgefahren sind.

Was für ein trauriges Ende ... Gogi wird durch die Schlucht abgehen wie ein Wanderschauspieler, der seine Schaubude abgebaut hat: gebeugt von den schweren Balken auf den

Schultern, unterm Arm die Kupferblase, und seine Hüfte spiegelt die Sonne … So wird er hineingehen in die unendliche Perspektive, und mit sich fort nimmt er mein Glück, als hätte nicht ich zufällig ihn getroffen, sondern er – mich.

Wenn nicht ein anderer großer Schriftsteller, allerdings ein Russe, doch auch gewirkt aus Brüdern, gesagt hätte: »Junker Schmidt! Mein Ehrenwort: der Sommer kehret wieder!« – ich hätte nicht gewußt, wie ich mich trösten sollte.

Alle hier hatten sich den Herbst redlich verdient. Uns allein fiel das von anderen erarbeitete Glück umsonst in den Schoß. Weich und rührselig gestimmt, würden wir später noch zum Basar fahren und einen Krug und ein Hemd kaufen, voller Verachtung für unser Papiergeld und voller Neid auf der anderen erworbenes Geld.

Die Palme der Priorität

Auf die Frage, ob die Skythen die Flöte kennten,
antwortete er: »Nicht einmal die Weintraube.«
Anacharsis der Skythe, 6. Jh. v. Chr.

An die Kälte kann der Mensch sich nicht gewöhnen.
Roald Amundsen

Meine Weit in der Ferne beginnt diese Bewe-
Grenzeindrücke gung ... Bei Peter dem Großen! ob er
nun Wohltäter war oder Antichrist. Mei-
ne Mutter läßt in Telegrammen bis heute die Präpositionen
aus, »mag« keine Taxis, fährt in der Eisenbahn nur dritter
Klasse, und Gepäckträger nimmt sie auch nicht. Wenn sie
zusammenzählte, wieviel sie dabei spart, käme der Betrag
ihr lächerlich vor. Ich weiß noch, nach dem Krieg, bestimmt
drei oder vier Jahre lang, mußte sie unbedingt einen zweiten
Teller Suppe essen, randvoll, dazu eine dicke Scheibe Brot,
erst danach hielt sie sich für satt – und das als zartgliedrige
intellektuelle Schönheit ... In Europa sind Suppe wie Brot
inzwischen überholt; Suppe muß man erst suchen, und Brot
bekommen Sie extra gebracht, wenn Sie sich wundern, daß
keines dasteht. Dort wird nicht gespart, dort achten sie auf
die Figur, ernähren sich wissenschaftlich – Menschen, die
längst satt sind. Gekauft werden (ohne Warteschlange) 100
Gramm von dem da, 50 Gramm von jenem, um es gleich,
frisch, zu verspeisen. Gestriges wird weggeworfen. Was für
eine Schranke muß man überwinden, um etwas in den Mülleimer werfen zu können! Hunger und Kälte waren durch
Mark und Bein gedrungen. Kälte und Hunger ... Noch sind
wir nicht ganz vom zweiten Teller Suppe losgekommen,
vom Nachschlag. Der NACHSCHLAG! die zusätzliche Portion, die Kraftnahrung – schwer vorstellbar, daß diese Wörter eine Übersetzung aus dem Englischen wären. Wenn
meine Mutter mal wieder eine Gallenkolik hat, kann ich mit

Bestimmtheit sagen, daß sie sich eines liegengebliebenen Lebensmittels »erbarmt« hat. Auf ihre Figur hat sie auch später nicht »achten« müssen, sie war immer gleich. Hungrige Menschen essen nicht mit Geschmack, auch Bücher liest man ja nicht während des Hungers nach Lesefutter. Man *beschafft* sie.

Hunger und Kälte bis ins Mark ... Einmal war ich in einem sozialistischen Land, hatte Geld in dortiger, fast schon als hart geltender Währung, und ich beschloß, einen Pelzmantel zu kaufen. Es kam zu Aufregungen und Problemen, ähnlich wie – wobei? beim Kauf einer Kuh, das war es! Als mein Begleiter, Fachmann für russische Literatur (versteht sich, gerade er muß hinter mir durch die Geschäfte trotten und seinen professionellen Horizont erweitern), zu mir sagte: »Trotzdem, bis heute haben die russischen Schriftsteller den Gogolschen Mantel-Komplex«, da war ich gekränkt (zumal ich einen Komplex hatte, vor allem ihm gegenüber, einem so zuvorkommenden, wohlerzogenen Menschen, daß ich als Russe, als Mensch aus dem Imperium, ihn leicht der Ironie verdächtigen konnte, des Spotts, womöglich der Verachtung). Ich sagte aufgebracht zu ihm, er als Fachmann dürfte eigentlich informiert sein, daß nicht Dostojewski, sondern Turgenew das gesagt habe, und zweitens seien das nicht alle (nicht alle stammten aus dem »Mantel«). Als mein Zorn abgeflaut war und ich meinen Fremdlingskomplex gezügelt hatte (zumal ich meine Unternehmung nicht abbrach und nicht auf seine Hilfe verzichtete), sah ich ein, daß ich das selbst so manches Mal gesagt hatte, es nur nicht gern aus dem Mund eines Ausländers hörte. Stimmt schon, der Pelz des gnädigen Herrn ... der Pelz des Zaren ... königliches Geschenk ... das heißt, von der Schulter des Zaren ... Grinjow, der Pugatschow das Hasenpelzchen schenkt, schließlich Gogols »Mantel«, der sich nicht verstehen, nicht ausdeuten läßt, ein Genie! Mandelstam »im Pelz, herrschaftlich über Gebühr« ... Natürlich ist der Pelz

über sich hinausgewachsen, wurde zum Symbol für Wohlstand, Erfolg. Außerdem, was, wenn nicht der Pelz, wird
verkauft und vertrunken? Und geraubt, versteht sich ... »In
Rußland haben die Kräfte, die Akaki Akakijewitsch den
Mantel abnahmen ...« Oder auch: ein Freund von mir, früher ein Moskauer Prosaiker, kam auf der Woge des Erfolgs
in meine Stadt, »bis zum Weinen vertraut«, um bei Lenfilm
einen Vertrag abzuschließen. Er stieg im Hotel Europe ab
und fing, versteht sich, zu trinken an. Ich hatte ihn kurz vor
diesem Ruhm kennengelernt; er war wundervoll gewesen,
bebend unverstellt, saß rußversengt in seinem holzbeheiz-
ten Moskauer Schuppen – nun besuchte ich ihn in einer
neuen Qualität, einer Luxussuite, am Eingang hing ein man-
delstamischer Pelz (Biber, nach meinem flüchtigen Eindruck), wie aus Lenskis Kostümfundus. Vielleicht hatte ich
unwillkürlich »Erliege ich« aus der Arie gesummt, vielleicht
hatte auch mein Freund mit seinem betrunken scharfen
Auge des Künstlers und Aufsteigers sofort meinen Blick
aufgeschnappt, vielleicht war ich zu Unrecht seit morgens
nüchtern, unser Gespräch jedenfalls lief, anders als bei der
letzten Begegnung, holperig und schief. Er schaute griesgrä-
mig auf den Klingelknopf und drückte ihn voll Verachtung;
die Kellnerin kam so rasch hereingeflattert, als hätte sie an
der Tür gewartet. Ihre servil gierigen Augen legten den
Gedanken nahe, wieviel Trinkgeld er ihr wohl schon gegeben hatte. Augenblicklich wurde Kaviar aufgetragen und
Bouillon mit Ei, natürlich nicht ohne ein Fläschchen. Er
trank, schmiß das störende Ei in die Ecke, schlürfte von der
Bouillon, und leicht gestärkt, warf er einen Blick auf den
Pelz (da begriff ich, daß ihm mein Blick nicht entgangen
war). »Wir Stümper!« rief er plötzlich theatralisch, mit dün-
nem Stimmchen (in seiner komplizierten Biographie gab es
auch ein Zwischenspiel als Schauspieler). »Wollen immer
›Krieg und Frieden‹ schreiben! Gelingt aber nicht, gelingt
nicht!!!« schloß er in äußerst durchdringendem Tonfall.

Und ging schlafen. Er war zweifellos ein Mensch: einen Pelz habe ich danach nicht mehr an ihm gesehen. Offenbar – wie gekauft, so versetzt. »Haben sich so viele Westen angesammelt«, klagte er mir einmal sein Leid. Damit war gemeint, daß er jedesmal, wenn er aus einer Quartalssauferei auftauchte, sich einen teuren Anzug schneidern ließ, und wenn er ihn vertrank, konnte er Sacco und Hose versetzen, aber die Weste – wer braucht sowas heute. Haben sich so viele Westen angesammelt ... Für diesen Satz liebe ich ihn. Ich schweife nicht ab, auch die Weste paßt mir in den Kram. Apropos Weste, Gogol ja auch ... Er hatte einen Hang zur Weste, darüber gibt es die verschiedensten Anekdoten, eine erzählt Bunin in irgendwelchen Erinnerungen. Irgendwo sind auch die Galoschen abgeblieben, und wo die Westen und Pelze, davon legt Bulgakow Zeugnis ab. Der Damenpelz aber, der wird bei uns nie verschwinden. Womöglich Pelz und Komplex ... Womöglich ist der Pelz in unserem Sortiment eben Luxus und Symbol des Luxus ... Aber es ist doch kalt!! Das sollte nicht vergessen werden. Wenn ich vor nichts Angst habe, mir meiner selbst sicher bin, auf meinen Stern und meinen Dusel baue, wenn alle Unglücke nur anderen zustoßen, aber auf gar keinen Fall mir, sogar dann gibt es etwas, das mir Hochmut und Selbstsicherheit stets ein wenig dämpft: die Erinnerung an die Arbeit mit Metall bei vierzig Grad unter Null ... Blauer Rauhreif. Diese eng begrenzte Episode in meiner Biographie nagt an meiner Furchtlosigkeit.

Aber ich mag ja selber im Taxi nicht gern bezahlen ... Und in der Eisenbahn fahre ich zwar nicht dritter Klasse wie Mutter, aber zweiter. Was darüber ist, ruft bei mir unwillkürlich Krämpfe hervor. Und ich erkenne meinen sozialen Status, wenn ich bezahle: wenn es peinlich ist, weniger zu zahlen, wenn ich keine Lust habe, mehr zu zahlen ... Tja, wissen Sie, Luxus macht mich nicht an. Brauche weder Jacht noch Villa (»die türkische Küste und Afrika«). Ich brauche ein eigenes Zimmer und Jeans, und ohne Kaffee kann ich nicht leben. Nicht, was sein könnte, brauche ich, sondern was das nächstliegende ist. Erster Klasse zu reisen wäre längst im Bereich des Möglichen, aber ich komm einfach nicht raus aus der zweiten ...

Einmal ergab es sich, daß mein Freund A. am gleichen Tag wie ich nach Leningrad fuhr. Wir beschlossen, zusammen zu fahren, und ich erklärte mich bereit, die Fahrkarten zu kaufen. Ich war in Sorge, ob es noch welche gäbe, er seltsamerweise nicht. Er komme »jedesmal unmittelbar vor der Abfahrt« an den Bahnhof und nehme den »internationalen Waggon« (erster Klasse). Ich war zu solchem Risiko nicht bereit und fuhr früher hin, um Karten zu kaufen. Wartete lange in der Schlange – es gab keine Karten. Nicht für die Züge, mit denen »anständige« Leute reisen (der »Pfeil« oder der nach Helsinki), weder für die Vierercoupés noch für den internationalen Waggon. Aber da hatte ich Glück, ich konnte jemandem zwei Fahrkarten fürs Vierercoupé abkaufen, in einem zusätzlichen Zug. Mein Freund war mit meiner Aktivität unzufrieden; wir kommen eine halbe Stunde vorher und kaufen eine Karte, behauptete er nach wie vor. Ich traf vierzig Minuten vorher ein, er zwanzig, hatte sich verspätet. Er ging zur Kasse und kaufte zwei Karten, wie er es gewohnt war, seltsamerweise gab es welche. Meine Karten zurückzugeben schaffte ich nicht mehr. Sie schwitzten in meiner Faust. Und so fuhren wir mit vier Fahrkarten ... Ich stand zwischen zwei Arabern und einem vergammelten Konteradmiral im Speisewagen an der Theke, süffelte Kognak und suchte mich an den mir zugestoßenen Luxus zu gewöhnen, ich redete mir ein, daß mir das gefiele. Es kostete mich Mühe ... Dennoch, so ganz gefiel es mir nicht. »Ein Admiral hasn't to be admired«, sagte ich mir. Mein Freund führte mich ins Abteil. Beim Ausziehen wurde mir klar, daß er im internationalen Waggon reiste, nicht ich – andere Halbschuhe, andere Socken, andere Unterwäsche ... Da schreiben wir beide, wohl keiner schlechter als der andere, trinken nicht weniger, lieben ... Und doch! Er ist früher dran. Ist früher als ich in die erste Klasse aufgestiegen. War in Paris, in Japan (in Amerika zwar noch nicht, aber da würde er jetzt hinfahren). War in Ländern, in denen ich aktiv nicht war. Kannte Leute, von denen ich gehört hatte, sie von mir aber höchstwahrscheinlich nicht. Ich übertreibe bei diesen Bekenntnissen natürlich; meine Meinung von mir selbst ist offenbar, was ich vor mir selbst geheimhalte, außerordentlich hoch, auch bin ich auf niemanden neidisch, aber ich frage mich, ob die Explosion des Komplexes nicht die Schwester des Neids ist ... Natürlich, ich bin Provinzler, Leningrader; natürlich ist mir der Gedanke, daß Armut nicht Geldmangel, sondern eine Eigenschaft ist, nah und verständlich; der Reiche vergeudet auch im Ruin noch ungeheure Mittel. Aber wer einen Ruin erlebt, ist nicht ruiniert. Einen Ruin kann man mehrfach erleben, von jemandem oder etwas ruiniert zu sein ist unumkehrbar. Nein, niemals werde ich reich sein!

Was mache ich mich eigentlich so schlecht! Armut gefällt mir doch. Ich mag nichts Überflüssiges, das Nichtüberflüssige soll allerdings von höchster Qualität sein. Mir gefällt ein ärmliches Häuschen, aber eben dort, wo es mir gefällt; als Anzug gefällt mir nur einer, aber in meinem Stil ... Eben das ist doch Reichtum, daß die Zeit frei ist und niemand stört!! Und gerade das ist am teuersten. Ich mag keinen Wohlstand, so zeigt sich, aber Reichtum würde schon passen. Also, entweder richtig reich oder gar nicht. Und um so stolzer.

Dabei hat mir dieser Waggon doch seit meiner Kindheit gefallen! Ich betrachtete vom Bahnsteig aus zu gern diese verglasten Türen mit den blankpolierten Messingzweigen in russischem Jugendstil. Mir gefiel das Vorrevolutionäre an diesem Waggon. Und da reise ich nun zum ersten Mal damit, was hab ich nur? Es gefällt mir eben nicht, wer heute damit reist. Mich nehme ich aus. A. ebenfalls. *DIE* sehe ich aus dem

Abteil nicht. Also bin doch ich es, der mir in der neuen sozialen Ausprägung des »sowjetischen Bourgeois« nicht gefällt.

Interessant ist, daß die Waggons dieser Klasse nach der Revolution nicht mehr hergestellt wurden. Das hatte seine innere Logik, wer hätte damit noch reisen sollen. Und als es wieder wen gab, reichten noch die alten. Waren also gut gemacht worden seinerzeit.

Ich fühlte mich bestärkt in meinem unwillkürlichen Vorsatz, nicht erster Klasse zu reisen, doch einmal noch war ich gezwungen … Mit meiner Frau kehrte ich aus südlichen Gefilden zurück. Es gab natürlich keine Fahrkarten, wir mußten jedoch abreisen. Durch die erste Erfahrung mit A. gewitzt, wagte ich es daraufhin, nach dem »internationalen« Waggon zu fragen – solche gab es. Im Vorgenuß des Komforts schritt ich mit einem nicht mehr hochhebbaren Koffer den Bahnsteig entlang, alle Kräfte angespannt in dem Bemühen, den unbeschäftigten Gepäckträgern zu zeigen, ich trüge ihn wie eine Feder. Unser Waggon war natürlich am Ende des Bahnsteigs. Fünf, vier, drei … ich zählte die Waggons, an denen ich noch vorbei mußte. Eins … dahinter kam kein Waggon, danach kamen wieder welche. An der Stelle unseres Waggons war ein Einbruch, eine Kluft. Das erschien mir dermaßen merkwürdig, daß ich nicht einmal kühne Vermutungen anstellen konnte, wie es so etwas geben kann, und erst begriff, als ich direkt davorstand. Unser Waggon befand sich durchaus zwischen den anderen Waggons, es gab ihn. Bloß war er bedeutend niedriger, und halb verdeckt, fiel er aus dem Gesichtsfeld. Es war ein neuer Waggon, ein nagelneuer, solche hatte ich noch nie gesehen.

Geleckt wie ein Bonbon, funkelte er wie die Krone in einem maroden Gebiß und ließ die Nachbarwaggons, die gerade noch so brauchbar erschienen waren, im Nu alt aussehen. Über und über bedeckt mit dem Nickel ausländischer Inschriften in allen drei Sprachen neben der russischen, mit derart gediegenen, brandneuen Buchstaben, daß man sie am liebsten gleich gestohlen hätte, abmontiert und für irgendwas anderes eingesetzt. Man nahm das Detail als Spielzeug wahr, seine Bestimmung wollte einem nicht in den Kopf.

Schüchtern näherte ich mich der Tür, ein schwitzender Reisender mit langgezogenen Armen, der gleich anfangen würde, in allen Taschen zu wühlen, weil er vergessen hat, an welchem sicheren Platz er seine Fahrkarte zum x-ten Mal neu verstaut hat. Wodurch unterschied ich mich von jener Oma, die aus dem Strumpf das Tuch hervorkramt, in das unser ganzer Besitz eingeschlagen ist, nämlich ein paar Geldscheine, die Eisenbahnfahrkarte und eine Bescheinigung vom Dorfsowjet? Ich bereute, daß ich mir keinen Gepäckträger genommen hatte. Auf diese Tür mußte man sich in anderer sozialer Aufmachung zubewegen. Das unfreundliche Gesicht der Zugbegleiterin rückte alles ein wenig ins Lot – mein Blick ruhte darauf mit Dankbarkeit. Hier war doch alles wieder verständlich. Für diese nette, akkurate Frau, die sich offenbar durch sauberere Waggons und stärkeren Tee ausgezeichnet hatte, kam die Einteilung zu diesem einzigartigen Schlafwagen erster Klasse einer Beförderung gleich. Als ich ihr die endlich gefundene Fahrkarte aushändigte, versuchte ich ihr zu schmeicheln, indem ich meinem Entzücken über ihr funkelnagelneues Reich Ausdruck gab, und – traf einen wunden Punkt.

Ohne im mindesten beleidigt zu sein, weil mir sofort klar war, daß ihre Reaktion sich mehr auf den Waggon bezog als auf mich, schritt ich nun mutiger hinein in die Zivilisation. Erst trat mein Fuß auf eine Reihe von Bürsten, danach auf einen weichen Teppichläufer, und das war »Ah!« und »Oh« – etwas zu erfassen war ich noch nicht imstande. Wir fanden unser Abteil. Da machte die Tür gewisse Schwierigkeit, denn aufmachen und durchgehen konnten wir nicht, wir konnten nur durchgehen und aufmachen; genauso konnte man im Gang nur am Nachbarn vorbeikommen, wenn man sich ins Abteil zurückzog wie die Schnecke in ihr Haus. Aber das bewältigten wir und gelangten in unser Abteil, etwas befangen angesichts der Umgebung, doch zugleich etwas beengt. Alles funkelte von dem besonderen Reisekomfort, den die Qualität des Designs uns garantierte. Es sah aus, als sei alles bis ins kleinste durchdacht – und so war es auch. Aber zuerst interessierten uns nicht die kleinen Dinge, vielmehr die großen: unsere beiden übergewichtigen Koffer und wir selbst. Wir fanden nicht gleich dafür Platz.

Alles hier ließ sich umklappen, aufschlagen, zusammenfalten, alles ließ sich in sich selbst verwandeln, verfehlte jedoch anscheinend seine Bestimmung. Das Eßtischchen verwandelte sich in ein Waschbecken, das Waschbecken barg ein Bidet. Dieser beleidigende Begriff »Bidet«, fast so ein Wort wie »Airconditioner«! Wenn sie funktionieren, wissen wir sie noch nicht zu benutzen; wenn wir es endlich gelernt haben, funktionieren sie nicht mehr. Das Bidet funktionierte womöglich *noch nicht*, der Airconditioner jedoch, richtig, der funktionierte *nicht mehr*. In dieser furiosen Apotheose des Plaste-Furniers war es glühend heiß. »Nicht schlimm«, verteidigte ich meiner Frau gegenüber die Zivilisation, »er schaltet sich ein, sobald wir uns in Bewegung setzen.«

Ich war mir dessen nicht mehr so sicher, denn gewisse, unmerkliche Hinweise waren mir doch schon aufgefallen in der nagelneuen Vollkommenheit dieses durchdachten Raums. Er war zu sehr erschlossen! Angeeignet und assimiliert, war er verschwunden. Ja, alles hier war durchdacht, überlegt und bis aufs Letzte berechnet, bis hinunter zu den Wörtern »Rationalität«, »Rentabilität« und »Effektivität«. Allem Anschein nach sollte hier drin ein ebenso rationales Geschöpf durchschnittlicher Größe reisen, sparsam in Bewegungen und Absichten. Wenn unsere durch dick und dünn gegangene Ehe in so romantischer Eisenbahnintimität plötzlich erwacht wäre … allein schon die Vorstellung belustigte mich. Wie jene berüchtigte Spionin aus der unter der

Schulbank gelesenen Erzählung hier wohl tätig geworden wäre? Dafür gab es hier vieles, wo sich was verstecken ließ. Mit ihrer Vielzahl an Regalbrettchen und Schublädchen, die im Prinzip alle einem bestimmten Zweck dienten, glich die Wand einer Bienenwabe. Ich konnte mir nicht verkneifen, auf das eine Regal meine Zahnbürste zu legen und in die Bar eine Flasche Bier zu stellen. Damit war meine Phantasie erschöpft. Obwohl ich, wenn ich gewollt hätte, den gesamten Inhalt der mit soviel Mühe vollgestopften Koffer hätte verstauen können wie in einer Kommode – dort ein Hemd, hier ein Handtuch ...

Da ging mir ein Licht auf: Ich empfand mich als Gulliver, der die Grenze zwischen dem Reich der Riesen und der Liliputaner überschreitet – die Gleichheit mit mir selbst jagte mir einen Kälteschauder über den Rücken. Als ich die Koffer vollgestopft hatte, damit wir möglichst wenig Gepäck hätten, insgeheim vor meiner Frau auf meine »Packkunst« stolz, beschäftigte mich da nicht derselbe Gedanke wie den Waggonkonstrukteur in bezug auf mich? Hier traf der Deutsche auf den Deutschen: ich hatte ihn erkannt. Bestimmt hatte dieser geniale Konstrukteur es fertiggebracht, in seinen Waggon, im Vergleich zur früheren Konstruktion, noch ein weiteres Abteil hineinzuquetschen, und das unter Berücksichtigung aller Hygienenormen, damit auch »alles da« war, und hatte so jenes Abteil eingefügt, aufgrund dessen nun alle gleichermaßen zu leiden hatten. »O nein!« rief ich mir selbst zu, »nur ein Deutscher ist fähig, Armut bis zum Reichtum zu treiben und Reichtum bis zur Armut!« Es war dies eine dritte Klasse, die hochgetrieben war bis zur ersten, aber wie! – merkst keinen Unterschied ... bloß, wo war dann die erste Klasse abgeblieben? Dies war eine dialektische Frage. Die Bürste am Anfang des Teppichläufers wurde mir auf einmal verständlich. Niemand engt Ihre Freiheit ein, niemand zwingt Sie, die Füße abzutreten, Sie selbst treten »unwillkürlich«, wenn Sie über die Bürsten schreiten, sich die Füße ab und betreten den Läufer, ob Sie wollen oder nicht, schon mit sauberen Füßen. Zugleich wird am Teppichläufer gespart, dazu noch am Staubsauger und an der Arbeit des Zugbegleiters, ein Meter Teppichläufer pro zehntausend Streckenkilometer, ein halbes Kilo Staub pro hundert Passagiere … Eine ernstzunehmende Summe im übrigen, multipliziert mit allen Kilometern und allen Waggons und dividiert durch alle Passagiere! Ach, da möchte man doch die Arme verschränken, sich zur Wand drehen und wieder einmal nichts Nützliches tun, sondern überflüssigerweise sinnieren: wer reist da? und wohin? und wieso?

Als Klimaanlage hatte man sich für den Waggon offenbar etwas Störungsfreies einfallen lassen, denn bei den Fenstern war Öffnen nicht vorgesehen. Uns hypnotisierte noch immer die Ausgetüfteltheit des Abteils, wir saßen auf der Kante wie arme Verwandte, uns einzurichten wollte uns partout nicht gelingen. Wir hielten den Müll in der Hand, der beim Auspacken angefallen war, und wußten nicht, wohin damit, obwohl es so viele leere, zumindest für Müll taugliche Fächer gab. Ich trat hinaus auf den Gang, auf der Suche nach der Müllkiste. Am dafür üblichen Ort tappte wie ich ein Passagier, ebenfalls mit Müll in der Hand. Ob nun diese Kiste sich in einen Schachtisch verwandelt hatte … das wußten wir jedenfalls schon zu zweit nicht. Da streckte die Zugbegleiterin streng den Kopf zur Tür heraus: »Der Eimer ist im Vorraum!« sagte sie. Aha, dieses verständliche Ding war also dort! Wir freuten uns, und vor Erleichterung erkundigten wir uns nach der Klimaanlage. »Weiß nicht, weiß überhaupt nichts!« fauchte die Zugbegleiterin. »Wenn der Ingenieur kommt …« – »Wie, ein Ingenieur?« wunderten wir uns beide. »Im Zug ist ein Ingenieur?« Die Zugbegleiterin schnitt uns das Wort ab. »Im Waggon!« – »Ein Ingenieur für einen Waggon??«

Doch das Leben renkte sich ein. Der dem neuen Waggon beigegebene Ingenieur schaltete die Klimaanlage nicht an,

weil diese von einem höheren Ingenieur grundsätzlich aus-
geschaltet war, damit sie nicht kaputtgemacht würde. Dafür
brachte unser Ingenieur es fertig, das Heißwassergerät an-
zuschalten; die Zugbegleiterin hatte das einzige Ventil, über
das sie Bescheid wußte, in vorauseilendem Gehorsam be-
wacht und für alle Fälle niemand an das Heißwassergerät
herangelassen. Den Läufer hatte sie eingerollt und in ihr
Abteil genommen. Einer der Reisenden, der Statur nach ein
Brigadier und Alleskönner (»die Augen zögern noch, die
Hände machen schon«), brachte es fertig, ein Fenster im
Gang ob nun zu öffnen, ob aufzubrechen, jedenfalls gelang
es dem Ingenieur nicht, es wieder zuzumachen; im Waggon
bildete sich Durchzug, wir atmeten auf. Schließlich beobachtete ich während eines Halts ein Bild, das mich endgültig
aussöhnte: Die Zugbegleiterin machte die Tür zur anderen
Seite auf und leerte den Abfalleimer über den Geleisen aus.
Also, wir haben uns eingerichtet, wir fahren!
    Wir erlangen die Möglichkeit, aus dem Fenster zu schau-
en. Dort ist nur, was wir sehen. Was wir schon gesehen
haben, ist davongesaust. Und wieder – nur, was wir sehen.
Ein Streckenhäuschen, eine Frau mit Signalflagge, Kinder
mit Knien, ein Pferd, das sein Maul an der Schranke abstützt
… des Reisenden Ehrenwache. Klopf und klack, ein Übergang, klopf und klack, ein Wäldchen – gehn wir klickern?
Welch ein ewiges, wehmütiges Glück! Nicht faßbar, vertraut, nicht das deine … Eine Stockung unterwegs, ein Aufenthalt im freien Feld. Früher, in der Nachkriegskindheit,
wie oft hat es das gegeben, solche Aufenthalte! Die Reisenden zerstreuten sich über den Bahndamm, sogar die Lok
schien den Aufenthalt zu nutzen und Gras zu zupfen. Im
Laufschritt zurück, der eine mit Blumenstrauß, der andre
mit Beeren, der dritte mit Pilzen. Heute ist ein solcher Aufenthalt eine Seltenheit, und hinausspringen geht auch nicht.
Doch wir stehen. Folgendes hat der Zufall ausgesucht und
vor meinem abgescheuerten Blick angehalten. Ein Bahn-

damm, umgepflügt als Kartoffelfeld. Noch nicht ganz umgepflügt im übrigen. Gerade jetzt wird er gepflügt. Zwei Muschiks haben sich vor den Pflug gespannt, der dritte lenkt. Der Pflug ist übrigens aus Holz. Einer aus Holz ist leichter. Haben also kein Pferd. Ist das wirklich leichter als mit der Schaufel? Es ist also leichter. Wissen doch, was sie tun, die Muschiks. Legen sich ins Zeug wie Repins Wolgatreidler. Aber das Gesicht nicht unglücklich; nicht unglücklich, das Gesicht der Muschiks, sag ich. Hat er womöglich übertrieben, der Herr Kollege? Gemeinsam ist allen dreien ein ruhiges, wie familiäres Gesicht. Pflügen folglich für sich selber. Ohne Joch. Nur ein handtuchschmales Feld läßt sich dem Bahndamm abzwacken, dafür ist es lang. Zwei Motorräder liegen am Rand des Ackers gemütlich auf der Seite. Eine Java das eine, eine Isch das andre. Gute Maschinen. Bringen es beide auf an die fünfzig Pferdestärken. Nun hat der eine Muschik doch gesehen, daß ich ihm zuschaue. Vielleicht hab nicht nur ich aus dem Waggon gegafft. Brrr! Sie stoppen, werfen einen Blick auf uns, nicht ärgerlich anscheinend, spannen sich jedoch aus. Stimmt ja, Rauchpause muß sein. Sie nehmen gemächlich neben den Motorrädern Platz und holen eine Flasche Camus hervor. Mit Milch. Reichen sie im Kreis herum, daß wir neidisch werden. Rauchen. Gemütlich lagern sie am Bahndamm, in den freien Posen, die nur die körperliche Anstrengung schenkt, und ab und an blicken sie gleichgültig zu uns her. Soll ich hinzufügen, daß gerade da eine TU-144 über uns alle hinwegflog? Oder wäre das zu dick? Aber der weiße Pfeil des Düsenjägers kroch wie ein Käferchen über das Himmelsgewölbe, so war es. Und wir setzten uns endlich in Bewegung. Die Muschiks standen nun ebenfalls auf – genug herumgelegen, machen wir fertig. Der gelenkt hatte, trat jetzt zum Gurt. Ist folglich jetzt an der Reihe. Sie pflügen folglich mit gegenseitiger Hilfe zu Ende, setzen sich auf ihre Stahlrösser und brausen heim. Den Pflug verstecken sie bestimmt im Gebüsch, um morgen wiederzukommen. Oder nein, der paßt durchaus in den Beiwagen. Davon brausen sie, und hinter ihnen windet sich ein Staubschweif wie das Alte hinter dem Neuen.

Sogar geräumig ist es geworden. Ich legte neben meine Zahnbürste den Ära-Rasierapparat und ging kurz in den Speisewagen. Wer weiß, vielleicht gibt es dort Camus. Kommt doch vor. Heute seltener, trotzdem, kommt vor. Es gab keinen. Hab dann bloß mit mitreisenden Männern im Vorraum Bier getrunken und mit bißchen Portwein drüberlackiert. Gemütlich, in dem Vorraum! Der Boden unter den Füßen quietscht, ist voller Spucke, Kippen. Der unterdrückte Wunsch, endlich die Notbremse zu ziehen. Die Tür knallt, Durchgehende blicken verständnisvoll und taktvoll. Und im Waggonfensterchen blinkt die Sonne, als wäre das Rußland, und vor dem Fenster flimmert weißes Licht, als wäre das Rußland, und zwei gefährliche Mitreisende sind freundlich zu mir, als wäre das Rußland, und ich bin von ihnen hin und weg, als wäre das Rußland. Aber es ist ja auch Rußland.

Deutschland, das ist was anderes. Was die hinkriegen, die Deutschen! Richtig geräumig ist es geworden im Abteil, sogar die Landschaft hat im Fenster nun Platz gefunden. Und ich schaukle gemütlich auf meinem Regalbrett in diesem Schränkchen, diesem Häuschen, bin allmählich gesammelt, ordentlich verpackt und kenne meinen Platz, parallel zu meiner Zahnbürste. Auch meine Gedanken haben sich eingetaktet, sind faltbar, sind passend – es geht um den Koffer. Eigentlich bekannt, was das ist, ein Koffer. Aber will man auch nur ein winziges bißchen davon schildern als eine Erfahrung, als etwas unserer Empfindung Gegebenes, so gleitet die ganze Erzählung hoffnungslos ab, bleibt auf Umgehungsgeleisen hängen in Erwartung des Gegenzugs, und schon läßt sie die Gegenzüge nur so durch, einen nach dem anderen … Wir kriegen Verspätung. Ach, übrigens, große Beruhigung und Erleichterung: wir HABEN SCHON Verspätung.

Nun denn, der Koffer, TSCHE-MO-DAN. Was für ein überraschendes Wort, nicht weniger als »Rhinozeros«. Oder »Krokodil«. Aus Krokodilleder. Doch, ja, vielleicht aus Krokodilleder, freue mich über die Erinnerungen. So einen hab ich auch in meinem Arsenal. Von der legendären Tante Frieda, Elfriede Iwanowna (Johannowna), der Schwester meiner Großmutter. Die lag nach dem Krieg wie ein Ding bei uns in der Küche, und von ihr war bekannt, daß sie bildschön gewesen war und in Paris eine ROMANZE oder eine Romanze in PARIS gehabt hatte, weiß gar nicht, wie ich wiedergeben soll, wie hinreißend und grauslich diese Wörter in einem blockadegeschwächten entzündeten Mittelohr des Jahres neunundvierzig geklungen haben. Uns selbst lieben wir. Heute verwundert mich weniger, daß Tante Frieda dort war und eine Romanze hatte, als vielmehr, was ich mir seinerzeit darunter vorgestellt haben könnte. Eine Romanze in Paris, was ist das. Was ist das heute. Keine große Affäre. Ja, und in jenen Jahren war das eigentlich auch kein Koffer, sondern Tante Friedas riesige Truhe, und die nahm in unserer Wohnung das halbe Vorzimmer ein wie Tante Frieda in der Küche das halbe Fensterbrett. Eine riesige Ledertruhe mit zwei Griffen an den Seiten. ECHTES Leder. Leder galt in jenen Jahren als etwas, woraus Schuhsohlen bestanden. Echtes Leder, das war so ein Zungenschnalzen, ein Seufzer, ein Augenverdrehen. Denn es gab noch LEDERIMIT und LIMIT. Ein Limit für Lederimit. Eine güldene Kette war an dem Koffer! So ein winziges bronzenes Schloß an einem Kettchen sperrte ihn ab, und den Schlüssel hatte Tante Frieda am Hals hängen. Ich schlich zum Küchenfenster und berührte Tante Frieda an dem Schlüsselchen. Darauf schlug sie die Augen auf.

Ich wußte nicht, was in der Truhe war. Sich für fremde Sachen zu interessieren galt in unserer Familie als so unanständig, daß ich mich das laut gar nicht traute. Diese lederne Truhe war an den Ecken mit dickem Leder beschlagen, war

mit zwei mächtigen Riemen umschnürt, und die Messingkappen der Nägel … Ich drückte mich ewig bei der Truhe
herum, berührte das Schloß, klapperte mit dem Kettchen:
»Brrr! Oha!« An ein Pferd hatte ich denken müssen, damals
gab es noch Pferde in Leningrad. Ein Pferd hat auch solche
Messingkappen an seinem Geschirr. Und wie kriegt man
eine solche Riesentruhe schon vom Fleck, doch nur mit dem
Schlitten … Der Deckel der Truhe war gewellt, das hätte
noch am ehesten »Kroko« sein können. Das Pferd wurde
mit den Riemen der Truhe angeschirrt, die Truhe flog durch
den Schnee, der Schnee stäubte dem Krokodil über den Rükken … Brrr! Nichts war in jener Truhe gewesen, ein kaput-
ter Schirm mit verschimmelten Rüschen und ein Bündel
Briefe, geschrieben nicht auf russisch, dazu ein Sträußchen
von einem Hut, und das alles auf dem Boden – es schien, als
sei der Boden mit zerbröckelten Schmetterlingsflügelchen
übersät. Tante Frieda wurde herausgetragen und auf die
Truhe gelegt. Beide Türflügel wurden geöffnet, damit alles
durchging, durchpaßte. Ich war mir sicher, daß die beiden,
endlich vereint, auch zusammen hinausgetragen würden.
Aber hinausgetragen wurde allein Tante Frieda. Die Truhe
blieb. Mit dem Pariser Staub. Daß die Erwachsenen sie Koffer nannten, war für mich zweifellos ein Scherz, und weil die
Erwachsenen, je älter sie waren, desto weniger Scherze hatten und sie desto öfter wiederholten, rief dieser Scherz als
»nicht komisch« bei mir Beklemmung hervor. Was ist das
schon für ein Koffer! Das ist nicht mal eine Truhe, so sehr ist
es schon »Möbelstück«.

Jahre später hat ein Philosoph, ein Möbelträger aus einem
Geschäft, mir ein Licht aufgesteckt … Er war eine überwäl-
tigende Persönlichkeit, ein Naturtalent, nie was Rechtes
gelernt, ein gewaltiger Provinzintellekt, der mich zweifellos
»fertigmachte«. Was im übrigen auch sein Ziel war. Sobald
sein Blick auf mich fiel, interessierte er sich weder für meine
Garnitur noch für sein Geld, noch für mich selbst – er

sah in mir das »Opfer« und zitterte vor Ungeduld. Sein flinker, schlaubergerischer Blick verriet ihn. Natürlich weckte er meine Neugier, natürlich »schaffte« er mich. Ich bekam sogleich Komplexe und geriet in Abhängigkeit von diesem urwüchsigen Mann »aus dem Volk«. Unser Gespräch führten wir eben an jenem Tisch und auf jenen Stühlen, die er gerade gebracht hatte. Er fand in mir einen begeisterten Zuhörer, ich glaube, daß ihn sogar enttäuschte, wie leicht ich aufgegeben hatte, ohne »Kampf«. Ich hatte seine Priorität sogleich anerkannt. Jetzt sehe ich ein, daß darin doch eine Spur sozialen Hochmuts lag, und der kränkte ihn. Also, innerhalb des äußerlich augenfälligen Sieges hatte er mich im Verdacht und wollte jetzt einen nicht herablassend gewährten, nicht formalen, sondern wirklichen und vollen Sieg erringen. Es war ihm wichtig, daß ich ihn nicht einfach anerkannte, sondern ihn als mir überlegen anerkannte – was ist das sonst für eine Anerkennung? Ich erkannte ihn auch als mir überlegen an, bitte ... Er verdächtigte mich noch mehr und verdoppelte den Druck. Außerdem tranken wir ja! Sein Intellekt wuchs und wucherte. Endlos. Schließlich machte diese Bodenlosigkeit ihn selbst beklommen, und er »gab mir den Rest«, indem er sich gleichsam des Unterlegenen erbarmte. »Sag mir mal«, sagte er, »was ist das Urmöbelstück?« – »Das heißt?« – »Das heißt, von welchem Gegenstand kommen sie alle her und lassen sich bis heute wieder drauf zurückführen?« Mein Blick schweifte verdutzt umher – über die Garnitur, die gleichsam als Anschauungsmaterial für die Lektion aufgestellt war. Wie ein Fünferschüler ließ ich den ob meiner Begriffsstutzigkeit hektischen Blick bald auf dem einen, bald dem anderen Gegenstand innehalten, während er herablassend den Kopf schüttelte: nein, nein und nochmal nein. »Die Truhe!« verkündete er schließlich, und als er sich an meiner Verblüffung geweidet hatte, erläuterte er: »Setz dich drauf, und es ist eine Bank, deck sie, und es ist ein Tisch. Mach Füße dran – ein Stuhl, stell sie hochkant – ein Schrank ...«

So erhielt meine Leidenschaft für den Koffer eine späte theoretische Grundlage. Eine Leidenschaft ist es, wenn ich mir mein ganzes Leben aus dieser Kofferperspektive ansehe, jedenfalls gewesen. Mein Traum war zuerst so ein kleines Köfferchen – falls sich wer erinnert, Nachkriegsdamen benutzten es sogar als Handtasche: aus Kaliko, innendrin im Deckel ein rundes Spiegelchen und eine Seitentasche mit Gummizug. Solche Sachen kommen zu unsereinem natürlich unwiederbringlich zu spät, nämlich erst nachdem wir davon als erste geträumt haben, erst nachdem sie in Mode gekommen sind, sogar erst nachdem sie aus der Mode gekommen sind. Weder die ersten Lammfellmäntel noch die ersten Jeans sollte ich haben! Trotzdem, sie rücken näher. In der Kluft zwischen Vorstellung und Erwerbung hat nach wie vor sowohl Geburt wie Tod der Mode Platz, zugleich verringert sie sich. Verringert sich freilich erst, wenn der Wunsch sich abschwächt, den das Attribut »leidenschaftlich« einmal genau bezeichnet hat. Mein nächstes Köfferchen, einen sogenannten »Trainingskoffer«, hatte ich jedenfalls eher, nicht erst, als noch niemand damit herumlief, aber auch nicht erst, als niemand mehr damit herumlief, sondern genau dann, als alle damit herumliefen. Ein Fortschritt! Herrgott, in welche Abgründe stößt du, wen du erhöhst! Dieser rötliche, mit Metallecken, dieser Ziegelstein mit Griff, wie roch er nach meinem Schweiß, der vergossen wurde im Namen der Zukunft, wenn ich schlank, stark und schön wäre! wenn ich als einer der ersten mit einem sogenannten »Diplomatenköfferchen« herumspazieren würde.

Wie rasch ich vorwärtsgesprungen bin! wie viele Köfferchen und Koffer ich noch ausgelassen habe, die als flüchtiger Wunschtraum meinen Lebensweg markieren! Aus ihnen allen entstand und erwuchs in meinem angeschlagenen … das Bild eines Superkoffers, des Koffers der Koffer, meines Koffers, des ureigensten, komfortabelsten, persönlichsten – eines Koffers, der mir alles ersetzen würde. Kürzlich stieß ich unter meinen Papieren auf seine zahllosen Skizzen, die sich bis zu Zeichnung und Entwurf verdichteten. Er vereinigte in sich die Ideen von Staffelei, Reißbrett, Werkbank, Büro und Druckerei. Man konnte ihn innerhalb einer Minute zusammenpacken, um sich in jedwede, vom Willen des Zufalls vorgegebene Richtung zu bewegen, und angekommen an dem noch unbekannten Ort, von dem nichts weiter als ein Dach verlangt wurde, ließ sich der Koffer wiederum innerhalb einer Minute aufklappen zu einem Tischchen mit Schreibmaschine, mit Gliederfußlampe eigener Konstruktion, mit Aschenbecher, Kaffeemaschine und eventuell sogar (ein strittiges Detail des Entwurfs) mit einem bescheidenen Klappaltärchen, auf dem, blättchengroß, mein Bedarf an Familie und sogar an Gott Platz fand. (Warum hatte ich mich gerade derart über die deutsche Konstruktion empört?) So konnte ich in Minutenschnelle auf jedwedem Speicher das Spinnennetz meiner Kunst weben, und hatte ich nur ein Fitzelchen von einer Werkidee erhascht, saugte ich einen TEXT heraus und machte ihn mir zu eigen, um, nach blitzschnellem Zusammenpacken, erneut meinen Standort zu verlagern, da ich nun mal dieses komfortable Köfferchen zur Hand hatte, das alles enthielt, ohne das ich quasi nicht auskommen konnte. Ob nun derartige Standortwechsel von jener unerbittlichen Zielstrebigkeit kündeten, die Bestimmung genannt wird, oder von einer weiteren Niederlage in einem weiteren Lebensraum, ist unbekannt, allerdings erinnert schon allein die Idee eines so hastig mit dem Nötigsten gepackten Koffers stark an eine Flucht. Diese kränkende Idee ist, dank der glücklichen Trägheit ihres Urhebers, über den Entwurf nie hinausgekommen. Aber könnte eine so vollkommene Idee überhaupt etwas Endgültiges werden? Der Gedanke an das Material und den Ausführenden stoppte mich. Die Idee kam mir zu modern vor, als daß sie auf unserem rückständigen Niveau hätte ausgeführt werden können.

Und ich hatte gemeint, ich wäre fortschrittlich! Mir war damals noch nicht bewußt, daß eben das Niveau der Ausführung modern war, die Idee hingegen rückständig. Veraltet. Genauso wie die Begriffe »Alleskönner«, »Handwerk«, »auf Bestellung«; heute verweist »nicht von Hand geschaffen« nicht mehr auf göttlichen Ursprung, sondern auf die Maschine. Einen Gegenstand kann man nur als Besitz sein eigen nennen, nur vom Wert des einzelnen Exemplars her, er ist nichts Eigenes, dir hat nur das Geld gehört. Die Möglichkeit, individuellen Geschmack zu vergegenständlichen, wurde vor allem dadurch unterminiert, daß der Gegenstand aufhörte, von der Individualität dieses Kuchenbäckers und Schusters oder jenes Koffermachermeisters geprägt zu sein, den es längst nicht mehr gibt, nachdem er unterm Etikett »Kleingewerbetreibender« nur kurz in den Wellen der Neuen Zeit hatte plätschern können. Wie sollte ich das am eigenen Beispiel nicht verstehen?

Keinesfalls die schlechtesten Gegenstände hielten die Konkurrenz nicht aus, vielmehr die von unwiederholbarem Können geprägten. Wie auch der Mammut nicht deshalb ausgestorben ist, weil er schwach und krank wurde (und der allerletzte Mammut war um so mehr ein grandioses Tier, wenn er alle überlebt hatte). Der Mammut starb aus, weil er nun mal die letzte Mammutin nicht traf. Zwei wunderschöne und mächtige Tiere fanden einander nicht mehr in der sie ablösenden, brandneuen geologischen Epoche. Mit dem Mythos von der Schadhaftigkeit und Degeneriertheit des Verschwindenden schmeicheln die Überlebenden nur sich selbst.

Unterbrechen wir diese Klage eines schreibenden Kleingewerbetreibenden mit einem realen Lebenseindruck. In der Stadt, die für uns nach Peter dem Großen benannt ist, in Amsterdam, besuchte ich ein Koffergeschäft. Es war bis oben vollgestopft mit »meinen« Koffern, dabei hatte mir eine solche Vielfalt individueller Zweckbestimmungen, ein solches »Produktionsquantum« nicht einmal meine ausgehungerte Einbildungskraft vorgegaukelt. Ich kann nicht sagen, das habe mich entzückt – es hat mich enttäuscht. Meine persönliche, meine individuelle Idee erwies sich als überhaupt nicht neu, sondern war in Serie und sogar Mode. Na, meinetwegen, wenn die im Westen, besonders im Bereich der Konsumgüter, uns überholt haben; wenn es etwas, wovon du gerade erst gedacht hast, daß es das theoretisch eigentlich geben könnte, bei ihnen schon gibt und demnächst in die Vergangenheit entschwindet; sei's drum, daß jede Idee sich eine Warenform findet, verwertet wird und verschwindet wie ein Eintagsschmetterling, daß sie eine tote Form hinterläßt wie jener Schmetterling seine Chitinhülle; meinetwegen, wenn sie sogleich der nächsten Form und einem anderen Einfall Platz macht, der sich sogleich in ein Kleingewerbe verwandelt ... Doch wozu die Hast?

Folgendes ist nämlich bemerkenswert an der rußländischen Vorliebe für Importwaren: sie haben uns die Handwerksproduktion ersetzt. Durch den Besitz eines Tonbands oder einer Jeans heben wir uns als Menschen mit Geschmack und sozialer Privilegiertheit von der Menge ab, als Individualitäten. Was für ein Enttäuschungsfrust, was für eine seelenlose Grabeskälte kann von der augenfälligen Vorstellung ausgehen, daß es solche Jeans oder Tonbänder, identisch bis in die Knöpfchen und Schräubchen, gleich bis in die Moleküle, zu Millionen gibt! Darin eben liegt der Reiz, wenn man in Rußland über westliche Gegenstände verfügt, daß sie uns auszeichnen, daß wir sie beseelen. Der ungeheuerliche Spekulationspreis für Jeans ist durch diese Beseelung der Ware gedeckt; es ist der Wert wahrhafter Handarbeit im Westen. Wie ist doch die Idee der Jeans in Rußland patriarchalisch! in gleichem Maß, wie es fortschrittlich ist, wenn Handwerk und volkstümliches Kleingewerbe als rückständige Produktionsformen degenerieren.

Nein, nicht die Gleichstellung des Tausches von Gold gegen Glasperlen wie bei Eingeborenen (obwohl auch das vorkommt) habe ich hier im Sinn, sondern Nostalgie, die paradoxe Doppelnostalgie des russischen Menschen. Wir sehnen uns nach Fortschritt und nach Patriarchalität, und beides hat wohl nicht das erste Mal vollkommen diffundiert.

Kommen niemals getrennt und immer gleichzeitig, im Gleichschritt, diese beiden Ideen, Patriarchalität und Fortschritt; völlig zermürbt haben sie Rußland mit ihrer unbesiegbaren Koexistenz, die verhindert, daß Rußland aus dem Zustand der Zeit in den Zustand der Geschichte und aus dem Zustand des Raums in den Zustand der Kultur überwechselt. Bei uns sind auch Jeans eine Ikone (und zwar buchstäblich, in Geld- und Warenwert ausgedrückt), und eine Rakete ist ein fliegender Teppich.

Ein großes Land! Bei uns wird jedes Spielzeug der Zivilisation ohne besondere Begeisterung oder Verwunderung kaputtgemacht oder aufgebraucht. Die für eine Revolution so typische Verbindung von »Alt und Neu« ist kein Moment des Übergangs vom Alten zum Neuen. Das Alte ist für sich, und das Neue ist für sich. Wir steigen von einem Motorrad neusten Modells und brechen den Straßenrand mit einem Holzpflug um, und wenn wir uns zur nächsten Rauchpause hinlagern, stecken wir uns eine Marlboro an, die in Moskau nicht zu kriegen ist, aber einmal im Jahrhundert in rauhen Mengen in unserem Dorfladen auftaucht, wo auf dem obersten Regal ein Cognac Napoleon vor sich hinstaubt und auf dem untersten mal wieder keine Kernseife und keine Belomor-Papirossy liegen; und haben wir die Marlboro inhaliert, schauen wir zum Himmel hoch, zu unserem blaßgewaschenen Himmelsgewölbe, wo der Überschalljäger, unser in die Stratosphäre fliegender Pflug, seinen tödlichen Faden spinnt. Und unser Raumschiff ist im Bewußtsein nicht allzuweit vom Leiterwagen entfernt, und einfallen lassen haben es sich ebenso schlaue und geschickte Muschiks, die ein Rad einst mit einem Bindfaden zusammenflicken konnten, weil man ja weiterfahren mußte ... Darum auch sind wir bis heute, wenngleich von Mal zu Mal weniger, in der Lage, gerade das nie Dagewesene mit außerordentlicher Schlichtheit anzugehen, es unbekümmert anzupacken und im Handumdrehn wie etwas Selbstverständliches zu bewältigen, und nebenbei womöglich noch so viel Phantasie aufzuhäufen, daß wir selber drei Jahrhunderte lang vergeblich daran zu knacken haben.

Wenn ich nun den Blick von unserem »Rückständigen« auf das »Fortschrittliche« der anderen richte, von den Treidlern am Bahndamm auf das makellose Interieur des Abteils, bin ich eigentlich gar nicht so mißmutig und beklommen ... Gott verhüte, daß wir das lernen – was wäre das für ein Alptraum bei unseren Dimensionen, was für ein Seelenschwund ... dann könnten wir unseren Raum nie mehr beseelen, wie es auch mir schon einen Tag und eine Nacht lang nicht gelingt, dieses musterhafte Abteil zu beseelen. Nicht das ist schlimm, daß wir es noch nicht können, sondern daß wir es schon wollen.

Übrigens, noch zu Amsterdam (in dem Sinn, daß ich dort gewesen bin) ... das heißt, zu Peter ... das heißt, zu ihnen beiden (oder uns dreien). Das heißt, irgendwas in mir selbst ließ mich an ihn denken (ich vergleiche selbstverständlich nicht), eine Art Wiedererkennen in ihm. Man muß sagen, daß sie sich an Peter dort bis heute gut erinnern. Und nicht speziell für uns, die russischen Touristen. Erinnern sich an ihn. Hat einen starken ... Durch seine Dimensionen, die, in Relation, das Imperium vorstellten, von dem sie damals keinen besonderen Begriff hatten. Sie erzählen bis heute von der Zimmerdecke, auf die er gespuckt hat, zeigen auch den Baum, unter den er nach einer »Assemblée« gefallen ist. Hat einen starken ... aber auch sie haben auf ihn ... Stark war der Eindruck auf das geniale Gehirn, aber bisweilen wie leicht verzerrt. Was er nach der Rückkehr in Rußland lostrat, gleicht irgendwo auch meinen Erinnerungen, diesem Schock des Vergleichs, vor dem Hintergrund der ausländischen

Empfänge, allerdings mit dem Unterschied, daß ich weder die Möglichkeit noch den Wunsch hätte, diesen Eindruck in die Tat umzusetzen und die Erinnerung Wirklichkeit werden zu lassen.

Mit Peter haben wir begonnen, mit Peter wollen wir enden. Apropos Palme der Priorität ... Nach einer Neujahrsnacht kamen wir, mein Freund W.S., einer der besten heute lebenden russischen Dichter, und ich, irgendwo an einem neuen Ort zu uns, und als wir, schlotternd vor frühmorgendlicher Kälte, die Bahnhofswirtschaft aufsuchten, wo allerdings weder Bier noch sonst was zu kriegen war, da blickte mein Freund auf die leeren Tischtücher vom vorigen Jahr und auf die Palme im Kübel, die den zwölfgradigen Frost vor dem Fenster besiegt hatte, und er sagte: »Palmen, mein Lieber ... Rußland!«

Warum ich von Ballett nichts verstehe Ein historischer Epochenwechsel ist in Wirklichkeit viel einschneidender als ein geologischer Epochenwechsel, der das Denken durch seine Unabänderlichkeit fasziniert. Der Unterschied liegt darin, daß die Geschichte sich vor unseren Augen abspielt. Das leichte Bedauern anläßlich des Mammuts und des Säbeltigers ist im Grunde nichts weiter als der Triumph der Überlebenden: wir sind lebensfähig, da es sie nicht mehr gibt. Jede Art von Friedhof oder Brandstätte demonstriert uns zunächst einmal, daß wir ja intakt sind. Aus diesem Grund schreitet der Mensch so siegreich über die Erde.

Mein Großvater wurde noch zur Zeit der Leibeigenschaft geboren, meine Tochter wurde gezeugt zum Hundertjährigen ihrer Aufhebung (1961), ein Datum, das bei uns überhaupt nicht gewürdigt wurde. Der psychologische Grund dafür reichte tiefer als der ideologische, wie sich zeigte: zu kurz lag das zurück! noch dein Großvater hätte Sklave sein

können. Für uns, die wir zur Zeit der neuen Gesellschafts-
ordnung geboren wurden, ist »vor der Revolution« genauso
fern gerückt wie »vor Christi Geburt«. Dabei wurde ich
geboren, als die Sowjetmacht noch nicht einmal zwanzig
war. Damals waren noch viele Dinge und noch viel mehr
Menschen aus JENER Epoche übrig, aber ich konnte sie
nicht mehr recht wahrnehmen: Dinge wie Menschen verbrachten ihre letzten Jahre, sie lebten nicht, denn Leben ist
Reproduktion und nicht ein in sich abgeschlossener Lebens-
prozeß. Zu dem Zeitpunkt, als ich imstande war, darüber
nachzudenken, wurden von den früheren Dingen nur die
Papirossy Herzegowina Flor reproduziert (sie, so zeigte sich,
hatte der vorrevolutionäre Mann geraucht), merkwürdigerweise das Gebäck Marija (freilich in neuer Orthographie)
und außerdem das Ballett (erst zu meiner Zeit wurde der
gewohnte Name »Mariinski Theater« durch den neuen »Kirow-Theater« verdrängt) ... Ich begriff nicht gleich, daß das
Bedeutendste in dieser Reihe die Stadt ist, in der ich wohne
– diese Stadt, neu benannt, von neuen Menschen besiedelt,
doch immer noch das gleiche Petersburg. In dieser Stadt
steht alles mit etwas anderem in Beziehung, das schon vor
ihr existiert hat; sie ist das Venedig des Nordens, das Pal-
myra des Nordens, ein zweites Paris, aber nicht ein zweites
Moskau ... Hier lernte ich, über den zweitgrößten Platz
Europas zu gehen (den Schloßplatz), die größte Kirche nach
der Peterskirche zu sehen (die Isaaks-Kathedrale), eine der
größten Moscheen zu betrachten (diesmal nicht die zweit-,
sondern die drittgrößte der Welt) ... Wenn nicht das erste, so
das größte. Was rede ich! Gegenüber meinem Vaterhaus
wuchs, unseren Informationen nach, die größte Palme Europas (von den in Gewächshäusern wachsenden), sie wurde,
ebenso wie der einzige Elefant (wahrscheinlich auch der
größte, jedenfalls auf dem sechzigsten Breitengrad), während der Blockade von einer Bombe getroffen ... Palme und
Elefant kamen an der Peripherie des kindlichen Bewußt-

seins um, während Petersburg erneut davonkam – Peter-Pauls-Festung und Winterpalast, Eherner Reiter, Rostra-Säulen und Sphingen (wenn auch altägyptisch, sind sie doch zweifellos die nördlichsten) – PETERSBURG, in dem »vielleicht auch ich geboren wurde«, in dem auch Puschkin gelebt hat, das auch Peter gegründet hat, Petersburg, in dem Klassizismus und Barock gleichsam ein bißchen exakter werden sollten, ein bißchen mehr klassizistisch und ein bißchen weniger barock, in dem das Bedürfnis nach »Einholen« immer ein unterdrücktes »Übertreffen« bedeutet hat. Es gibt diese Empfindung, als wäre diese ausgedachte und Rußland aufgezwungene Stadt ewig, als würde ihr jugendliches Alter (ganze zwei-, dreihundert Jahre) nicht mehr zu ihr passen. (Apropos, schwarzer Architektenhumor: »Was bleibt, wenn auf Leningrad eine Wasserstoffbombe geworfen wird?« – »Petersburg.«) Sie ist nicht, wie Rom, durch ihr Altertum und ihr Leben ewig; sie war als »ewig« erdacht, ewig war sie bereits in Peters Kopf, vor dem ersten Axthieb: Sie ist unbeweglich im Bewußtsein. Daher gelangt jeder, der sie besucht, nicht in die Stadt seiner Vorstellungen, nicht in die Stadt Peters, Puschkins, Lenins – er gelangt in das immer gleiche Petersburg, das ewige, in dem auch diese Menschen, die seinen Ruhm ausmachen, sich nur ab und zu aufhielten, und ebenso »brillierten da auch Sie«, wie Puschkin sagt. Aus menschlicher Sicht ist Petersburg nicht die Stadt Peters und Puschkins, sondern die Stadt Jewgenis und Akaki Akakijewitschs – seine grandiosen Dekorationen werden in Ihnen die gleichen Gefühle hervorrufen, die schon die Herzen dieser literarischen Helden bewegten und die, mag der Vergleich mit uns auch hinken, die Geister ihrer Schöpfer umtrieben. Und in dieser Hinsicht ist Petersburg, seinen Plätzen und Ensembles nach an zweiter und dritter Stelle, ein für allemal die erste und einzige Stadt. Sein Rätsel, von Peter einst aufgegeben, ist von Puschkin bis zu unseren Tagen nicht gelöst worden, denn es gibt sie nicht, die Lösung.

Ein Phantom, ein optischer Effekt, eine Camera obscura, ein Fenster nach Europa, in dem statt Glas eine europäische Phantasielandschaft eingesetzt ist ... Hier nun trifft alles von mir so zusammenhanglos Erwähnte – Mammut, Leibeigenschaft, Palme und Elefant, Barock und Ballett – in einem Punkt zusammen: »Kann das Ideal materialisiert werden?« Es kann nicht. Aber da ist es doch! Petersburg ist selbst ein Kunstwerk – kann man ein Symbol symbolisieren, von einer Abstraktion abstrahieren, Ideale idealisieren, Phantasie phantasieren, eine Fiktion in der Fiktion zulassen? Geraten Sie im Winter, im Herbst, in einer Weißen Nacht nach Petersburg (möglichst bei heiterem und menschenleerem Wetter), treten Sie in ein Bild von De Chirico ein, geraten Sie als literarischer Held in ein von Ihnen gar nicht gelesenes, sogar von nirgendwem geschriebenes Werk, und ohne es recht zu merken, spüren Sie bald eine Pelerine auf den Schultern, bald einen Zylinder auf dem Kopf, bald umspannt ein Trikot Ihre Beine, und Sie fliegen unter Chagallschem Winkel aus den Kulissen auf die Bühne, wirbeln im Flug mit den Beinen und spüren wie Pasternaks Hamlet auf sich »den Blick von tausend Operngläsern«. Wer in Petersburg geboren wurde, ist im Ballett geboren worden – wie soll er nur diese verstaubte, ungefüge Künstlichkeit wahrnehmen, wenn er zum ersten Mal ins berühmte Kirow-Theater (das ehem. Mariinski) geführt wird? Bis heute bin ich mir jenes ersten, Übelkeit erregenden Schwindelgefühls angesichts dieser Künstlichkeit innerhalb der Künstlichkeit bewußt, angesichts der die Fiktion nachahmenden Fiktion ... In jenen Zeiten mußten die Dekorationen realistisch sein, sie sahen aus »wie echt«; die Zuschauer applaudierten besonders gerne dem Szenenwechsel (heute vermute ich in diesem Applaus ja aufrichtige Erleichterung, eine Art Entspannung bei etwas, das dem Bewußtsein verständlich und zugänglich erscheint): Wir sahen die echte Peter-Pauls-Festung, die wir am selben Tag schon »in echt« gesehen hatten, es fiel echter Schnee ...

unter unserem Applaus kam eine nackte Ballerina in diesen Schnee herausgeflattert, im ebenfalls schneeweißen Ballett-röckchen … Ihre Sprünge quer über die Bühne waren »Aus-druck« ihres Kummers aufgrund der Begegnung mit dem geliebten Mann, worüber wir alle bereits während der Pause in der kurzen Inhaltsangabe des Programmhefts nachgelesen hatten; so saßen wir atemlos, suchten das gerade Gelesene mit dem gerade Gesehenen in Einklang zu bringen, und an der richtigen Stelle kamen wir dank dem Gesichtsausdruck der Primadonna darauf, wir müßten klatschen … So ist mir nie gelungen, dieses brennende und unbesiegbare kindliche Gefühl von Scham und Peinlichkeit loszuwerden, das man auf gar keinen Fall jemandem gestehen durfte, diese allge-meine Dienstpflicht gegenüber einem vor uns entstandenen Ruhm abzuschütteln … der Stuhl wollte unter mir versin-ken, wieder und wieder saß ich, unsichtbar rot und schweiß-gebadet, von Juckreiz geplagt aus Scham über mich selbst, in meiner ästhetischen Entwicklung dem gesamten Zuschauer-raum unähnlich, und bis jetzt habe ich das niemandem gestanden. Selbst heute nehme ich das alles fast genauso wahr, habe nur die Fähigkeit zur Scham ein wenig vertan, mir ein wenig ein gebildetes Aussehen antrainiert: »Die sogenannte zweite Position, eine sehr unästhetische Po-sition, kommt unglücklicherweise im Ballettanz sehr häufig vor. Die Bewegung der Beine zur Seite ist eine höchst vul-gäre Bewegung. Was kann unschöner sein als auseinander-gestellte Füße? Welche Bewegung kann dabei natürlich sein? Jedoch bauen darauf die meisten Schritte auf, zum Bei-spiel *glissade, assemblé, échappé,* alle *entrechats* usw.; wieso nur wird die Ballettechnik größtenteils auf diese äußerst häßliche, flache Körperhaltung zurückgeführt?« Oder: »Als das für das Ballett typischste und beliebteste gilt bei allen Verehrern des ›Klassischen‹ das berühmte *fouetté*. Für mich ist das die verhaßteste, verlogenste Erfindung des Balletts. Dreht sich die Ballerina in diesem *fouetté*, drückt sie dadurch Ekstase aus, die heftige Bewegung soll Fröhlichkeit vermitteln, einen Stimmungsaufschwung. Doch was bringt die Pose der Ballerina dabei zum Ausdruck? Das völlige Gegenteil. Die Ballerina sucht in ihrer Pose nach dem Gleichgewicht, und darauf läßt sich überhaupt der Sinn der Pose zurückführen, der Rumpf hält sich gerade, der Kopf ebenfalls, die Arme sind symmetrisch, die Augen auf einen Punkt fixiert. Und was drückt das Gesicht aus? Das Streben nach Gleichgewicht und die Angst, dasselbe zu verlieren.« Wir mögen da oder dort ja vielleicht an zweiter oder gar dritter Stelle stehen, aber im Ballett unbestreitbar an erster. Wie das Petersburger, irgendwie vollkommenere Barock, so war auch unser Ballett, später als das europäische aus den leibeigenen Schauspielerinnen herausgeprügelt, in gewisser Hinsicht wohl vollkommener; aber warum nur ist in einer Welt, die alle anderen Bedeutungen und Zeichen der alten Welt ersetzt und vertrieben hat, einzig und allein das Ballett auf seinem früheren, festverwurzelten Niveau intakt geblieben? Die Tänzerin, heute eine entrückte und freie Göttin des neuen Lebens, hat ihre frühere Leibeigenschaft gegen die neue Eigenschaft des Zuschauers eingetauscht, der so hoch gestiegen ist, daß sie, »dem Volk gehörend«, nun »für uns« tanzt. Nein, niemand von uns wußte damals um die Kulissengeheimnisse, die es zum Teil ermöglicht haben, daß gerade diese Kunst weiterlebte und überlebte ... solche essigsauren Überlegungen konnten nur einer zukünftigen Epoche angehören. Aber wie gerade die künstlichste, herrschaftlichste, elitärste Kunst zur »volkstümlichsten« werden konnte und nicht der Vertreibung, nicht einmal dem Zweifel anheimfiel, war mir schon damals unverständlich. Ich bin der geborene Ballettliebhaber, doch ich werde es nun nicht mehr liebgewinnen. Mit der gleichen Grobheit und Primitivität ertrage ich heute den allgemein üblichen Paarlauf im Fernsehen nicht, obgleich das nun wirklich primitiv ist. Heute, in der Epoche der Zuteilungshierarchie, ist das

Ballett endlich mehr oder weniger auf dem ihm zustehenden Platz gelandet: Karten für das Bolschoi Theater werden Sie nicht ergattern (genausowenig für das Kirow-Theater), wäre auch nicht falsch, die Brillanten anzulegen ... Der Eiskunstlauf im Fernsehen ist das, was das Ballett für uns sein sollte, doch nun endlich für alle. »Bin kein guter Mensch, sondern böse ...« Aber noch heute erbost mich dasselbe, wir können einander nicht verstehen. Der Westen benennt Phänomene rasch, findet aufreizend kurze und exakte Wörter, »poor eating habits«, »poor-boy fashions« – auf englisch ist das gut gesagt und wunderschön ausgedrückt, aber auf russisch klingt das bis heute empörend. So sitze ich dort, mit meinen immer noch sieben Jahren, einen angeknabberten Zwieback in der Hosentasche und im Vorgriff auf künftige Moden gekleidet. Auch heute noch sind mir Begriffe verständlicher, die sich niemals ins Englische übersetzen lassen: »zusätzliche Portion« und »Kraftnahrung« ... So sitze ich dort, und Mama hat zwei Frostnächte hindurch Schlange gestanden und Karten ergattert für das Gastspiel der Ulanowa, für die weder dem Kopf noch dem Herzen, noch dem Magen verständliche »Giselle«, und ich lasse Mama nicht in Ruhe zuschauen, knuffe sie und zerre sie am Ärmel bei jedem neuen Auftritt: »Ist sie das?« Und Mama ist ärgerlich und reißt sich los und macht »Pscht!«. Ich raube ihr den letzten Nerv. Plötzlich vergesse ich, worauf ich gewartet habe ... Ich frage nicht mehr, ob das Ulanowa ist. Nichts Schöneres habe ich seither gesehen. Doch mein Gott, wieviel stand mir noch bevor, wieviel mußte ich noch erblicken, erfahren, begreifen! Und in allem, was mir noch bevorstand, war keine Ulanowa mehr.

Georgisches Album

Oder können die Georgier sich ihre Adressen schlecht merken? Alle Gedanken über eine Nation sind schwach. Zum soundsovielten Mal schon klettere ich dasselbe steile Sträßchen hoch, das eigentlich Stufen haben müßte. Werden doch nicht absichtlich die Nummer von Haus und Wohnung durcheinanderbringen, wenn sie ihre Adresse diktieren? Ich strenge mich an, kein Mißtrauen einzuschalten. Wäre doch zu kränkend. Obwohl, ist schon wahr – die berühmte Gastfreundschaft, in die Epoche unserer Kommunikation herübergewandert, kann für den Gastgeber zu einer unheilvollen Tradition werden. Passenderweise fällt mir dazu die Episode aus der »Singdrossel« ein, wie zu dem Helden, auf dem Höhepunkt von Hektik und Überfordertsein, ein Touristenpärchen zu Besuch kommt. Der Held kann sich, glaube ich, nicht an den Namen dessen erinnern, der ihnen die Empfehlung gegeben hat. Was für eine stimmige Episode, denke ich. Um so mehr, als es Georgien nur einmal gibt, Tiflis nur einmal gibt, nur einmal dein Haus – und erst recht dich selbst, dich selbst! Zweifellos gibt es nur einen solchen Regisseur: Otar Iosseliani. Eher neige ich dazu, diese hier häufiger als bei uns anzutreffende Verwechslung von Zahlen anders zu erklären: Für sie ist es immer noch natürlicher, zu sagen »das Haus von Soundso« als »das Haus Nummer soundso«. Hätte nicht nach der unrichtigen Hausnummer suchen, sondern nach dem »Haus von Iosseliani« fragen sollen. Dann hätte der dicke schnauzbärtige Faulenzer im Unterhemd, der sich über den Balkon lehnte, Seite an Seite mit einer gestreiften Matratze, und vielleicht deshalb eine komische Ähnlichkeit mit einem Tiger hatte, mich eingehend betrachtet, hätte sorgfältig nachgedacht und sich zuletzt zu der Großtat durchgerungen, seine Pose zu ändern, um mit dem Finger auf das Haus gegenüber zu deuten. Ich hätte an dem noch erhaltenen Messingknauf gezogen, und in der staubigen, unbekannten Ferne, die mir bevorstand, hätte zu meiner Verwunderung eine Glocke geschept. Lange hätte niemand geöffnet, lange hätte ich die blinde Tür mit einem Gefühl betrachtet, wie man die Innenseite der Lider betrachtet, lange hätten Schritte geschlurft, wäre die Tür aufgemacht worden – erneut hätte ich geglaubt, mich geirrt zu haben, und mich vor dem hochgewachsenen hageren Greis entschuldigt, mich dafür entschuldigt, daß ich so sei, mich andauernd irrte, und er hätte mich mit jener Neugier angeschaut, die besonders auf den Gesichtern von Menschen lebendig ist, die immer die eigene Würde wahren.

»Wohnt hier Otar Iosseliani?«

»Das ist mein Sohn«, sollte der Vater wie mit Erstaunen bemerken und mich einlassen. Wir begaben uns über eine kleine Treppe in den ersten Stock. Er bat mich nach rechts, verschwand selbst nach links, danach sollte ich ihn nicht mehr zu Gesicht bekommen. Otar küßt mich, indem er (und das charakterisiert ihn irgendwie) an mir vorbeisieht, als ob er nicht mich küßte. So verbirgt er seinen Blick erst links, dann rechts, dann geht er voraus. Es ist geradezu ein Wunder, daß ich ihn noch antreffe, denn er ist im Abreisen begriffen. Einerseits habe ich also Glück. Ich bin zugegen, wie ein Filmregisseur seine Reisevorbereitungen trifft. »Ein russischer Kollege besuchte den georgischen Regisseur unmittelbar vor seiner Abreise auf Einladung estnischer Filmschaffender.«

Sie machen ihm Vergnügen, die Reisevorbereitungen. Ihn umgibt sein Haus. Für mich, der ich seine Filme studiert habe, ist es interessant, mich hier umzusehen. Ein verschossener Gobelin, gewoben aus Düsternis und Staub; eine mir wohlvertraute Bambus-Etagere, wie sie während meiner Kindheit zu Staub zerfallen ist; eine Porzellanfigur, ob ein Windhund oder ein Schäfer mit Schalmei, weiß ich jetzt nicht mehr. Otars Tochter, die knetet, zeichnet, Klavier spielt –

das hat sie geknetet, das gezeichnet, das ist ein Lied ohne Worte ... Alles, was Zeiten und Auktionen überdauert hat, weil es ohne Wert ist (niemand würde es kaufen) – in diesem Haus steht es noch, tut seinen Dienst und erweist sich als von unschätzbarem Wert. An der Wand Photographien, als hätte ich die schon gesehen ... Wie gern sie sich einst photographieren ließen. Vertrauten dem Grammophon. Die hinten stehen auf Stühlen, die vordersten liegen schon auf dem Boden, stützen die Köpfe gegeneinander. Sorglose Regimentskameraden und Semstwo-Leute, Absolventen und Geschworene; wie wenn sie die Zeit, die vergeht, anzuhalten suchten. Hätten sie gewußt, daß sie ganz dahingehen würde, hätten sie gewußt, wie günstig es war, daß sie sich noch photographieren ließen ... Wie viele Männer es einst gegeben hat ... Aber das ist ja die erste Episode aus der »Weinernte«! Sehr viele Männer auf Photographien, und nur die Frauen, die um den Tisch sitzen, sind lebendig. Ich habe diese Photos im Kino gesehen, ich sehe sie an den Wänden. Der einzige Mann im Haus ist eine Figur der Zeit, ist eine Figur von Otar.

So sehe ich mich um, lerne auf primitive Weise die Welt des Künstlers kennen und bin befriedigt über die Ähnlichkeit gleich der obersten Schicht. Wenn man ein solches Gesicht hat, denke ich und betrachte Otars tatsächlich ungewöhnlich langes Gesicht, ist es kein Wunder, daß man etwas von Gesichtern versteht ... Ein Gesicht zu verstehen ist beim Film das A und O. Kann sein, nicht mehr als zwei oder drei Regisseure verstehen ... »Und die Socken«, sagt Otar, womit er meine Überlegungen unterbricht und aufdröselt, »weißt du noch, die ich letztes Mal aus Moskau mitgebracht habe«, diktiert der Regisseur seiner Frau, »die roten mit dem grünen Streifen, die dicken wollenen. Und die langen weißen Schnürsenkel ...« Der Regisseur hat ein Hühnerauge. Also, er nimmt den schwarzen Pulli mit, die Wanderschuhe, Hemden – eines reicht, das hier zieht er selbst an, und mehr nimmt er nicht mit. In seinen Szenen sind die Details so lakonisch und ausgesucht wie die Sachen, die er mitnimmt; der Inhalt seines Reisesacks ist lakonisch wie eine Szene. Und wieder die gleiche Verwunderung: habe ich Tiflis auch früher so gesehen, wie Otar es dann gefilmt hat, oder sehe ich es jetzt so, nachdem Otar es mir gezeigt hat? Lebt Otar wie seine Helden, oder leben seine Helden wie Otar? Ist Tiflis so wie Otar, oder ist Otar so wie Tiflis? Hat er seine Welt abgebildet oder ausgedrückt? Was erkennen wir worin? Die Welt im Abbild oder das uns bekannte Abbild in der Welt? Die Welt, mit der uns der Künstler betroffen macht, ist nur eine Armlänge entfernt. Beim Vergleich der Welt, die er ausgedrückt hat, mit der Welt, die ihn umgibt, entdecke ich, daß Otar nichts gesucht hat, und das bedeutet, daß alles sich von selbst eingefunden, sich ihm in die Hand gedrängt hat, immer dagewesen ist. Einfach, sollte man meinen … Man braucht bloß in diesem Haus geboren zu werden, in dieser Straße, in dieser Stadt, in meiner und Ihrer Zeit – mehr außergewöhnliche Bedingungen gibt es nicht, damit ein konkretes, dieses konkrete Talent geboren wird. »Und leg in den Reisesack auch mein Notizbuch, das lange«, fällt Otar auf einmal ein, während er die langen Schnürsenkel in die kräftigen Schuhe einzieht. »Wie gerne hätte ich«, sagt Otar ächzend, schnürend und von unten mit seinem langen Gesicht zu mir hochblickend, »wie gerne hätte ich, daß du zu mir zu Besuch kommst …«

Sie kommen zu Besuch – und werden nicht erwartet …

Dabei wissen Sie inzwischen, daß vorgestern, als Sie auf der Straße die Bekanntschaft machten und sich den Namen nicht merkten, das »Besuchen Sie uns mal« ernst gemeint und Ihr »Ja, ja, bestimmt« ein Versprechen war. Sie wissen, daß es ganz schön Mühe kostet, Ihrem totalen Nichtstun die Zeit für diesen unvorhergesehenen Abend abzuknapsen: Sie hatten regelrecht zu tun. Ihre Hektik hat die Gelegenheit zur Unternehmung hochstilisiert. Sie gehen »in ein Haus, Musik hören«.

(Der unsichtbare Geist von Otar inszeniert für mich diese Episode ...)

Sie haben nichts außer Vertrauen zu Ihrem Begleiter – weder Zeit noch eine Vorstellung. Dieses System aus Vertrauen und Ahnungslosigkeit weckt die Phantasie. Sie können sich partout nicht an eine bestimmte Luft erinnern, an einen schalen Geschmack; woran bloß erinnert Sie Ihr Gefühl mit hochgradiger Unbestimmtheit, nicht zu erhärtender Konkretheit ... Sie versinken in der Kinderzeit. Werden an der Hand geführt. Sie gehen »in ein Haus«; es schwebt Ihnen vor Augen, solch ein »Haus schlechthin«, seltsamerweise mit kleinen Säulen, mit Balkon und Baum, weiß der Geier, warum – nicht solche Häuser wurden zeit Ihrer Erfahrung gebaut, dabei stellten Sie sich Ihr Leben lang kein anderes vor; überlebt hat es einzig als Ihr geistiges Bild, an der Grenze zum Schlaf. Diese infantile Unbestimmtheit ist romantisch, sogar romanhaft, das heißt, irgendwo herausgelesen oder herausgefiltert. Sie sondern Positivismus ab. Endlich nähern Sie sich jedoch Ihrem Ziel, und es ist wirklich ein solches Haus, sogar sowas wie Säulen ... nicht direkt Säulen, aber immerhin ... Gegenüber, hinter einem Zaun, wird noch nachts gebaut: Bulldozer-Getose, ein blinder Scheinwerferstrahl wie im Straflager, und mit dem Himmelsschwarz verschmelzend der Rohbau eines Wolkenkratzers: der georgische KGB. Also hat in unmittelbarer Nachbarschaft des riesigen Rohbaus Ihrer Erfahrungen als Zeitgenosse doch auch dieses Haus überlebt, eine frühkindliche Erinnerung: sei es, daß Sie es selbst noch im Gedächtnis hatten, sei es, daß Mama davon erzählt hat. Sie gehen »in ein Haus«, »zu einer sehr netten Familie«, und Ihre dürftige, aus Büchern gefilterte Phantasie führt vor: Salon, Gemälde, Tischtuch, Kirschkonfitüre und die verwischten Gesichter der Gastgeber rund um den Tisch, sie strahlen Herzlichkeit aus und Würde und seltsamerweise auch Liebe gerade zu Ihnen – wieso eigentlich? Und in dieser anheimelnden Annäherung bleibt (auf die Frage: »Trotzdem, wohin gehen wir denn?«) besonders süß der Satz haften: »Nana ist ein wundervolles Mädchen.« Diese Ansicht bestätigt ein anderer Freund, den wir unterwegs treffen; er schließt sich uns an. Und obgleich »wundervoll« eine Frau höchstens wird, ein Mädchen aber Mädchen ist, steht schon fest: diese Braut hat gerade auf Sie gewartet.

Worauf warten Sie noch?

Alles ist genau so, wie Sie es im voraus wußten, sogar noch mehr, als Sie es sich unbewußt vorgestellt hatten. Sie werden eingelassen. Doch nicht gar von einem dienstbaren Geist?

Über eine kleine Treppe werden Sie in ein kleines Durchgangszimmer geleitet, wo ein großer Spiegel hängt und Polstersessel stehen und die weiterführenden Türen angelehnt sind. Welchem Zweck der Raum dient, ist mir nicht recht klar; für einen Flur ist er zu eingerichtet, für ein Zimmer zu unbewohnt. Aus den anschließenden, mir unbekannten Zimmern wurde Überflüssiges hier herausgeräumt: das Klavier, auf dem man uns vorspielen wird, Schränke mit zufälligen Büchern, ein altes Schreibtischchen auf zitterigen Füßen, an dem man kaum mehr als drei Zeilen auf ein viertel Blatt Papier schreiben könnte, es dürfte gerade noch einen weiteren postalischen Kuß aushalten; sowie das wie zufällig hier liegende Photoalbum.

Meine Freunde stehen herum, halten sich an den schweren Portieren fest und rauchen zum hohen, dunklen Fenster hinaus, als hätten sie ein schwieriges Gespräch hinter sich, bei dem sie jedoch alles klären konnten; sie sind sowas ja gewohnt. Ich dagegen probiere alle Sessel aus, spiegle mich vielfach im Spiegel wider. Mit brennendem Interesse und ein wenig Scham blättere ich in dem Photoalbum. Aha, die Großmutter, sie war Großmutter schon vor der Revolution, hier trägt sie eine Art Brautschleier, der von einem runden schwarzen Käppchen gehalten wird, sieht aus wie das Tamburin einer Volkstanzgruppe; etwas anderes, kaum Faßbares liegt darin, daß dieser Kopfputz für sie natürlich ist, er ist ihre Kleidung und keine Nationaltracht. Sie schaut Sie an ohne Tadel, doch ohne Sie zu erkennen, und unversehens wird man befangen unter dem Blick der jungen Augen in diesem Gesicht so alt und weise wie die Erde. Erstaunlich, dieser Blick, als ob nur die ein Leben lang bewahrte Reinheit alles wüßte. Dann – ein Held wie ein Bergadler, die Brust herausgestreckt, Portepee und Achselschnüre wohlgeordnet, so schaut er Sie an, hinter üppigem Schnurrbart den einem Manne nicht unabdingbaren Verstand verbergend. Der Großvater? Der Vater? Vielleicht ist er es, den so fröhlich und direkt, wie auf plötzlichen Zuruf, die junge Frau ansieht, ohne jedoch zu erschrecken; die überbelichteten, ausgebleichten Sträucher und Bäume des Gartens bergen nichts, was sie fürchten müßte, die junge Frau mit langem Kleid, nachlässig hochgesteckter Frisur und riesiger Brosche auf dem hohen Busen. Was hätte sie auch fürchten müssen im eigenen Garten, über einen Weidenkorb im Gras gebeugt, in dem ihr noch nicht von der Zukunft düpierter, satter Säugling liegt, der Sohn des Photographen, wie auch anders. Denn wem sonst hätte sie so offen ins Gesicht schauen können? Er hat die Achselschnüre abgeknöpft, den Säbel beiseite geschoben, den Kampf mit dem Stativdreibein bestanden und hat, in unbequemer Pose lächelnd … Das Vögelchen kam herausgeflattert, und mit ungezähmter Neugier und dem Bewußtsein, daß bei ihr alles und für immer in Ordnung ist, hat die Frau, die Schamlose, dem photographierenden Mann direkt in die Augen geblickt, und so ist es geblieben, so schaut sie noch heute, durch das Trennblatt hindurch, ihn an, den Schnurrbärtigen … Worauf Sie ein paar leere Seiten weiter mit dem gleichen runden Blick ein kleines Mädchen anschaut, es steht auf einem Baumstumpf, drückt ein ungelenk lang herabhängendes Kätzchen gegen den herausgestreckten Bauch, und das Kätzchen schaut auch ... Die Dame des Hauses hat das Näschen von der Großmutter, den Blick vom Großvater ... Wirklich, sie sieht entschieden mehr der Großmutter ähnlich als dem kleinen Mädchen, obgleich das kleine Mädchen, noch ein paar Seiten weiter – ja, zweifellos, das ist sie.

Wo sind bloß diese Gesichter abgeblieben? Nie mehr wird jemand derart in den Apparat schauen, so direkt, über alles erfreut, durch nichts eingeschüchtert. Sowas aber auch, wie hat der ungefüge dreibeinige Sendbote des Fortschritts doch die junge Mutter erheitert! Kein bißchen verschreckt ist sie, kein bißchen scheu, ungezähmt war bloß ihre Neugier ...

Inzwischen haben wir uns häuslich eingerichtet in diesem Salon; eine Stunde ist vergangen, danach noch eine halbe. Die Dame des Hauses hätte längst eintreten müssen, im bodenlangen Kleid, wie auch anders, und diesen vergilbten Stapel von Sonatinen und Walzern von vorn bis hinten durchspielen, dabei die verblüffende Fähigkeit des Notenlesens beweisend ... Meine Phantasie hat sich bereits so weit verstiegen, daß ein Gespräch mit mir nur noch über Puschkin möglich ist; meine Freunde blicken gen Himmel und sagen: »Puschkin, oh!« – auf der Stelle muß ich ihnen den »Armen Ritter« vorlesen. Ich greife nach dem Band – genau diese Seite ist herausgerissen. Aber auch das entzückt mich.

Denn zu meinem nicht geringen Erstaunen wird mir auf einmal bewußt, daß genau – na ja, vielleicht nicht ganz genau so, aber doch auf solche Art zu jenen unvergessenen Zeiten alle in den Salons rumgehangen haben und durchaus nicht ihre Zeit für verloren ansahen, während mir allein von dem Gedanken schlecht wird, daß die Zeit *sinnlos* verstreicht und ich nichts tue. Obwohl, nichts getan habe ich im Grund schon lange vor dieser Stunde ... Sie aber verbrachten ohne Hast ihre besten Jahre in den Salons, ja, sie, die dickleibige Bände schrieben und in die Schullehrpläne aufgenommen wurden! Gerade sie haben gesammelte Werke verfaßt, die heute als ein Musterbeispiel für Fleiß gelten, gerade sie haben ihren Freunden Unmengen von Briefen geschrieben, während ich, wie der Soldat Iwanow aus dem Witz, nicht mal eine Zeile an meine Mutter zustande bringe. … Gerade sie haben so ihr Leben versessen, ohne es für vertan zu halten, und in ihrem Leben passierte so wenig Überflüssiges, daß man alles sich merken und erzählen konnte, weshalb in unserer Zeit ihre Biographien sich auch lesen wie ein Märchen.

Mir selbst will es als übertrieben erscheinen, wenn ich das neunzehnte Jahrhundert derart mit mir selbst besiedele, doch wie zur Bestätigung meiner durchaus zutreffenden Empfindungen tritt schließlich, nach rund zwei Stunden, die Dame des Hauses ein – mit liebreizendem Lächeln, doch ohne sich im geringsten zu entschuldigen, daß sie uns warten ließ. Ihr Blick ruht wohlwollend auf mir, als ich vorgestellt werde und meinen Diener mache, er trifft auf den Spiegel, aus dem mit demselben runden und klaren Blick ihre Großmutter oder sie selbst heraussieht; ihr Blick gleitet über die Noten, die ich durchwühlt habe, fällt auf das Album, und einen leichten Seufzer unterdrückend, tauscht Nana Küsse mit meinen Freunden, und wir gehen ins Eßzimmer … Doch dort – der runde Tisch! das Tischtuch! das Gemälde mit Rahmen! der Rahmen selbst! Alles ist wie ein unverderbter Traum, genau das, was man sich in der Kindheit unter dem Wort »Tisch« und »Tee« und »Konfitüre« vorgestellt hat, als hätten hinter den Kulissen die Larins den Tee bereitet – nichts widerspricht dieser Vorstellung, alles bestätigt sie, und Sie erinnern sich wieder, daß es von Anfang an so hätte sein müssen, doch dann hatten Sie es vergessen, doch dann wurde alles anders.

Wie in der Kindheit rutschen die Augenblicke mit erstaunlicher Unwiederbringlichkeit in die Vergangenheit. Gerade noch haben Sie gewartet, sich alles vorgestellt, da ist es angebrochen, eingetroffen, und schon ist es wieder vorüber, wie Weihnachten.

Nach all dem Warten haben wir uns gleich an den Tisch gesetzt, eben jenen runden. Und wieder begreifen Sie zuerst nicht recht, was wonach kommt, was woraus folgt. Nana selbst hat den Kuchen gebacken (das also hielt sie diese zwei Stunden in Atem), der Kuchen ist ihr ganz reizend verbrannt, und das steht ihr heute besonders gut, daß er verbrannt ist. Wie die Bluse, wie die Frisur ... Denn der Kuchen ist speziell für Sie verbrannt, andernfalls hätte die Hausgehilfin ihn gebacken und er wäre nicht verbrannt; doch wenn Nana sich heute aus irgendeinem Grund ans Backen gemacht hat, so liegt darin eine solche Bereitwilligkeit, ein solches Versprechen! Seltsamerweise wird gerade diese Kohle zwischen den Zähnen zur Garantie sich nie trübenden Glücks, eines nie endenden Morgens, rosig wie ein Negligé, wie ein schamlos verlegenes Lächeln. Sie versinken in diesem Abgrund unüberführbarer Koketterie, deren Geheimnis darin besteht, daß einfach alles ihre Trägerin kleidet, alles würde ihr zu Gesicht stehen, selbst wenn, zum Beispiel, der Kuchen wundervoll gelungen wäre. Ach, und dieses lange Umwerben, das nun bevorsteht ...

Da erscheinen, mit rechtzeitiger Verspätung, die Frauen meiner Freunde; Küsse, Geschwatz – es sind Schulfreundinnen, ihnen gleicht sich das Alter der bezaubernden Nana an, die, plötzlich über ihre Jahre gealtert, sich wundervoll gehalten hat. Was ihr nur noch ausgeprägter schmeichelt, genau wie der Kuchen. Als hätte das lange Warten Nanas Alter um jene Zeit verringert, um die Sie sich verspätet haben, als verharrte sie in einem einzigen, jahrelangen Tag, nur zu dem Zweck, damit Sie morgen vor der Tür stehen. Nana verspricht den Freundinnen das Rezept für den Kuchen ...

Was für eine Frau! Woran ich auch bei ihr glaube, das schenkt sie mir. Diese geschmeidigen Bewegungen – keine ist endgültig, jede eine Verlockung, ein Versprechen, alle enthalten sie letztlich jenes Blendwerk der Wohlerzogenheit, wenn Sie bis zuletzt nicht wissen, worauf Sie sich einlassen, bis Sie schließlich alles riskieren, um die angeheizte Neugier zu befriedigen. Solche Neugier läßt sich jedoch nur einmal befriedigen, dann wird rührend klar, worin es endet und sich vollendet, all das Nicht-Endgültige, das geschmeidige Fließen, auf dem Sie hergeschwommen sind, denn sobald es versiegt ist, wird, gleichsam das leichte Wogen dieses Bildes wiederholend, kaum merklich der Brautschleier wehen – Sie stehen bereits vor dem Traualtar. Und falls das Feuer auflodert, haben Sie es entfacht, falls es nicht mal zu glimmen beginnt, hat sie Ihretwegen alles riskiert, selbst das, worauf sie ebenso leicht, wie sie atmet, verzichten könnte. Ach, wie werden Sie gerührt sein über diese kalte Bereitwilligkeit und Gefügigkeit, die Sie für Reinheit und Schamhaftigkeit halten ... Und plötzlich fällt Ihnen das Knirschen der Kohle zwischen den Zähnen ein.

Nein, nein und nochmals nein! Ich habe das bereits zweimal durchexerziert. Noch habe ich nichts getan, wonach ich verpflichtet wäre, als anständiger Mensch ... Doch genau in diesem Augenblick lasse ich Konfitüre aufs Tischtuch tropfen. Und das ist eine derartige Lappalie, ich muß das derart nicht beachten, daß ich es, mein Gott! bis ans Ende meiner Tage nicht abbüßen kann! »Aber nein, ich habe gar nicht geheiratet«, erzählte mir mal ein georgischer Freund, »ich habe bloß eines Tages entdeckt, daß ich in der Küche sitze und Suppe esse ...«

Nachdem ich so eilig mein ganzes Leben durchlebt und der genausowenig gealterten Nana Trauerkleidung verpaßt habe, die ihr genauso ungewöhnlich zu Gesicht steht wie der Brautschleier, nachdem ich dem kleinen Trauerzug aus meinen beiden Freunden und ihren so aufrichtig weinenden Frauen nachgeblickt habe, die dem Sarg dieses georgisierten Russen folgen ... da erwache ich zu neuem Leben, denn mir wird klar, daß ich sie verwechselt habe, daß das gar nicht Nana ist, sondern Nina, und Nana – da ist sie ja! mit tintenbekleksten Fingern platzt sie mitten in unsere Teestunde, hat nun doch nicht die Aufgabe mit den zwei Zügen gelöst. Während diese also durch das Verschulden der entzückenden Mathematikerin mit Volldampf dem unausweichlichen Zusammenstoß entgegenrasen, schaue ich mir gerührt meinen Fehler an …

Etwas hat einst gewaltigen Eindruck auf mich gemacht, doch ich habe es nicht registriert. Mit den Jahren sucht man immer häufiger nach Gründen in der Vergangenheit und findet keine. Im dünner gewordenen Luftraum der Kindheit scheint einem alles klar vor Augen zu liegen. Das erste Mal war ich in Tiflis noch zur Zeit des getrennten Unterrichts. Ich war fünfzehn, das heißt, dieses Getrenntsein hatte bereits prinzipielle Bedeutung. Tief erregt stand ich vor dem Grab von Gribojedow. Um ehrlich zu sein, will ich zugeben, daß mein Gefühl mit Gribojedows genialem »Verstand schafft Leiden« wenig zu tun hatte, es bezog sich auf das Grab und war im Grund so etwas wie Neid. »Unsterblich sind Dein Verstand und Dein Werk im Gedenken der Russen, doch weshalb mußte meine Liebe Dich überleben!« Anmutig die Knie gebeugt, preßte die Trauernde die erzene Stirn gegen das Kreuz. Der Fremdenführer sagte, die Witwe selbst habe dem Bildhauer als Modell gedient. Ich glaubte auf der Stelle seinem Akzent. Ihr ins Gesicht blicken, hinter dem Kreuz, konnte ich leider nicht, die Grotte war durch ein Gitter verschlossen. »Der Glückliche!« dachte ich wahrscheinlich und träumte von einer bildschönen jungen Frau, die mich überlebt und ihr Leben lang Witwe bleibt. Das wohl versteht man unter »die Jugend schwebt in den Wolken«: in der Fremde begraben und betrauert zu werden erschien mir als ein Glück! Ich war verliebt in das bescheidenere Nachbargrab – das der Gattin Nina. Ohne je geliebt zu haben, phantasierte ich an diesem Grab von der Treue einer jungen Witwe … Wie ein großer russischer Schriftsteller einmal gesagt hat: nur ein russischer Junge ist imstande, beim Einschlafen im weichen Bett vom Leiden zu träumen, vom Kerker, von der Zwangsarbeit. Ich weiß zwar nicht, ob er mit jedem Wort dieser Behauptung recht hat, ich jedenfalls träumte. An diesem Grab wäre ich am liebsten vor Liebe gestorben. Ich erinnere daran jetzt nur im Hinblick auf die – wie ein anderer großer Schriftsteller gesagt hat – »Wiener Delegation« (gemeint sind die Freunde von Freud).

Ich erinnere mich daran nicht, als ich mit den Schwestern am Teetisch sitze. Doch es könnte ja sein, daß gerade Nina, das heißt Nana, mit ihren Tintenfingerchen mir virtuos einen Gribojedow-Walzer vorspielen soll … Seltsamerweise schließt gerade dieser schmuddelige, tolpatschige Halbwüchsigenliebreiz das absolute Gehör nicht aus. So will es mir vorkommen, während ich beobachte, wie sie am Tisch herumhampelt, sich mit Kuchen bekrümelt und mit Tee bekleckert, mag sein aus Verachtung, mag sein, weil sie einfach angeödet ist von unserem Greisengespräch. Ich fange einen ärgerlichen Blick der älteren Schwester auf, der Verzeihung zu heischen scheint für die Jüngere: Ja, ja, sie weiß sich absolut nicht zu benehmen bei Tisch, aber Sie müßten sie mal sehen, wenn sie sich ans Klavier setzt – wie umgewandelt, jeder Zoll eine Königin, wo hat sie das bloß her? Die Ältere hätte solch einen Text durchaus sprechen können, spricht ihn aber nicht. Ich dagegen pflichte in Gedanken dieser Mutmaßung bei, nicke und glaube bereits an die erstaunlichen Fähigkeiten des Mädchens. Und der einzige, mir ungewöhnlich aufgeweckt erscheinende Blick, der aus der Tiefe ihrer (für mich nun schon »gespielten«) Gleichgültigkeit plötzlich hervorschießt, will mir bereits von einem wachen Sinn für Humor zeugen, einem Charakterzug der mir unbekannten heutigen Jugend. Miese Furcht, mit der künftigen Generation nicht Schritt halten zu können, spornt mich zu besonderen Mühen an. Und obschon ich mich weiterhin an alle wende, insbesondere an ihre ältere Schwester, zu deren Vorzügen sich nunmehr noch die seltene Fähigkeit des Zuhörens gesellt, was nicht unbedingt auch verstehen bedeutet ... ertappe ich mich dabei, daß ich bereits warte, ob in der jungenhaften Verachtung Anerkennung aufblitzt, daß ich mich anbiedere bei der ganzen Generation, daß ich auf Zuspruch warte wie ein alter Hund ...

Bei dieser unwürdigen Beschäftigung überrascht mich die würdige Großmutter der beiden, die majestätisch und bescheiden ins Eßzimmer hereinschwebt, den unmerklich zitternden, großen grauen Kopf hochaufgereckt, und mich, an der Grenze des Schicklichen, mit einem langen, gläsernen Blick betrachtet. Ach, viel Erwartung birgt dieser Blick auf seinem Grund, ein gewisses Maß enttäuschter Hoffnungen, eine gewisse Hoffnung aufs Nichtenttäuschtwerden. All das ist so tief verborgen, daß der majestätische und stolze, vor allem vom Gefühl der eigenen Würde erfüllte Blick nichts ausdrückt, außer was er verbirgt. Die Großmutter setzt sich, vor mir erschrocken, und läßt sich, mit dem schuldigen Enkelinnenrespekt, eine Tasse Tee eingießen, trinkt jedoch nicht, sondern beehrt nur die Tasse, indem sie sie zum unmerklich ihr entgegenzitternden Kopf führt. Noch eine Weile schaut sie geradeaus, an mir vorbei, mit ihrem gläsern durchsichtigen Blick, großmütig niemanden tadelnd, und als sie sich beruhigt hat hinsichtlich der Gefahren oder hinsichtlich der Hoffnungen, schickt sie sich an, uns zu verlassen, gerade rechtzeitig, denn als Krönung meiner Mühen prustet die Jüngere endlich los, den Mund voll Tee und Kuchen. (Sie löst bei mir einiges Befremden aus, hatte ich doch immer raffinierter und moderner gewitzelt, den endgültigen Erfolg jedoch ohne jeden Scherz errungen, einfach indem ich ein Wort wie »Papagei« oder »Dummkopf« gebrauchte.)

Aufrichtige Betrübnis, Indignation über das so unschickliche Benehmen der Lieblingsenkelin streift unmerklich das Gesicht der respektgebietenden Frau, und sie entfernt sich eilends. »Sie ist doch nicht gekränkt?« frage ich Nina, auf Verwandtendistanz näherrückend. »Mama? Wie kommen Sie darauf? Nein, überhaupt nicht. Sie haben ihr sehr gefallen. »Mama?« Verdutzt schaue ich Nana an. Daß sie so eine junge Tochter hat ... »Pfui, Nana!« sagt in diesem Augenblick Nina. »Hast mich ganz vollgespuckt.« – »Nicht mit Absicht, Mama«, sagt darauf Nana. Mama? Daß Nina so eine erwachsene Tochter hat? Und während in meinem Kopf die Schwester sich von der Schwester trennt, Großmütter und Enkelinnen durcheinanderwirbeln und wieder zu stehen kommen, nun als Mütter und Töchter, denke ich verdutzt darüber nach, daß diese Lösung von Anfang an die wahrscheinlichste war. »Spielt Nana uns vor?« frage ich, kühner geworden, denn Nanas Prusten hat mir bestätigt, daß ich ihre Freundschaft errungen habe. »Ich?« wundert sich Nana. »Nana?!« ruft Nina aus, nunmehr ihre Mama. »Aber sie kann ja nicht mal ›Wanja klein, ging allein‹ fehlerlos spielen! Sie ist genial unmusikalisch!« Ich lache lauthals, und das wird zu meinem gelungensten Scherz. Denn nun lachen alle. Uns wird so unversehens, so ohne Grund und ohne Ende fröhlich zumute, daß ich endgültig vergesse, in welches Jahrhundert ich komme, wenn ich auf die Straße hinaustrete. Denn so fröhlich ging es nur auf jenen ausgebleichten, durch und durch vergilbten Photos zu, unter denen ja keines von mir ist ...

Nina jagt ihre aufgekratzte Tochter wieder an die Hausaufgaben, was auf dem Gesicht des Mädchens unverstellte Trauer hervorruft, was ich wiederum als den Wunsch deute, uns nicht zu verlassen. Die Teetassen werden abgeräumt. Ich kehre mit den Freunden in den Salon zurück, um zu rauchen. Die drei Schulfreundinnen – Nina und die Frauen der Freunde – setzen sich zueinander, schließen die Schultern zum Kreis, stecken die Köpfe zusammen und beginnen, wie Vögel, auf einheimisch zu schnattern. Ich werde sie aus dem Salon sehen. Mich erfüllt ein solches Gefühl von Nähe, daß ich meine Zigarette an der des Freundes anzünde, obwohl ich Streichhölzer in der Tasche habe. »Zu komisch«, sage ich. »Eine fremde Sprache. Gerade saßen wir noch alle zusammen, haben geredet … Und mit einemmal verstehe ich kein Wort. Worüber reden sie?« – »Worüber schon«, sagt der Freund, ohne hinzuhören. »Worüber werden sie reden … Über uns.«

Über mich…

Vielleicht erhellt den Abend meines Lebens
Das Wehmutslächeln einer letzten Liebe.

(Da stoppt Otar die Szene, spult den Film zurück und probt mit mir eine andere Variante: Am gleichen Teetisch fange ich an, im Chor die »Moskauer Nächte« zu singen. Das kriege ich jedoch nicht hin, und so muß Otar sich einen anderen Darsteller suchen für diese Rolle …)

Die Beerdigung des Doktors

Zum Gedächtnis an J. Ralbe

Ein Sonnentag erinnert an die Beerdigung. Nicht jeder natürlich, nur ein Sonnentag, den wir so nennen – der erste, überraschende, na endlich. Dazu diese durchsichtige Luft. Vielleicht liegt es gar nicht an der Sonne, sondern an dieser Durchsichtigkeit. Beerdigungen haben zunächst einmal ihr Wetter.

Gestorben war meine nichtleibliche Tante, die Frau meines leiblichen Onkels.

Sie war »so ein *lebendiger* Mensch« (Mutters Worte), daß man es kaum glauben konnte. Lebendig war sie tatsächlich gewesen, und glauben konnte man es tatsächlich kaum, doch in Wirklichkeit hatte sie längst Anstalten gemacht, auch wenn sie es sich nicht eingestand.

Zuerst hatte sie es mit dem Fuß versucht. Der Fuß begann plötzlich zu schmerzen, zu schwellen und paßte nicht mehr in den Schuh. Die Tante gab jedoch nicht klein bei, sie band »an die Elefantenkuh« (ihre Worte) einen Schlappen aus der Vorkriegszeit und erschien so bei uns in der Küche, um Geschirr zu spülen, dann kam Alexander Nikolajewitsch, der Chauffeur, und sie fuhr in ihr Institut (Arbeitsfähigkeitsgutachten), dann zur Vorstandssitzung ihres Verbands (der Internisten), dann zu einer Initiativgruppe von Ehemaligen (sie war Bestuschew-Absolventin), dann zu einer Art Konsilium bei irgendeinem hochgestellten Banditen, dann machte sie einen Abstecher zu ihren jüdischen Verwandten, die nach schweigender, nunmehr vierzigjähriger Übereinkunft nie zu uns zu Besuch kamen, dann kehrte sie auf einen Sprung nach Hause zurück, gab ihrem Mann zu essen und überlegte hin und her, ob sie noch zum Promotionsbankett von Nektor Beritaschwili, Assistent an der Institutsfiliale in Tiflis, fahren sollte: sie ist sehr müde (dem war gewiß so) und mag nicht mehr (dem war nicht ganz so). Sie mochte sehr wohl, auch wenn sie es sich nicht eingestand (indem ich dieses »sich nicht eingestehen« wiederhole, wird mir bewußt, daß bis ins Alter eine solche emotionale Fähigkeit sich nur Menschen erhalten können, die sehr ... lebendig? rein? gütig? anständig sind? ... ich nuschle dieses unverständliche, nicht mehr existierende Wort, ohne es mir einzugestehen). Und sie fuhr doch, denn sie nahm alle menschlichen Versammlungen für bare Münze und liebte sie, war versessen auf Ehrenerweisungen, auf diesen Goldbrokat der Hochachtung und Würdigung, sie hatte sogar, jedweder Ironie zuvorkommend, unserer hochnäsigen Sippschaft das jüdische Wörtchen »kowed« beigebracht, das eine Ehrung bezeichnet, die durchaus nicht von Herzen kommen muß, Ehrung der Form nach, dem Status nach, Ehrung als solche, als Manifestation. (Die Russen haben keinen solchen Begriff und auch kein solches Wort, und mit dem milden Lächeln des sich selbst nicht eingestandenen Antisemitismus kann man somit sagen, daß die Juden ein anderes Volk sind. Wir haben dieses unaufrichtige Wort in unserer Sprache nicht, aber im Leben hat es sich eingebürgert, und außerdem – wieso sind alle so überzeugt, daß Flegelei aufrichtig ist?) »Verstehst du, Dima«, sagte sie zu ihrem Mann, »er ist doch der Sohn von Wachtang, erinnerst du dich an Wachtang?« Und mit einem bekümmerten Seufzer fuhr sie doch. Ihre Wünsche waren immer noch stärker als ihre Müdigkeit. Wir verstehen das heute nicht mehr – früher waren die Menschen anders.

Endlich kehrte sie zurück, sie war nicht lange geblieben, ausschließlich zum offiziellen Teil, den sie in jeder Hinsicht rührend liebte, wobei sie falschem Glanz und hohlen Tönen freigebig Bedeutung und eigenen Glauben unterlegte. (Schon interessant, daß sie sich aufrichtig für Materialisten hielten, diese Menschen, zu denen wir niemals werden; man müßte über außerordentliche ... – das gleiche unverständ-

liche Wort – verfügen, um dieses Paradox zu erfüllen.)
Sie kehrte also bald zurück, denn außer an dem Fuß litt
sie noch an Zucker und konnte sich auf dem Bankett absolut nichts erlauben, dennoch kehrte sie höchst fidel zurück:
die Reden des offiziellen Teils hatten wie Sekt auf sie
gewirkt. Verjüngt, mit roten Wangen, munter und glücklich
erzählte sie ihrem Mann, wie schön alles gewesen war, wie
herzlich. Allmählich schälte sich heraus, daß am allerbesten
sie selbst gesprochen hatte ... Und wenn man dabei ihr
Gesicht sah, konnte man kaum glauben, daß sie auf die
Achtzig zuging und daß sie den Fuß hatte – den Fuß aber
hatte sie tatsächlich, er war am Schlappen festgebunden,
man mußte nur den Blick senken. Als sie ausgezwitschert
und ihrem Mann, der zu Bett ging, seinen Tee gegeben
hatte, füllte sie heißes Wasser in eine Schüssel und stellte
den Fuß hinein, und so saß sie lange, plötzlich erloschen
und aufgedunsen, »wie ein Häuflein« (nach ihrem eigenen
Ausdruck). Lange saß sie so, wie ein Häuflein, und schaute
auf ihren schon toten Fuß.

Sie war ein großer Doktor.

Solche Ärzte GIBT ES HEUTE NICHT MEHR. Ich ertappe mich sogleich, daß ich eine vorgestanzte Formel
benutze, die mir seit der Kindheit lächerlich vorkommt: Ist
ja doch (abgeklärtes Grinsen) immer alles gleich gewesen,
ein und dasselbe, nicht besser ... Ich ertappe mich, um mich
sogleich wieder laufenzulassen, denn von der Höhe meiner
jetzigen Erfahrung kommt mir die Formel »gibt es heute
nicht mehr« sowohl gerechtfertigt als auch richtig vor – sie
drückt etwas aus. Es gibt sie also nicht mehr ... Nicht, daß
die Tante immer alle geheilt hätte. Gerade hinsichtlich der
Medizin machte sie sich am allerwenigsten falsche Vorstellungen. Sie fand nicht so sehr, daß man allen helfen könne,
als vielmehr, daß man allen helfen *müsse*. Nicht in Worten
und nicht dank der Wissenschaft, aber dank eben jenes ...
wußte sie sehr wohl, daß es *keine* Hilfe gab, aber falls es

zumindest eine *kleine* Hilfe gab, konnten Sie sicher sein, daß sie *alles* tun würde. Diese Unfähigkeit, auch nur im geringsten NICHT ALLES ZU tun, dieses Bedürfnis, ABSOLUT ALLES zu tun, was möglich ist, eben dieser Imperativ war das Wesen der Ärzte von früher, »die es heute nicht mehr gibt« und von denen sie die letzte war.

Dabei war alles provozierend einfach. Warst du zum Beispiel erkältet, fragt sie, ob du gut schläfst; du wunderst dich: Was hat das damit zu tun? Worauf sie sagt: Wer schlecht schläft, fröstelt leicht, und wer fröstelt, verkühlt sich leicht. Sie gibt dir gegen die Erkältung ein Schlafmittel (Allergien waren damals noch eine Erfindung der kapitalistischen Welt), und mit einemmal wird dir so wohl und warm ums Herz von diesem geruhsamen, vergessenen Tempo russischer Rede und russischer Wörter, daß – ja, stimmt schon, alles in Ordnung, wird alles wieder … ein unerhörter Morgen mit grauem Himmel und weißem Schnee schwebt dir vor Augen, Fieberglück, unterm Fenster reitet jemand auf dem Pferd vorbei, aus dem Schornstein kräuselt sich Rauch … Ein andermal sagst du: Die Nerven spielen verrückt, Tante, vielleicht was für die Nerven … Sie blickt eisig und spricht: Reiß dich zusammen, es gibt nichts für die Nerven. Aber dann, du hast um gar nichts gebeten, drückt sie dir ein Attest in die Hand: hat gesehen, wie du gestern abend in der Küche geraucht hast – mußt mal ausspannen.

Und hätte ein Intellektueller mit Beobachtungsgabe ihr eben jenes … formuliert, und sei es nur, wie jetzt hier – sie hätte es nicht begriffen: wovon redest du? und die Schultern gezuckt. Sie kannte die Mechanismen der Erfahrung nicht. Wie sie zum Kranken ins Zimmer trat! Mit Selbstbeherrschung läßt sich eine solche Verwandlung nicht erzwingen, sie verwandelte sich einfach, basta. Nichts als Leichtigkeit und Gelassenheit, nicht die achtzig Jahre, nicht der junge, gutaussehende Ehemann, nicht die Tausende rotzender, schwitzender, bläßlicher, jämmerlicher, ins Gesicht atmender Kranker, nicht die geringste Erfahrung, weder berufliche noch persönliche, nicht einmal eine Spur von ihr selbst, ihrem eigenen, lebensgierigen Leben. Wie sie den Kranken klagen ließ! Wie sie bestätigend fragte: Und es tut sehr weh? Eben – SEHR. Nie ein »Nicht so schlimm« oder »Geht vorbei«. In diesem Augenblick wußten nur zwei auf der Welt, wie weh es tat: der Kranke und sie. Sie waren Auserwählte des Schmerzes. Fast war der Kranke, wenn sie gegangen war, stolz auf sein Eingeweihtsein. Nie im Leben würde ich je wieder einer solchen Fähigkeit zur *Anteilnahme* begegnen. In Anteilnahme werden Medizinstudenten nicht geprüft. Die Tante konnte blitzschnell Anteilnahme zeigen, wobei sie im gleichen Augenblick Alter und Schmerzen abschüttelte; sie brauchte nur zufällig dein Gesicht zu sehen, wenn du wirklich krank warst, schon ergoß sich über dich mit Lichtgeschwindigkeit ihre Anteilnahme, das heißt, das absolute Nichtvorhandensein des Anteilnehmenden und das absolute Gefühl: wie ist dir, was hast du? Diese bewundernswerte Fähigkeit, die nichts weiter enthielt als sich selbst, also Mit-Gefühl in reinster Form – dies wurde für mich zum Wesen des Doktors, zum Synonym für den Arzt. Und kein falscher Zungenschlag, nichts Aufgesetztes, keinerlei »Väterchen« oder »Täubchen« à la Moskauer Künstlertheater (obgleich das Künstlertheater ihr ein und alles war, und wenn es im Fernsehen »gegeben« wurde, drückte ihre Miene von vornherein, wenn sie sich im Sessel zurücksetzte, eine Befriedigung aus, die, nicht wahr, Dima, nichts von allem Modernen einem mehr bereiten kann ... Ach, Katschalow! Und Tarassowa, das Schönheitsideal ... Beim Namen »Anna Karenina« wurde mit zittriger Hand die hochgetürmte Frisur zurechtgezupft ...).

Von der Frisur an beginne ich sie zu sehen. Bis ans Ende ihrer Tage trug sie jene Frisur, die ihr einst am besten gestanden hatte. Dem jungen Mädchen war jemandes Kompliment

hängengeblieben: Haare hat sie ja wunderschöne – und damit hatte sie ihre Überzeugung weg, ausreichend für ein halbes Jahrhundert und ein ganzes Leben, und damit wurde
jeden Morgen selbst noch die ergraute, streptozide Welle
toupiert und wurde, ihre Hände zitterten heftig, wurde mit
drei Anläufen – hin und her, rauf und runter, endlich genau
in der Mitte, immer an derselben Stelle – der Schildpatt-
kamm hineingesteckt. Sehr geschickt waren ihre unsicheren
Hände, und diese sich einschießende Artillerie ihres Tre-
mors – zu kurz, zu weit, Treffer – habe ich ebenfalls vor
Augen. Das heißt, vor Augen habe ich auch ihre Hände, die
wie Lämmerschwänze wackelten, aber immer ins Ziel tra-
fen, immer tätig waren … (Das ist jetzt nicht meine Schreibmaschine, die klappert, sondern die Tante spült Geschirr,
das ist ihr typisches Tassengeklirr am Wasserhahn; wenn sie
eine Tasse zerbrach, was vorkam, und ihre Tassen waren
wertvoll, so war es ihr natürlich sehr leid um die Tasse, doch
mit welch unnachahmlicher, ebenfalls aus den Zeiten der
ersten Frisur stammender Grazie erklärte sie sogleich, vor
allen Küchenzeugen, den Vorfall zu einer ihrer ewigen, rei-
zenden Schusseligkeiten: Hab ich doch wieder … sogar ihre
Figur verwandelte sich, wenn sie die Scherben in den Abfalleimer warf, sogar die Einbuchtung der Taille (von wegen
»Taille«) und die Neigung des Kopfes waren wieder die des
jungen Mädchens. Denn völlig tabu war für die Zeugen in
solch einem Fall nur Mitleid: ihr Alter wahrzunehmen wäre
nicht möglich gewesen.)

Auch jetzt möchte ich die Tante küssen (was ich nie getan
habe, obwohl ich sie mehr liebte als viele, die ich geküßt
habe) … hier bei diesem Tassengeklirr am Wasserhahn.

Sie warf mit der Geste eines sehr reichen Menschen fünfzig oder hundert Rubel in den Eimer, unserem hohl tö-
nenden Chor des Bedauerns zuvorkommend. Dann folgte
der für sie schwierigste Teil, doch sie war ein entschlossener
Mensch, sie zauderte nicht, schob es nicht auf; in den Hän-

den die verminderte Tassenzahl, verharrte sie einen Moment vor ihrer Tür, wurde noch schlanker, sogar ihr runder Rükken wurde gerade, an diese optische Täuschung nicht zu glauben wäre unmöglich gewesen ... mit einem Ruck riß sie dann die Tür auf, und hinein flatterte sie fast gar mit dem Sommergezwitscher eines Serowschen Morgens aus der Zeit nach der Jahrhundertwende, ihrer Jugendzeit: satter Sonnenschein, der durch blankgewaschenes Laub fällt und blankgebohnertes Parkett sprenkelt; ein frühmorgendlicher Fliederstrauß, erstarrt unter Tautropfen; fast gar ein Negligé, eine Skrjabin-Etüde ... als wäre die Reproduktion an der Wand keine Reproduktion, sondern ein Spiegel: »Dima, wie bedauerlich! Ich habe meine chinesische Lieblingstasse zerschlagen!«

Ach ja! Unser Leben lang können wir nicht vergessen, wie wir geliebt wurden ...

Dima aber, mein leiblicher, pflichtschuldig geliebter Onkel, bleibt in diesen meinen Erinnerungen hinter der Tür, im Schatten, ein Bein über dem anderen, neben dem Strauß, selbst eine Art Strauß; er trommelt mit den musikalischen Fingern des Chirurgen auf den Tisch, wartet auf den Tee, lächelt liebenswürdig und sanftmütig, ein guter Mensch, der dazu nichts zu sagen hat.

Zuerst sehe ich also ihre Frisur (vielmehr den Kamm), danach die Hände – jetzt rührt sie Konfitüre: eine wie die Sonne blinkende alte Kupferschüssel (von vor der Katastrophe), darin eine purpurrote Schicht ausgesuchter, sehr teurer Erdbeeren vom Markt, und obendrauf bläulich schimmernd die groben und exakten Bruchstücke eines großen alten Zuckerhuts; all das ist kostbar, ist Krone, Zepter, Reich in einem (oft hieß es in unserer Familie, die Tante sei majestätisch wie Katharina die Große), und über diesem ganzen Imperium herrscht die Hand mit dem goldenen Löffel, sie hascht dem eigenen Zittern nach und tut so, als hätte sie genau die Bewegungen machen wollen, die herausgekommen sind (sehr pittoresk, das Ganze: die Steuerung durch den Zufall als künstlerische Methode …).

Ich sehe den Kamm, die Frisur, die Hände – und da, auf einen Schlag, die ganze Tante: als hätte ich eifrig ein Abziehbildchen gerieben und gerieben und mit angehaltenem Atem, die Hand zu geschmeidigem Gleiten zwingend, es schließlich abgezogen, und da – hat geklappt! Nirgends ist die Folie gerissen, zum Vorschein kommen die riesigen grellbunten Blumen auf ihrer karmesinroten chinesischen Hausjacke (aus Seide, gesteppt), der runde Rücken mit dem Strauß zwischen den Schulterblättern, und der Fuß mit dem drangewickelten Schlappen. Die Blumen auf dem Rücken sind üppig und lockig, Chrysanthemen der chinesischen Art; solche läßt sie sich gerne zu ihrem nie endenden Jubiläum schenken (Tag für Tag wird von dankbaren Patienten ein Blumenkorb gebracht, im Zimmer der Tante sieht es stets aus wie bei einer Schauspielerin nach ihrem Benefiz; Tag für Tag wird dafür ein verwelkter Blumenkorb auf die Treppe hinausgestellt …). Die Blumen auf dem Rücken – ebensolche auch im Sarg.

In unserer vielköpfigen, in Gemeinschaft lebenden Familie gab es eine Reihe eingeführter Formeln der Begeisterung für die Tante, weiß bloß nicht, welchen Koeffizienten dabei die Angaben zur Person bildeten – Alter, Geschlecht, Familienstand und Nationalität. Natürlich war unsere Familie viel zu kultiviert, um sich auf das Niveau eines Personalbüros herabzulassen. Von solchen Dingen wurde nie gesprochen, doch ein hundertprozentiges Schweigen spricht stets für sich: das Schweigen sprach davon, daß man von diesen Dingen nicht sprach, aber *wußte*. Sie war fünfzehn Jahre älter als der Onkel, die beiden hatten keine Kinder, und sie war Jüdin. Für mich, das Kind, den Jungen, den Halbwüchsigen, hatte sie weder Geschlecht noch Alter, noch Nationalität, während alle anderen Verwandten diese Dinge hatten. Irgendwie wurde darin kein Widerspruch gesehen.

Wir alle spielten dieses Spiel. Bedingungslos übernahmen wir alle Bedingungen und Fiktionen, die sie vorgab – viel zu beifällig wurde unsere Willfährigkeit aufgenommen, und unsere unbeholfene Szene hatte einen dankbaren Zuschauer. Schwer zu sagen, wer wen an Edelmut übertrumpfte, überzogen spielten wir jedenfalls alle. Ich glaube, sie vermochte durchaus einiges von höherer Warte aus zu sehen; wir nicht. Waren nicht die von ihr vorgegebenen Spielbedingungen eine höhere Reaktion auf unsere Bedingungslosigkeit? War nicht deshalb der einzige Mensch, den sie fürchtete und dessen Wohlwollen sie um jeden Preis zu erringen suchte, Pawlowna, unsere Köchin? Die hätte ja bei unserem Spiel nicht mitzuspielen brauchen, und – Pawlowna, ja, die *wußte,* daß sie Jüdin war und daß sie alt war und daß der Mann ... und daß sie keine Kinder ... daß der Tod nahe war. Pawlowna verstand es, dieses simple, doch schonungslos treffende Wissen mit betonter Unterwürfigkeit zutage treten zu lassen, ohne es je in Worte zu fassen, und für dieses Schweigen nahm sie, mit verhuschter Dankbarkeit, soviel und was sie kriegen konnte, und sei es von den bewußten Tassen.

Wir liebten die Tante tatsächlich, aber diese Liebe wurde auch noch deklariert. Die Tante war eben – EIN MENSCH! Das klingt eher bitter als stolz; wie oft sprechen wir das Wort mit Großbuchstaben aus, um gerade die Angaben zur Person zu bemänteln; der Automatismus unserer eigenen Zugehörigkeit zum Menschengeschlecht ist diskriminierend. Übermäßige Begeisterung für jemandes Vorzüge hat immer einen Beigeschmack. Von Lobhudelei oder von Apartheid. Sie war ein *Mensch* ... ein großer, hochherziger, leidenschaftlicher, *sehr* lebendiger, freigebiger und sehr *verdienter* (VVW, Verdiente Vertreterin der Wissenschaft: sie hatte auch diesen Titel). Heute jedenfalls glaube ich, daß sie die ganzen vierzig Jahre ihrer Ehe mit all ihren hervorragenden Eigenschaften bei uns als Tante *gedient* hat und *quasi zur*

Familie gehörte. (Auch deshalb konnte es zu diesem besonderen Verständnis kommen zwischen ihr und Pawlowna: die *diente* ja auch ...). Ich glaube, daß sie für die Meinen trotz allem Jüdin war, und sei es deshalb, weil ich davon nichts wußte, weil auch nie jemand ein solches Wort in den Mund nahm (das Wort »Jude«).

Wir hatten allen Grund, sie zu lobpreisen und zu vergöttern, denn soviel, wie sie für alle getan hatte, hatte keiner von uns je getan, nicht mal für sich selbst: sie hatte mich und meinen Bruder vom Tod errettet, und dreimal den Onkel (ihren Mann). Und wie oft sie einfach so geholfen hatte (ohne Lebensgefahr) – unzählige Male. Diese Liste wuchs und wurde mit den Jahren kanonisiert, in absteigender Reihenfolge. Es war allerdings üblich, daran zu erinnern, und nicht, darum zu wissen, so daß mir jetzt völlig zu Recht entschlüpft ist, daß sie »quasi zur Familie« gehörte. Außerdem war sie, was ich erst viel später, nach ihrem Tod erfuhr, *quasi die Ehefrau*. Wie sich zeigte, waren die beiden die ganzen vierzig Jahre nicht verheiratet. Diese alte Neuigkeit gewann sogleich legendären Chic: wahrhaft anständige Menschen sind eben unabhängig von förmlichen, entleerten Normen. Alle anderen waren allerdings verheiratet.

Versickert ist die Zeit, schlammig der Grund. Rostig ragt das Gerüst des Dramas aus dem Morast. Es ist dies, wie sich zeigt, kein Leben, sondern ein Sujet. Leblos vom vielen Erzählen. Jahre später sollten in unserer Familie Informationen sprießen, in Form eines Grabmals.

Und daraus errichte ich nun den Sockel ...

Sie war ein großer Doktor, und ich komme einfach nicht von der Überlegung los, was sie denn selbst gewußt hat von ihrer Krankheit. Mal scheint mir: sie muß es gewußt haben! Dann wieder: nichts hat sie gewußt.

Sie hatte es mit dem Fuß versucht, dann versuchte sie es mit einem Infarkt.

Von dem Infarkt ging fast der Fuß wieder weg. Jedenfalls,

aus dem Infarkt zog sie sich am eigenen Schopf heraus. Und das Bewußtsein, für diesmal davongekommen zu sein (was sie sich als Arzt in dem Fall mit Bestimmtheit sagen konnte), verlieh ihr soviel frischen Mut und neue Jugend, sogar den Fuß brachte sie wieder in den Schuh, daß wir uns gar nicht genug freuen konnten. Erneut ging es los mit Sitzungen, Vorständen, Promotionen, Konsilien (Du sollst auch einen Mörder heilen! ist zweifellos ein heiliger ärztlicher Grundsatz; aber darf man denen eifriger und verantwortungsbewußter helfen als ihren potentiellen Opfern? Ja, man darf: das Gesetz ist dort lebendig, wo seine Paradoxa lebendig sind – wie in England ...). Und so sehe ich sie erneut in der Küche, wie sie das Zepter schwingt über der Sonne, der blinkenden Schüssel.

Die Schüssel war allerdings nicht für lange aufgegangen.

Die Tante lag im Sterben. Das war bereits allen ... außer ihr selbst. Doch war sie so von Kräften, daß sie, müde dahindämmernd, jeden Tag einen kleinen, unwillkürlichen Schritt auf den Tod zu tat. Dazwischen schreckte sie hoch und lag wieder nicht im Sterben. Ihr Fuß war vollkommen schwarz geworden, und sie bestand entschieden auf einer Amputation, obgleich allen außer ihr selbst ..., daß sie eine Operation nicht mehr überstehen würde. Der Fuß, der Infarkt, der Fuß, ein Insult. Und auf einmal klammerte sie sich mit neuen Kräften, wovon sie mehr hatte als wir alle, wieder ans Leben.

Das Bett! Sie verlangte ein *anderes* Bett. Aus irgendeinem Grund versprach sie sich besonders viel von meinem physischen Beistand. Sie zitierte mich zu sich, um mich zu instruieren, ich verstand ihr Lallen schlecht, sagte aber zu allem ja, da ich in der Aufgabe keine große Schwierigkeit sah. Plötzlich artikulierte sie klar und deutlich: »Wiederhole!« Und – ach! wie ärgerlich wandte sie sich von meinem nichtparalysierten Gestammel ab.

Wir trugen das Bett herein. Ein spezielles Bett, aus dem

Krankenhaus. Es war auf jene ungeschickte Weise verkompliziert, wie nur Menschen etwas verkomplizieren können, die von Technik keine Ahnung haben. Von den Mechanismen, die die Lage des Körpers verändern, konnte natürlich gar keiner funktionieren. Mit Gefängnisölfarbe unzählige Male frisch gestrichen, hatte es Form und Konturen verloren, es war ungefügig in jedem Sinn des Wortes. Wir trugen das Monstrum in der Tante behagliches Spiegel-Kristall-Politur- und Teppich-Reich, und ich erkannte das Zimmer nicht wieder. Als scheuten alle Gegenstände vor dem Bett zurück, als verkröchen sie sich in den Winkeln, als drängten sie sich aneinander im Vorgefühl sozialer Veränderung; tatsächlich war nur in aller Eile Platz geschaffen worden für das Bett. Ich weiß noch, ich hatte ein unpassend jugendliches Empfinden von Muskeln und Kraft, das übertrieben war, der Möbelträgeraufgabe nicht entsprach: die Muskeln zogen demonstrativ eine Schau ab für einen alten, paralysierten, sterbenden Menschen. Daher verfolgte mich besonderes Ungeschick, ich blieb an den Ecken hängen, stolperte und schlug mir die Fingerknöchel wund, gerade als hätte mich das Bett sich anverwandelt.

Die Tante saß mitten im Zimmer und befehligte den Bett-Transport. So habe ich es in Erinnerung – dabei konnte sie nicht mitten im Zimmer gesessen sein, denn sie konnte nicht sitzen, und die Mitte war ja freigeräumt für das Bett. In ihrem Blick brannten glühende Kohlen, nie hatte sie so tiefliegende Augen gehabt. Sie wünschte leidenschaftlich, umgebettet zu werden von ihrer vierzigjährigen Liegestatt, sie war bereits in jenem Bett, das wir erst hereintrugen, und so habe ich sie in der Zimmermitte in Erinnerung behalten. Wir sollten den »Apparat« nicht beschädigen, dieweil wir ja nichts davon verstanden, wir sollten »ihn« ein bißchen ausziehen und zusammenschieben und seine ums Verrecken nicht beweglichen Flächen höher – tiefer – höher stellen, und nichts wollte bei uns recht klappen, so kopflos konnte man doch gar nicht sein, offenbar muß sie selbst … Auch diesen Eindruck habe ich behalten, daß sie schließlich selbst aufstand, alles einstellte, wie es zu sein hatte – seht ihr, ist doch simpel, man muß nur mit Verstand drangehen –, und danach legte sie sich zurück in ihre Paralyse und überließ uns die Überführung der Kissen, Federbetten und Matratzen, was unseren Fähigkeiten eher anstand, wenngleich uns auch dabei himmelschreiende Mißgriffe unterliefen. Weiß Gott! sie hatte sich im Lauf von dreißig Jahren nicht im mindesten verändert. Als wir beide in einem Blockadewinter in eben jener Küche Brennholz sägten, war sie, die Fünfzigjährige, auf mich, den Fünfjährigen, ganz genauso böse gewesen wie jetzt. Sie fühlte sich zu Tränen gekränkt in dem Streit, wer in welche Richtung ziehen müßte, unsere Säge bog sich und ächzte, während wir die Finger voreinander in Sicherheit brachten. Schließlich rief sie meine Mutter: »Olga! Bring deinen Lausejungen zur Räson! Er raubt mir den letzten Nerv! Er sägt mit Fleiß in die falsche Richtung …« Ich fühlte mich ebenfalls schlimm gekränkt, weniger ihres Rufens wegen, sondern weil ich verdächtigt wurde, ich hätte »mit Fleiß«, dabei hatte ich überhaupt keinen Hintergedanken gehabt, nie und nimmer hätte ich irgendwas zum Trotz oder mit Fleiß … ich war damals ganz in Ordnung, kein schlechter Junge, scheint mir jetzt. Heulend ließen wir die Säge im halb durchgesägten Balken stecken. Zehn Minuten später kam sie fröhlich an, um sich mit mir auszusöhnen, wobei sie ihr »Letztes« mitbrachte, die Mäuseportion einer Brotkruste oder Brotkrume. Demnach hatte allein ich mich verändert, während sie sich immer noch nicht an die einzige ihr im Leben bevorstehende Veränderung gewöhnen konnte: an ein Jenseits glaubte sie natürlich nicht (nein, nie werde ich diese Generation begreifen! überzeugt, daß es keinen Gott gibt, haben sie die christlichen Gebote mehr in Ehren gehalten als ich …).

Wir betteten sie um. Lange suchte sie, schon im voraus zufrieden, nach der bequemsten Lage, doch nie mehr warf sie einen Blick auf die verlassene eheliche Liegestatt zurück. Mir war jetzt gerade, als hätte ich einen tiefen Seufzer der Erleichterung gehört, wie wir sie aus jenem Bett hoben; zwar begriff sie, trotz ihrer medizinischen Erfahrung, vieles auch weiterhin nicht, das aber hatte sie offenbar unumstößlich begriffen: daß sie in jenes Bett nie mehr zurückkehren würde. Wir dagegen begriffen nichts, begriffen wie die Idioten überhaupt nichts von dem, was sie ausgezeichnet verstand, besser als andere: was das ist, ein Kranker, wie er sich fühlt und was er wirklich braucht – jetzt war sie selbst bedürftig, doch niemand konnte ihr die Schuld abstatten. Und als sie endlich bequem lag, kam ihr »Danke« so von Herzen, als hätten wir tatsächlich etwas für sie getan, etwas begriffen. »War es sehr schwer?« fragte sie mich teilnahmsvoll. »Nein, ach woher, Tante! Leicht!« Nicht so hätte ich antworten sollen.

Es paßte ihr dann doch nicht, dieses Bett, es war objektiv unbequem. Daraufhin trugen wir das letzte herein, das der Großmutter, auf dem wir alle gestorben sind ... Und als sie darin dann ein letztes Mal das Kissen zurechtgerückt und mit zitternder Hand den ebenmäßigen Umschlag des Betttuchs auf der Decke glattgestrichen hatte, seufzte sie erleichtert, die Augen halb geschlossen: »Endlich habe ich es bequem.« Das Bett stand in der Mitte des Zimmers, wie ein Sarg, und ihre Miene war friedlich.

Genau an diesem Tag starb überraschend jene andere Frau, die geheimnisvolle Nebenbuhlerin, jenes Thema, von dem alle vielsagend schwiegen ...

Die Tante hatte sie überlebt. »Endlich habe ich es bequem ...«

Das Bett stand inmitten eines seltsam verödeten Zimmers, in dem die Gegenstände, etwas vorschnell, ihren Herrn einen Augenblick früher verlassen haben, als der Herr sie verläßt. Sie haben einen billigen Ausdruck im Gesicht; diese von Kindheit an kostbaren Kanten und Flächen erweisen sich schlicht als alte Gegenstände. Sie gehen auf Distanz zu dem Eisenungetüm in der Mitte, sie sind ja Mahagoni, sind Karelische Birke ... Die Tante hat es bequem.

Sie würde sie nicht mitnehmen können.

Doch sie nahm sie mit.

In der Mitte des Grabhügels steht das Bett mit den bis aufs Messing abgegriffenen Nickelknäufen; darin lagert, die Lider halb geschlossen und den Kiefer hochgebunden, bequem die Tante, in ihre geliebte chinesische Hausjacke gehüllt, auf den Knien die Sonnenschüssel voller Erdbeerkonfitüre, und in der einen Hand hält sie das Stethoskop, in der anderen ein amerikanisches Thermometer, das an den Zeitzünder einer Bombe erinnert, zu ihren Füßen das Blutdruckmeßgerät ... nicht vergessen sind auch die heil gebliebenen Tassen, eine zu begutachtende Dissertation und die gelbliche Venus von Milo, mit der sie (den Erzählungen zufolge) zu uns ins Haus gekommen war ... bescheiden steht der Onkel daneben und hinter ihm der Chauffeur, beide schon halb verschüttet von der herabfallenden Erde ... dazu kommt lautlos das Automobil angefahren mit dem blinkenden Hirsch auf der Kühlerhaube (sie hatte ihn regelmäßig von einem Modell zum nächsten versetzt, hatte ignoriert, daß er längst aus der Mode war), also, auch der Hirsch ist hier ... ja, und unsere gesamte Wohnung ist auch schon hier unter der bröckelig herabrieselnden Zeit, die auch meine gesamte Vergangenheit samt den Splittern des Blockadeeises mit sich nimmt, alles, dem ich etwas verdanke, versinkt in dem Hügelgrab; herab rieselt die Zeit mit ihrer echten Menschlichkeit wie auch äffischen Humanität, mit ihren Prinzipien und Anständigkeiten und mit allem, was deren Träger nicht ertrugen, mit allem, was aus mir jenes klägliche Wesen werden ließ, das gewisser Anzeichen von Ähnlichkeit wegen Mensch genannt wird, das heißt, auch mit mir … doch als ich die letzte Schaufel Erde draufgeworfen habe, gelingt es mir noch, mich zottig einzuhüllen in die schwärzlich flackernde Wärme ehrlicher Tierhaftigkeit …

Denn seitdem sie nicht mehr sind: zuerst meine Großmutter, die noch reiner, noch lauterer war als meine Tante, danach die Tante, die von ihr den Stab übernommen, ihren Platz eingenommen hatte, und jetzt ist dieser Platz frei für meine Mutter … Das verzeih ich ihnen nicht. Denn seitdem diese letzten Menschen nicht mehr sind, ist die Welt nicht besser, doch bin ich schlechter geworden.

Herrgott! nach dem Tod wird es kein Erinnern an Dich geben! Habe bereits zu Dir emporzuschauen versucht … Wenn der Mensch in einem tiefen Brunnenschacht sitzt, könnte ihm nicht auch scheinen, daß er *aus* der Welt hinausschaut und nicht *in* die Welt hinein? Wer weiß, auf einmal ist es, wenn man sich aus dem Schacht herausschafft, oben in allen vier Richtungen topfeben, öd und leer, nichts da? Nichts außer dem Brunnenloch, aus dem man herausgeklettert kommt? Hoffe doch, daß die Gegend bei Dir leicht hügelig ist …

Wofür wurde der, zugegeben unterbelichtete, aber eifrige Schüler auf den Grund dieses unergründlichen Karzers verbannt – und vergessen? Damit ich mein Leben lang diesen einen Stern beobachte, mag er auch, zugegeben, zu weit weg sein, um ihn außerhalb des Schachts mit bloßem Auge zu sehen? Ich kenne ihn schon in- und auswendig.

Herrgott! Onkel! Tante! Mama! ich weine.

Ich war ein einziges Mal bei ihr im Institut gewesen, zwischen »Fuß« und »Fuß«, als sie sich gerade aus dem Infarkt heraushangelte. Sie vermied es, einen in ihr Institut kommen zu lassen, vielleicht weil sie sich immer noch der Herabstufung schämte, die sie in den letzten Lebensjahren des Führers unumgänglicherweise erlitten hatte – der Nationalität

wegen, unterm Vorwand des Alters. In der Tat, das Institut
mit Greisinnen und Debilen war kein Vergleich zur Ersten
Medizinhochschule. Sie konnte sich über diese Erniedri-
gung nicht hinwegsetzen, in dem Sinne, daß sie ihr weiterhin
zusetzte. Nach dem Infarkt hatte sich jedoch etwas verändert, sie kehrte in ihr subalternes Institut zurück wie in ein
Vaterhaus. Ob sie begriffen hatte, daß auch dieses Institut
nicht für die Ewigkeit war?... Ich wurde unter Bücklingen
in ihr Zimmer geführt. Wurde gebeten, zu warten: ist auf
Visite. Das wurde gesagt, als zelebierte sie eine Messe. Der
Vergleich ist am Platz. So nämlich trat sie ein, mich verblüffte ihre Jugend und Schönheit. Sie war nicht nur in das
Inbild alles Gewaschenen und Gestärkten gehüllt, auf der
Brust das Hundehalsband des Stethoskops, sondern hatte,
sobald sie eintrat, zugleich auch ihr Zimmer umgelegt, samt
den Paspeln aus Ordonnanzen an den Ärmeln und der
Schleppe aus Assistenten, und um die Schultern hatte sie läs-
sig die Wände der Klinik geworfen (hervorragende Wände
übrigens, ein Widerhall des Smolny Klosters), und all das
kleidete sie ganz ungemein. Seither erscheint sie mir im
Traum gleichbleibend jung, wie ich sie gar nicht mehr erlebt
habe aufgrund meiner späten Geburt.

Irgendwas hatte ich gebraucht von der Tante, was, weiß
ich nicht mehr, es wurde im Nu von der lautlosen Suite erle-
digt.

Außer auf die Tante, die mich so verblüffte, hatte ich
damals jedoch auf nichts geachtet.

Die Sonne. Eben jene Sonne, mit der ich begonnen habe.

Es gibt in der Heimatstadt immer Winkel, wo man nie
gewesen ist. Vor allem in der Nähe einer Sehenswürdigkeit,
die ihre Umgebung erdrückt. Das Smolny (mit Fahne und
Lenin), links der Glockenturm des Smolny Klosters – seit
jeher weiß man, daß es sie gibt, daß jeder Tourist hingeführt
wird, und so hat man nicht mehr für sie übrig als für eine
Ansichtskarte. Doch eines Tages sucht man eine bestimmte

Adresse (sieh an, da sind ja noch Häuser und Straßen, da wohnen Menschen), und links vom Glockenturm, links vom Gebietskomsomolkomitee, links von den Klosterwaben – eine Straße, die einen Bogen macht (in Leningrad eine Seltenheit), hundertjährige Bäume, das Institut der Tante (das ehemalige Invalidenheim, darum ist es so schön; medizinische Institutionen sind ja nicht viele neu gebaut worden, oft stößt man auf alte Gebäude), und so wohl ist einem plötzlich, daß selbst die Einfassungsmauer schön erscheint. Als wäre alles hier unversehrt geblieben, im Schatten der Sehenswürdigkeit ... Na gut, eine Pförtnerloge statt des Wärterhäuschens, eine Mauer statt des schmiedeeisernen Gitters; dafür ist das Tor noch unversehrt und steht am Tor des Invalidenheims ein alter Invalide Wache (sicher einer von der Belegschaft). Die verschnörkelten barocken Torflügel sind einladend geöffnet, auf dem Schild kann ich endlich lesen, wie Tantes Institution sich genau nennt (Gesundheitsmin., Gebietsexekutivkom., sehr viele Wörter anstelle des einen »Invalidenheim«), ich muß beiseite treten und einen schwarzen Wolga vorbeilassen, in dessen Fond eine Epaulette aufblitzt; der Invalide springt auf seinen Beinstumpf und salutiert; knicksend und mit sattem Knacken rollt der General in seiner schwarzen Edelrobe über den Ziegelsteinweg, ich trotte hinterdrein, auf das »Gelände«. »Zur Beerdigung?« fragt der Invalide, nicht der Kontrolle wegen, sondern um zu zeigen, daß er eingeweiht ist. »Ja.«

Auf dem roten Ziegelsteinweg, Ton in Ton, ein Ahornblatt, das ein penibler Debiler zur Seite fegt; er ähnelt einer selbstgenähten Flickenpuppe nach ärmlichem Kriegsmodell; ein anderer, etwas gewitzterer, der stolz ist auf die ihm anvertraute Waffe, macht mit einer Harpune Jagd auf Zigarettenstummel und Papierfetzen; ein Krüppel mit ziegelrotem Gesicht, fest gestützt auf sein Holzbein mit dem schwarzen Gummisaugpfropf am Ende, zertrümmert mittels eines schweren Stößels, der seinem umgedrehten Holzbein gleicht, Ziegelsteine für den Weg; wie spätsommerliche Spinnenfäden schweben graue, ausgebleichte alte Weiber da und dort durch den Park – überlebende Ophelien mit üppigen Laubsträußen … Arbeitstherapie an der frischen Luft, ein Sonnentag, Prachtwetter. Die Luft ist leer, und das Sonnenlicht breitet sich gleichmäßig und ungehindert aus, als wäre es die Luft; es gibt keinen Schatten, er wird von innen erhellt durch das Leuchten des entflammten Laubs; und schon hat ein verfrühtes Rauchfädchen (laßt die Kinder nicht mit Zündhölzern spielen!) eine Gruppe konzentrierter Schwachsinniger um sich geschart … Der uralte Geruch modrigen Laubs, der wiederbelebende Geruch verbrannten Laubs: herbstliches Reinemachen. Überall ein Durcheinander, doch im Chaos zeichnet sich die baldige Ordnung ab; in der Luft ist schon aufgeräumt, ist durchgelüftet, und auf dem Weg liegt ja auch schon frisches Rot; die morgendlichen, unaufgeweckten Schwachsinnigen, die frühen Krüppel und die spätsommerlichen alten Weiber, sie alle sind in großem Einklang mit dem Herbst. »Dort müssen Sie hin«, sagt respektvoll der vorderste Oligophrene. Wohin will ich? Ich stehe am Ende einer Allee, die auf dem Hof des Krankenhauses mündet. Doch ich muß zurückweichen, über den Wegrand, in einen Blätterhaufen, der unter den Füßen angenehm zusammensinkt; der Oligophrene tritt auf die andere Seite, und zwischen uns beiden fahren Wolgas durch, gleich zwei. Aha, also dorthin. Dorthin will ich also. Die Tante ist schon da.

In der Leichenhalle hatte es eine Panne gegeben: wir hatten sie nicht erkannt. Es fehlte die Frisur. Keiner von uns mochte Hand anlegen, um ihr die gewohnte Welle hinzutoupieren. Sie selbst auch nicht … Nektor Beritaschwili, er war, wie sich zeigte, der Mensch, der ihr nahestand. Er schleppte einen Friseur an, nahezu in Ketten. »Kein Mensch will mehr Geld!« empörte er sich. »Wieviel?« wollten wir wissen. »Ah …« – er winkte ab. »Hundert.« Das Wort klang so ausgefallen wie der seltene Schein. Die Tante hatte sich niemals lumpen lassen.

Jetzt sah die Tante gut aus. Ihr Gesicht hatte die gebührende Würde, war friedlich und schön, doch zugleich fast ein wenig argwöhnisch. Sie hörte zu, was gesagt wurde, das war unverkennbar, und sie war nicht recht zufrieden. Lasch wurden die Verdienste aufgezählt, es türmten sich die Kadaver der Epitheta – doch kein einziges lebendiges Wort. »Ihr lichtes Bild ... niemals ... ewig in unseren Herzen ...« Der erste General, er hatte auch als erster gesprochen (ein prima General, korpulent, drei Sterne, geschäftig und leblos), fuhr wieder ab: durch die in den Herbst hinaus geöffnete Tür des Konferenzsaals war das despektierlich rasch sich entfernende Rauschen seines Wolgas zu hören. »Ruhe sanft«, hatte er eben noch gesagt, vor dem offenen Sarg den Blick senkend, und schon schlug er die Autotür zu: »Ins Smolny!« – er schaffte es noch zur Sitzung. Hauptsächlich über ihre Verdienste während des Krieges hatte er sich verbreitet: Niemals werden wir vergessen! ... schon hatten sie vergessen, den Krieg und die Blockade, die Lebenden und die Toten. Keine Zeit, der Tante zu gedenken; ich begriff, daß man sie lange vor ihrem Tod abgeschrieben hatte, damals, neunundvierzig. Die veränderten historischen Umstände machten es möglich, daß man zur Trauerfeier erschien – das immerhin; bei den heutigen Zeiten, wie soll ein alter Mann da noch überall mithalten ... und falls der General, außer Puste, noch mithalten sollte bis zum nächsten Stern, so nur unter der Bedingung, daß er sich keine Sekunde von der Rennstrecke des Laufbahnteppichs entfernte. Nach dem General hatten die anderen Redner Hemmungen, als sei er abgerauscht, habe aber sein graubehaartes Ohr mit dem goldenen Abglanz der Epaulette dagelassen. Auch der nächste leierte haargenau dasselbe herunter, auch der übernächste, sie kamen einfach nicht in Schwung. Die Angehörigen der Verstorbenen, die vom Sarg zweigeteilt wurden wie die Wellen vom Schiffsbug, sahen aus wie die armen Verwandten der Redner. Links standen wir beisammen, rechts die jüdischen Verwandten, wußte gar nicht, daß es so viele waren. Kein einziges bekanntes Gesicht; den einen hatte ich wohl mal flüchtig im Flur gesehen. Er fing meinen Blick auf und nickte. Graue Augen, aufmerksam und konfus, wie kurzsichtig. Wieso habe ich eigentlich niemals ... niemanden von ihnen ... Ich begriff noch nicht, aber es wurde mir unbehaglich, unwohl in meiner Haut – ich schämte mich. Dabei hatte ich angenommen, die Redner behagten mir nicht, und nicht wir, nicht ich selbst. »Gemäß ihren Verdiensten ... mit einer Medaille ...« Die Tante war ein Mensch, »gemäß ihren Verdiensten« wäre unmöglich ... habt doch selber nicht genug Wolle am A..., um sie gemäß ihren Verdiensten ... da würde doch eine Metallkrise ausbrechen, wenn sie gemäß ihren Verdiensten ... Tot ist tot: So einiges begriff ich allmählich doch, die Personenkult-Röte wich von den Wangen. Stalin starb, nach fünfzehn Jahren, ein zweites Mal. Anscheinend endgültig. Denn aus jener ganzen Zeit kann ich mich nur noch an die Tante erinnern, diese kristallen redliche Repräsentantin (so zeigt sich nun doch) der Stalinzeit ...

Immer unzufriedener wurde die Tante mit dem Trauerfeiergeleier der Redner. Zuerst war sie noch ganz wohlwollend, immerhin waren sie alle gekommen, die Akademiemitglieder, die Professoren, die Generale, doch vor Langeweile starb sie dann endgültig. Es gab einen Moment, da hatte ich deutlich den Eindruck, als wollte sie aufstehen und die Rede selbst halten. Sie hätte Worte gefunden! Sie verstand es, mit Wärme zu sprechen! Die Versuchung, einem Menschen eine Freude zu machen, war für sie immer sehr groß, darum konnte sie von Herzen kommende Lobesreden halten auf Menschen, die keinen Grad ihrer Wärme wert waren. Das ist nun keine Übertreibung, kein Bild: die Tante war auf ihrer eigenen Totenfeier lebendiger als alle Anwesenden. Doch ebenso wie sie sich nicht selbst zu

Hilfe kommen konnte, als sie im Sterben lag, aber auch niemand sonst ihr zu Hilfe kam, obwohl damals alle um ihr Bett herumstanden wie jetzt um den Sarg – ebenso blieb ihr auch hier nichts anderes übrig, als sich ärgerlich abzuwenden. Die Tante legte sich zurück in den Sarg, und zusammen mit dem Bett trugen wir sie, die nun endgültig unzufrieden war mit ihrer Totenfeier, hinaus in die Herbstsonne des Krankenhaushofs. Und natürlich gab ich erneut meine kräftige Schulter her, Seite an Seite mit jenem aufmerksam Grauäugigen, der mir erneut zunickte. »Ach woher, Tante! Leicht …«

Der Hof war nicht wiederzuerkennen. Er war dicht bevölkert. Unweit der Tür heulten die Schwestern und Pflegerinnen, heulten mit ungewöhnlicher Ehrfurcht vor den Verdiensten der Verstorbenen, welche sich darin äußerten, wer alles gekommen war. Als nächstes die Reihe der mürrischen, verkaterten Pfleger und zwischen ihnen die Krüppel, sie drängten gleichsam mit ihrer gemeinsamen blauen Schulter die Schar der Schwachsinnigen zurück, die ihrerseits die alten Weiber zurückdrängten, die sich bescheiden hinter einer unsichtbaren Linie aufgestellt hatten. Ihre Gesichter waren vom gleichmäßigen Licht schüchterner Verzückung erhellt. Sein Widerschein ergoß sich auch über uns. Wir nahmen Haltung an. Verwandte sind auf einer Beerdigung auch eine Autorität. Die Quasten am Sarg, die Posamenten, der Sargdeckel, das Kissen mit der Medaille, die heulenden Oberschwestern … ein General!! (einer war noch da, hatte es nicht so eilig) … die Autos mit den Chauffeuren, die die Schläge aufrissen … das herbstliche Gold des Blasorchesters, die asthmatische Sonne von Baß und Becken – war das nichts? Schüchtern verzückt, standen sie wie angewurzelt, um ja nicht gegen die Disziplin zu verstoßen, die Kleidung mit Flicken, aber sauber, und sie stützten sich auf ihre Rechen und Schaufeln – eine Anti-Aufständischen-Gruppe. Der General setzte sich in seinen Wagen und funkelte heraus, als würde die Baßtuba abtransportiert … sie gaben ihm mit einem einzigen langen Blick das Geleit, ohne zu blinkern. Der Sarg schwamm wie ein Schiff und teilte mit seinem Bug die Menschenwoge in zwei Menschheiten: die Anomalen flossen rechts vorbei, die mehr als Normalen, Erfolgreichen und Verdienstvollen links. Hinter dem Sarg schlug das Wasser nicht zusammen, es blieb geteilt durch die Mole des pflegerischen Grenzschutzes. Wir gehören zu ihnen! diesen Stolz las ich auf dem gemeinsamen, unausgeformten Downs-Gesicht. Sie blickten verzückt auf das, was aus ihnen geworden wäre, hätten sie es riskiert, aufzusteigen wie wir. Wo sie waren, von dort waren wir ausgegangen, um nun, am Ende unseres Arbeitswegs, mit edlem Silberhaar zu glitzern und mit Orden zu klimpern. Sie gehören zu uns, wir gehören zu ihnen. Sie hatten es nicht riskiert, aus Furcht vor dem Pfleger; wir hatten ihn erst bestochen, dann unterjocht. Mühselig und ruhmreich war unser Weg unter die Doktoren und Professoren, die Akademiemitglieder und Generale! Viele von uns hatten über außerordentliche Talente und Lebenskräfte verfügt, und alle diese Kräfte und Talente waren fürs Weiterkommen draufgegangen, auf daß die Medaille klimpere und diensteifrig die Tür des Prestigesargs auf Rädern zuschlage …

Doch wenn sie nur halb ein Mensch sind, sind wir es auch. Sie nahmen nicht, wir verloren. Verloren ging uns eben jene Hälfte, die bei ihnen intakt geblieben ist. Ach, könnten wir uns paarweise aufstellen, wie im Kindergarten, uns bei den Händchen fassen, uns für ein Ganzes ausgeben – nur so wäre es nicht schrecklich, vor Ihm zu erscheinen. Niemals, niemals sollten wir vergessen, wie wir gewesen wären, hätten wir uns nicht auf all das eingelassen … Da stehen wir also in grauer, ehrerbietiger Reihe, mit großen Köpfen und mit winzigen, wie Blümchen, als Mikro- und Makrozephale, mit den Pflegern als Grenzschutz und dem Sarg des letzten lebendigen Menschen in der Mitten! … da trotten wir also vorüber, die wir unser Äußerstes hergaben, um zu denen zu werden, über die ihr zu Recht entzückt seid; selbst tot, beerdigen wir einen Lebendigen, blenden wir mit unserem Glanz die Lebendigen! ... Sie sind nämlich lebendig, die Debilen! das war es, was mir als Herbstschauder zwischen den Schulterblättern hinunterrieselte, zwischen den jugendlich angespannten Muskeln. Lebendig und ohne Sünde! denn was können sie schon für eine Sünde auf dem Gewissen haben, höchstens in der Hand in der Hosentasche ... und die hat man ihnen vorsorglich zugenäht. Wir dagegen, mit den Särgen voller Verdienste und Erfahrung auf den Schultern ... Würde man in die Seele eines Debilen blicken, die himmelblaue Untiefe seiner Augen sehen, und würde man dann schnell jenem General in die Seele blicken, oder auch jedem von uns – o Gott! besser, man schaute nicht, was wir wert sind. Wir sind aber sehr viel wert, soviel wir dafür bezahlt haben. Und bezahlt haben wir mit allem. Dabei bin ich weit, ach, meilenweit davon entfernt, mir die verräterischen dumpfen Sackgäßchen unseres Lebenswegs anzusehen, die unumgängliche Peristaltik der Karriere. Wohlgemerkt, ich halte alle in unserer Prozession für kristallen reine, fleißige, talentierte Menschen (sogar mit Großbuchstaben), die ganz in ihrem Werk aufgehen. Ich schlage nur vor, in solch eine völlig unverdächtige Seele von uns einen Blick zu werfen – und wende mich ab mit Schrecken. Schließlich laufen sie ja auch nicht zu uns über, stehen sie starr nicht nur vor Entzücken, sondern auch vor Entsetzen. Nicht nur die Debilen, auch wir können ja kaum Entsetzen von Entzücken unterscheiden, Entzücken von Entsetzen, tun es auch nicht, weil wir nicht drauskommen. Wie soll da erst ein Debiler ... Von allem Anfang an hatte ihn, den Weisen, der Schrecken gepackt, schon damals, in der Wiege, oder noch früher, im Bauch drin, hat er nicht den Weg zu uns eingeschlagen ... dort, in der Wiege, steht er auch noch, mit Spielzeugrechen und Schäufelchen, und weint nicht um seinen Doktor: der

Doktor ist ja lebendig, tot seid ihr. Wirklich konnte keiner von uns dem Tod in die Augen sehen, und nicht, weil es schlimm gewesen wäre, sondern weil wir *bereits* ... Die ungeborenen Seelen im Paradies, die gestorbenen Seelen in der Hölle; und zwischen uns fließt, als Styx, die Tante.

Wir schritten, ein lebloser Zug, über den blutigen Parkweg; er war bereits vollkommen sauber (wann hatten sie es geschafft?); von den Pflegern zurückgehalten, standen an der Mündung des Wegs die Debilen, eine graue Formation, dann verschmolzen sie mit der Mauer und waren verschwunden. Mein letzter Blick nahm nur eine vollkommen verödete Welt wahr: hinter dem frostigen, wie gezeichneten Park erhob sich das Hügelgrab des Hauses, und hinein gingen einzeln die Patienten, zu ihrem Doktor.

Wer von uns beiden ist lebendig: ich selbst oder meine Vorstellung von mir?

Sie war ein großer Doktor, doch auch jetzt, nach so vielen Seiten, komme ich nicht von dieser banalen Überlegung los, was sie denn nun, als Arzt, gewußt hat von ihrer Krankheit und ihrem Tod. Das heißt, gewußt hat sie es, den geschriebenen Seiten nach zu urteilen, sehr wohl ... aber wie ging sie mit diesem ihrem Wissen um? Ich habe mir trotz allem nicht die Frage beantwortet, mich beschäftigt nach wie vor, wie ein Profi mit seiner Erfahrung, seinem Wissen und Können zurechtkommt, wenn er sie auf sich selbst anwenden kann. Wie schreibt der Schriftsteller Briefe an die Geliebte? wie geht der Gynäkologe mit seiner Frau ins Bett? wie nimmt der Staatsanwalt Schmiergeld entgegen? hinter was für einem Schloß verbirgt sich der Dieb? welche Leckerbissen gönnt sich der Koch? wie bewohnt der Baumeister das eigene Haus? wie kommt der Wollüstling in der Einsamkeit zurecht? ... was hält der Herrgott von der Krone seiner Schöpfung? Denke ich über all das nach, führt es mich zwangsläufig zu dem Schluß, daß die großen Spezialisten eben auch Menschen sind. Denn jene engen und geheimnisvollen Gänge, durch die bei derart heiklen Fällen ihr Bewußtsein sich bewegt, um das eigne Können, Verstand und Erfahrung zu umgehen – das ist ein solcher Sieg des Menschlichen über den Menschen, und zwar jederzeit, in jedem Fall, daß wir nur wieder verwundert aufschauen können zu Ihm, der, um uns zu schonen, aus Himmelsblau, Sternen und Wolken besteht, und fragen können: Herrgott! wieviel Glaube ist in Dir, wenn Du selbst das vorausgesehen hast?!

Dschwari nicht zu sehen

Ich ging durch das Gras um die Sweti-Zchoweli-Kirche. Es war so still, daß sogar das Dröhnen in den Ohren, das bei völliger Stille aufkommt, selbst das war nicht zu hören in dieser wattigen Lautlosigkeit. Meine Schritte im Gras waren nicht zu hören. Kein Laut, kein Lüftchen, weder Schritte noch Rauschen des Bluts. Auch kein Vogel flog vorüber.

Alles war erstaunlich gleichartig: Licht, Luft, Gras, Stille. Die Welt war ohne Schatten. Solcherart war das Wetter: am Himmel weder Wölkchen noch Wolkendecke, noch Sonne, doch war es hell. Es gab keinen Himmel.

Sonst ist über dem Tal drüben, auf dem Berg, von hier aus Dschwari gut zu sehen. Es war ebenfalls nicht sichtbar in dieser Milch. Dschwari nicht zu sehen.

Die Weichheit der Beleuchtung war ungewöhnlich. Und unbegreiflich war, wie völlig ohne Schatten ein räumlicher Eindruck entstehen konnte, dabei erschien die Kirche sogar besonders räumlich. Mir war, als sähe ich sie andauernd ganz, als machte der Blick einen Bogen und umfaßte sie. Die Kirche war völlig allein in dieser Welt, es gab keinen weiteren Körper oder Gegenstand im Gesichtsfeld, nur mich, den Fremdling. Die Kirche schwieg.

Allerdings war ich mit der Bahn in diesen Traum gelangt, daran erinnerte ich mich. Um so mehr, als eine kleine Lokomotive den Zug geführt hatte und die Waggons alt waren, mit vorstehenden Trittbrettern, so war ich seit langem nicht mehr gereist. Sie weckten Erinnerungen. Ich saß auf dem Trittbrett und rauchte, wie in schon fernen Zeiten, und unter meinen Füßen zogen Ziegeldächer, Baumkronen und Höfe vorbei, sehr nahe, wie an der Moskauer Metrolinie nach Kunzewo. Manchmal brachen die Siedlungen ab und gaben unter sich die Sicht auf einen Fluß frei, »ziemlich trüb ist der« – die Kura. Dann blickte ich zur Seite, vorbei am Haltegriff, und zwischen den Waggons, über den schlackernden Puffern, sah ich den gleichförmigen Felsabsturz, an den der Zug sich schmiegte, während er sich vorankämpfte. Daran erinnerte ich mich genau, doch jetzt, als ich durch das Gras um die Kirche ging, in dieser völligen, grauweißen Stille, die wie auf sehr altes Stummfilmmaterial gebannt war ... jetzt, aus diesem Traum, erschienen mir jener Zug und meine Herfahrt noch mehr als ein Traum, wie aus einem matten, halbvergessenen Schlaf.

Und überhaupt nicht mehr erinnerte ich mich, an welchen Gleichgültigkeiten mein Blick auf dem Weg vom Bahnhof zur Kirche vorbeigekommen war – alles weg. Irgendwas war ringsum offenbar gewesen, muß ja was gewesen sein ... Die Kirche war von einer Mauer umrundet, und als ich auf der Suche nach dem Eingang die Mauer entlangging, hatte ich die Kirche noch nicht gesehen oder sie nicht ganz gesehen, oder sie war unauffällig gewesen oder ich hatte nicht darauf ... Ich ging über abgewetzte Stufen und trat durch das kleine Törchen im Flügel des großen Tors. Das Baudenkmal hatte einen freien Tag, kein Mensch zu sehen, an der Kirchentür hing ein Schloß – ich aber war *da*.

Die Kirche war von einer Festungsmauer umrundet. (Umrundet ist nicht ganz exakt, denn der Hof war ein Viereck.) Und obwohl eine Mauer stets für das Außen bestimmt ist, wird sie doch vor allem nach außen hin gebaut, um zu beschirmen, nicht einzulassen – hier war die Mauer *nach innen hin* gebaut. Das ist der Unterschied zwischen Festung und Gefängnis: eine Festungsmauer ist stets dem Feind zugewandt, im Gefängnis schauen die Mauern nach innen. Hier jedoch war noch ein Drittes, eine Klostermauer: sie beschirmte den Blick. Nur ein einziger Baum durchbrach die Mauer, blickte von der anderen Seite, seine neugierige Krone hing herüber. Der Hof zwischen Mauer und Kirche aber war eine Wiese ohne einen einzigen Baum, überall wuchs Gras. Nur vom Tor in der Mauer bis zum Kirchentor führte ein Pfad aus großen Steinplatten, grau wie der Himmel dieses Tages, und zwischen ihnen sproß ebenfalls Gras. Aus den Spalten zwischen den Mauersteinen wuchsen dürre Büsche. Jenseits der Mauer war gar nichts mehr, nur das gleichmäßige Nichtvorhandensein des heutigen Himmels. Bei anderem Wetter war womöglich Ferne zu sehen, Gebirge. Jetzt nur eine flache Grasinsel mit der Kirche in der Mitte, ein Ponton mit Steinkante, der im weißen Nichtvorhandensein von Himmel, Sonne und Schatten schwamm – im Schweigen.

Weiß, Weißgrau und Grünlich, drei ineinander übergehende, gleichermaßen fahle Farbnuancen, und jede in der anderen enthalten. Die Kirchenmauern, die mit gleichmäßigen, aber nicht gleichartigen Steinplatten bedeckt waren, eher weißen als grauen, genauso wie der Himmel, sie waren hier und da symmetrisch mit anderen Platten verziert, grünlichen, wie das Gras im Hof. Es schien, als könnte man diesen kaum glimmenden Farbunterschied wegblinzeln, und – wo wäre dann der Himmel, wo die Kirche, wo die Erde in dieser schwebenden, körperlosen, umgrenzten Welt? Es müßte nur ein Schrei ertönen, und dieses Nebelgebäude aus Luft, Stein und Gras würde erzittern und davonfliegen und einen in öder Ödnis zurücklassen – so jedenfalls hatte es den Anschein.

Im übrigen erweckte nichts einen Anschein – ich war weder vorbestimmt noch eingestimmt, meiner Verfassung nach nicht auf Beten eingestellt, nicht einmal gerührt gewesen, als ich hergekommen war. Doch unvergleichlich war dieses Nichtvorhandensein, das mich schon an der Schwelle befallen hatte. Weder die Außenwelt noch ich selbst konnten hier – nein, nicht betrachtet werden: es gab sie nicht.

Schweigend schritt ich durch das stumme Gras um die schweigende Kirche. Ich war nicht bereit, sie wahrzunehmen, sie erinnerte mich an nichts. Sie unterschied sich von den glaubensstarken, »stiernackigen«, wie der Dichter sagt, armenischen Kirchen. Sie war nicht so klassisch vollendet und symmetrisch und behauptete sich nicht als der einzig wahre Gedanke, dem nicht auszuweichen ist, wenn man sich der Kirche nähert, der einen unterdrückt und in seiner Idee aufgehen läßt. Als ob diese Kirche nicht zum Glauben zwänge, sondern selbst einen sanfteren, scheueren, sogar unsicheren Glauben glaubte.

Sie war nicht endgültig in ihrer Idee, war nicht einmal beharrlich wie die armenischen Kirchen, sie war nicht bestimmt. Sie war rührend uneigennützig und schien keine Ansprüche zu stellen. Die Stimmung, die ihr Anblick hervorrief, war hochgemut, doch nicht erhaben. Ist der Mensch von falschem Pathos erschöpft, wird er wohl nicht sogleich Kräfte in sich entdecken, um echtes Pathos wahrzunehmen. Die Kirche war nicht symmetrisch, sie war auch nicht mit Absicht asymmetrisch, um sich von der Geschlossenheit ihrer Vorgänger abzuheben. Ihre Asymmetrie war langsam aufgelaufen, während ich um sie herumging, und kam nur darin zum Ausdruck, daß sie die Psyche nicht unterdrückte, daß sie Mitgefühl zeigte für mich und meine Unvollkommenheit – eigentlich hatte ich gar nicht bemerkt, was die austarierten Proportionen vor allem störte … bloß hatte sich, als ich den Kreis vollendet hatte, ihr Bild, statt sich zu behaupten und einzuprägen, gleichmäßig entfernt und gleichsam verflüchtigt, und ich merkte erst gar nicht, daß ich die Kirche erneut zu umrunden begann. Sie war gleichsam nicht vollendet, sogar wie nicht gekrönt, denn eine Kuppel ist ein unbedingt symmetrischer Teil – darum war die Kuppel gleichsam unmerklich errichtet, unaufdringlich, leicht, als ob das wichtigste an dieser Kirche die Wände wären. Ich mische mich im gegebenen Fall natürlich nicht in die Diskussion über Kuppeln ein – eben *diese* Kirche war so, wie ich sie zu beschreiben versucht habe, ohne mit starken Worten etwas kaputtzumachen. Oder auch – damals war sie so, als ich auf sie schaute.

Ich war zur Wahrnehmung nicht bereit gewesen, hatte nichts erwartet, und die Kirche hatte mich auch an nichts erinnert. Aber alles zusammen: dieses Wetter, diese Farben, dieses Ausgeschaltetsein, diese Stummheit und Stille, das erinnerte mich deutlich an etwas einst Gesehenes oder Gefühltes, doch überhaupt nicht unter vergleichbaren Umständen, doch – was war es, und wann?

Irgendwo hatte ich solche Stummheit schon vernommen, irgendwo hatte ich solches Schweigen gesehen, irgendwo hatte ich solche Stille schon gehört …

Die Erinnerung verfolgte mich – und das bedeutet, daß ich sie nicht ins Gedächtnis zurückrufen konnte.

Sehr merkwürdig, ich suchte in meinem Leben nach diesem Erkennen und fand es nicht. Ich erinnerte mich, daß ich es bereits einmal erlebt hatte, unerkannt glomm der Funke der Erfahrung in mir, aber ich fand die Stelle nicht, wo er mich brannte. Ich konnte mir natürlich nicht vorstellen, daß Erinnerung auch etwas sein kann, das sich nicht im Leben ereignet hat, sondern mit besonderer Stärke wahrgenommen oder mit besonderer Stärke mitgeteilt wurde (wie nicht nur die Lektüre eines Buches im eigenen Leben zum Ereignis werden kann, nicht nur die eigenen Empfindungen dabei, sondern auch, was sich in dem Buch ereignet hat). Nicht vorstellen konnte ich mir, daß ich einmal genau die gleiche Stille gehört hatte, eine Stille genau des gleichen Inhalts … und nicht in meiner Seele.

Nein, mit Worten über das Schweigen – unmöglich! Ich hatte diese Seiten innerhalb einer Nacht geschrieben, dann verstummte ich für ein halbes Jahr. Wie mit dem Rasiermesser war mir die Möglichkeit abgeschnitten, Wörter aneinanderzureihen. Gestammel drückt das Unausdrückbare nicht aus, markiert es nur. Das Unausdrückbare ist selbst ausdrucksstark wie das Schweigen. Dieses halbe Jahr war tiefer als das Buch. Ich hatte es geschrieben, als rechnete ich mit dem Leben ab. Tja, das Buch erfüllte seinen Zweck, und so beendete ich es nicht. Bin jedoch wieder frei.

Ich versuchte, das unbeendete Buch wiederzulesen, und zwar so, als ob ich nicht existierte, aber es existiert. Merkwürdiger Eindruck! Erstens ist es wie nicht von mir geschrieben, und das befriedigt mich. Ich würde nur ausstreichen, was ich selbst darin geschrieben habe. Wo ich auf mich traf, empfand ich Scham und einen schalen Geschmack. Seiner Idee, sogar seiner Konstruktion nach ist dieses Buch die Ruine einer Kirche, auf deren Errichtung ich einige Jahre verwandt habe. Die Ruine ist, wie mir scheint, gelungen. Aber es ist die Ruine einer gar nicht fertiggebauten Kirche. Für den Leser ist es eine nahezu archäologische Aufgabe, da drauszukommen. Nach nicht existierenden Bruchstücken zu suchen, den in die Nachbardörfer verschleppten Steinen nachzuforschen, noch bevor geklärt ist: gab es überhaupt eine Kuppel? Vielleicht gab es ja gar keine … Und dennoch! Jemand wird nachgraben, dazuphantasieren und sie in einer Rekonstruktionsskizze fertigzeichnen – mit Kuppel, mit jener einzigen, die aus den nicht fertig errichteten Wänden hervorwachsen kann! Es hat sie aber nie gegeben, nie ist sie *gestanden* in der Zeit … Es hat sie aber gegeben! Wenn sie rekonstruiert worden ist. Ja, es hat sie gegeben und hat sie nicht gegeben. Weil sie IST. Sie ist VOR dem Bau gewesen. Schon vor mir wurde sie gesichtet, es machte sich bloß keiner dran; mit eigenen Augen habe schließlich ich sie gesehen; es wird sie bestimmt noch jemand anderes sehen. Die Kultur steht nicht leer; leer steht nur die Zeit außerhalb von ihr. Sie jedoch IST. Niemals aber wird sie allein aus Nostalgie sichtbar werden. Nostalgie wird bestenfalls eine Ruine errichten, als Denkmal für das einzige dem Bewußtsein eingeprägte Bild. Nein, Kultur wird nicht wiederbelebt, sie wird geschaffen. Kultur kann nicht unterbrochen werden, wie auch das Leben nicht unterbrochen wird. Kultur ist ewig und stetig, wir kennen sie oder kennen sie nicht.

Worein sich meine Bemühungen verkehrt haben: ein holzschnitthafter Bär hält einen Holzschnitt in den Tatzen, und darauf ist ein echter Bär dargestellt! So gleichmäßig, so konsequent und gemessen, ohne von den Realien zu lassen, habe ich meine Farbe auf jedes Bild einzeln aufgetragen … um schließlich nach dem Verfassen eines schüchternen Dutzends von Arabesken und nach dem Durcheinanderwerfen dieser Patience zu entdecken, daß sie zusammen, Seite an Seite zu einem unwillkürlichen Gesamtbild ausgelegt, meine Einbildungskraft übersteigen.

Über jedem Prachtwettertag in diesem Buch geht die Sonne auf, und als nun endlich alles in Ordnung ist, da – ertönt ein Hahnenschrei. Mein Leben lang zucke ich bei diesem Schrei zusammen. Nie habe ich begriffen, wieso; was ist schlecht daran, daß er kräht? Plötzlich habe ich begriffen: der Hahn ist real, er ist immer *jetzt*. Und sein Schrei ist jetzt. Während ich in diesem Augenblick immer – nicht hier bin und nicht jetzt. Ich bin nicht real. Daher der Schreck, daher die Angst. (Der Hahn stammt ursprünglich aus Indien … vielleicht von dorther die Schwermut?).

Hahn … roter Hahn … Dach in Brand … husch in Schutt und Asche …

Hahn … weckt auf … schreckt hoch … steht auf … rebelliert … erfriert …

Ein Ruck in Richtung Realität (aus Verzweiflung, mit Gewalt) – dies das Gesicht des Aufruhrs.

Heimat, oder Grab

Die Heimat des Dichters   Der Grenzsoldat hob den Schlagbaum, und wir fuhren aus Georgien nach Georgien. Es wurde so still, daß wir anhielten. Linker Hand floß noch die gleiche Kura. Sie war nicht mehr die gleiche, sowenig wie wir. Sie war nun – weiter oben. Uns stand noch bevor, uns wieder an uns zu gewöhnen. Die Ohren wie taub, uns die Beine vertretend … Ausland ist dort, wo andere Menschen wohnen, nicht wir. Hier waren keine anderen Menschen, aber auch wir – waren quasi nicht. Hier war niemand. Himmel wie Grün hatten nun eine andere Farbe, obgleich sie keine andere Farbe haben konnten. Anders geworden war das *Licht*. Solch ein angehaltenes Licht kommt nur im Herbst vor, wenn die Augenblicke durchrutschen und du mit einemmal merkst, daß du, obwohl zum ersten Mal hier, schon gewesen bist in solch einer Zeit und solch einem Raum, solch einer anderen Welt, wohin du dich bisher noch nie begeben hast. Begeben nicht, aber *gewesen* bist du hier. Dieses Licht – ein Gefühl wie im Jenseits.

Bis zum Herbst war es noch weit mitten im Juli. Das Jenseits war näher.

Sowohl der gestrige Tag wie der heutige Morgen lagen auf einmal viel weiter in der Vergangenheit, als sie es waren. Sowohl der Campingplatz, der sein Gesicht noch nicht gefunden hatte, mit den Touristen, die ihr Gesicht verloren hatten, wie auch die Freundlichkeit der Amtsträger in Borschomi, die uns so distanziert herzlich angeblickt hatten, als wären wir entfernte Verwandtschaft, ebenso die unbegreiflich lange Warterei auf den Grenzstempel in der Behörde, die mit einemmal unwahrscheinlich rasch geendet hatte, und erneut wir, noch die gleichen, doch bereits mit einem Papier, doch bereits mit einem Stempel, ein wenig verschreckt über unsere falsch geschriebenen Vatersnamen, doch ohne zu riskieren, noch etwas zu korrigieren ... und ein wenig schon nicht mehr die gleichen, als wir im letzten Moment aus dem Auto sprangen, um bei »Sportartikel« Turnschuhe zu kaufen (»drüben« wären keine mehr zu kriegen) ... und der pickelige Erzengel mit dem Maschinengewehr schob müde eine schüchtern aufsässige kleine Menge dunkelgesichtiger und kehliger Ortsansässiger zur Seite und ließ uns durch in die Grenzzone, aufgrund dieses Papiers, völlig damit zufrieden.

Aus dem Fluß, der *drüben*, gestern noch, Kura geheißen hatte, aus dem Fluß, zu dem die Kura gleichsam nur geworden war, um nun namenlos zu fließen, zwischen namenlosen Ufern unter einem namenlosen Himmel, stiegen unsere Kinder, mit saubergewaschenen, verdutzten Gesichtern, sie blinzelten weißlich, wie neu geboren, verwundert über uns und über sich selbst, wie gerade getauft, nicht mehr namenlos, auf die Namen Lewan und Anna ... Wir sagten, glaube ich, nichts zueinander. Ich glaube, wir versagten es uns.

Es war merkwürdig, auf dem hiesigen Ufer die eigene Spur zu sehen; zwar nicht empörend, aber unpassend blickte der Abdruck des Reifenprofils aus dem schwarzen Sand. Das ferne Getöse eines einsamen Lastwagens auf der Fernstraße, die wir verlassen hatten, zerstörte nichts. Wir gehörten ebensowenig hierher wie der weiße Faden des Düsenjägers am Himmel. Ein anderer Planet. Fremdlinge. Vagabunden. Ist es nicht merkwürdig, daß »Vagabund« *(skitalez)* und »Einsiedlerklause« *(skit)* auf die gleiche Wurzel zurückgehen?

Ein neues Modell wird nicht erfunden werden. Einiges hat der Urmensch erfunden: Feuerstein, Tasche, Rad, Betttuch, Truhe ... Der heutige hat diese Formen nur aufgeplustert: Feuerzeug, Diplomatenköfferchen, Auto ... Er hat das Bettuch zugeschnitten, die Truhe mit Türchen und Fensterchen variiert, und in einer Truhe fährt er nun zwischen Häusern und Stockwerken umher. Wie hatten mich in Tiflis diese Rohre verblüfft, an denen sie dort die Autos festketten, damit sie nicht gestohlen werden. Wie geistreich und einfallsreich … Aber das ist ja schlicht ein Pferdepflock! Die Erinnerung an die Pferde – nur eine Generation … Es gilt als ausgemacht, daß der Mensch sich in seinem Wesen nicht geändert hat, sondern die äußeren Formen sich geändert haben. Ich befürchte, daß gerade die sich nicht geändert haben; es bedarf keines besonders abstrakten Denkens, um hinter diversen Ködern und Aufsätzen den ursprünglichen Stock zu erkennen … es ist nicht besonders schwierig, auf einem alten Heiligenbild mit Viten und Passionen, wo es zum Fegefeuer geht, Bilder von einer heutigen Zollkontrolle zu erblicken. Eher hat sich doch der Mensch geändert, seit er endgültig an die eigene Existenz nur zu Lebzeiten glaubt, das heißt, eben das abstrakte Denken verloren hat.

Märchen und Mythos sind viel weniger phantastisch als die Realität. Sie sind vernünftig. Es ist leicht, nicht daran zu glauben, daß ein Gott mit Rauschebart Sie in Empfang nehmen wird, aber es wäre ja durchaus möglich, daß ein Apostel mit Schlüssel … An die Symbole des Glaubens ist leichter zu glauben als an seine *Realien*. Sagen wir – wenn es diese Welt gibt, wie kann es dann *jene* nicht geben? Jeder Schüler weiß, daß ein Magnet sich nicht so in zwei Hälften spalten läßt, daß an der einen nur Plus, an der anderen nur Minus wäre. Nur für uns gehören die dortige und die hiesige in verschiedene Zeiten (die dortige kommt hinterher, später …), dabei gehören sie in die gleiche Zeit, die dortige und die hiesige Welt, sie haben niemals getrennt voneinander existiert, denn nur zusammen sind sie das Leben. Wie der Mond und wie die Medaille kann das Leben nicht nur eine Seite haben, das Leben ist nicht einseitig.

Wie aber ist es dort? Gibt es dort nicht die gleichen Probleme? Überbevölkerung, Malthus, Ökologie? Wenn man, Dante zufolge, ins Fegefeuer erst mal reinkommen muß, sogar die Hölle für die Seele noch sowas wie eine Karriere darstellt und am Styx die Massen sich drängen, die weder dort noch hier reingelassen werden (alles Menschen, die ihre Bestimmung nicht erfüllt haben), wie sieht dann diese Menge im Hinblick auf unsere Viermilliardenwelt aus? Brauchen Auserwählte nicht zur Überfahrt anzutreten? ... Genial die Erleuchtung des zeitgenössischen Barden: »Und im riesigen Durchgangslager, fünftausend Mann auf den Knien ...«

Einer Friseuse ist dieser Tage die Mutter gestorben. Sie weint sehr um ihre Mutter. Da erscheint ihr die Mutter im Traum. »Bitte, weine bloß nicht«, sagt die Mutter, »ich habe es auch so schon sehr schwer.« – »Schwer? Wie das?« möchte die Tochter natürlich wissen. »Hier ist es sehr hart.« – »Hart? Wie das?« möchte die Tochter wissen. »Soll ich dir vielleicht was rüberschicken?« Womit sie warme Sachen und Lebensmittel meint. »Ich brauche nichts. Es gibt hier alles und geht gerecht zu. Es ist bloß sehr hart.«

Das Gespräch ist wörtlich wiedergegeben. Was versteht der heutige Mensch hier herüben unter dem Wort »hart« und was versteht er dort darunter? Ist nicht die sittliche Norm des Menschen für den heutigen Menschen hart?

Wie aber ist es dort?

So ist es dort. Zum Teil so wie hier, wo jenseits der Grenze Georgiens immer noch Georgien war, wo derselbe Fluß und dieselben Berge ihre Namen als etwas uns Gehörendes verloren hatten. Uns gehörte hier nur eine mitgebrachte Wassermelone; wir legten sie zum Kühlen in den Fluß und ließen sie entwischen. Jetzt war auch sie nicht mehr unser, sie war davongeschwommen, nach Haus – sie war uns entflohen. Uns gehörte noch ein Bremsenstich, ein blindes Zeichen dafür, daß wir in jener Welt, die für uns zum Diesseits geworden war, irgendwas, wer weiß was, oder irgendwen, wer weiß wen, *gereizt* hatten.

Wir fuhren weiter, aber das änderte nur noch wenig. Jenseits der einmal überquerten Grenze war die Welt einheitlich und licht: von gleicher Art, gleicher Zusammensetzung. Es änderten sich die Umrisse der Felsen, die Baumarten in den Wäldchen, die Blumen auf den Wiesen, zugleich – änderte sich gar nichts. Wie wenn ein und dieselbe Welt vor unseren Augen mal hierhin, mal dorthin gewendet würde und nicht wir uns mit dem Auto eine neue Serpentine hochschraubten. Wir hatten nur bedingt einen freien Willen. Durchaus nicht wir selbst veränderten den Raum um uns herum. Er wurde uns hingehalten, weggezogen, uns zugekehrt oder von uns weggedreht – wir standen. Es gab weder Wille noch Willkür. Hier war es hart.

Nicht *so* hart, anders hart. Hier stellte sich seltsamerweise die Frage, die gegenstandslos wird im menschlichen Zusammenleben, wo du stets zu anderen in einem Verhältnis stehst, die Frage nämlich: Wer bist du? Wer bist du eigentlich, daß du hierherkommst?

Was hieß – hierher? Hier war doch *dort*. Wir waren eingereist, unter uns rollte es entgegen, wir näherten uns, auf uns zu bewegte sich ... Und da entdeckten wir, daß wir stehen und offenbar nicht mehr fahren. Was ist das?

Die Heimat Rustawelis.

Ich werde jetzt nicht behaupten, ich hätte die seit der Kindheit vertrauten Zeilen geflüstert. Es liegt im Namen eines Dichters, selbst wenn man ihn nicht gelesen hat, eine besondert Überzeugungskraft. Das Ohr kann den Laut, der jemandes Namen entspricht, hundertmal hören, ohne daß ein Name daraus würde. Es braucht ihn aber nur einmal ein Mensch auszusprechen, der weiß, was er bedeutet, es auf der Höhe seiner eigenen Liebe weiß, und Sie hören ihn und glauben ihm. Das Wort »Rustaweli« entschlüpft dem Mund eines Georgiers auf eben diese überzeugende Weise. Schon zweifeln Sie nicht mehr. Müssen das nicht unbedingt nachprüfen.

Hier also hat er gelebt! Ob nun er im Paradies gelebt hat

oder Sie in der Hölle, ob nun der Ort so beschaffen war, daß er für eine so hohe Geburt taugte, oder der Dichter so beschaffen war, daß er den Ort zu seiner Sehweise emporhob und die Natur später gezwungen war, sich dem von ihr hervorgerufenen Eindruck anzupassen und deshalb so geworden war? Außer Zweifel stand nur, daß die Natur dank der Grenzlage oder anderer Umstände im gleichen Zustand geblieben war wie zu seinen Lebzeiten. Er nicht. Er war längst in eine noch jenseitigere Welt als diese eingegangen. Die Welt war erstarrt, während sie ihm nachsah, und so war sie auch an Ort und Stelle geblieben, an diesem Ort.

»Unsere Welt ist nur ein Augenblick«, sagte der Freund, vielleicht zitierte er. Dieser Augenblick war zwischen Rustaweli und uns hindurchgehuscht – wir standen in derselben Welt wie er. Der Augenblick dauerte. »Nur ein Augenblick, ein Wimpernschlag ...« Wir standen und hatten Angst zu blinzeln.

Als Staubkorn war das Touristencamp im Auge hängengeblieben, alles andere war gleich, nur um seinen Wimpernschlag später. Und vom Touristencamp abgewandt, sahen wir.

Nicht sofort konnte man sagen, was das Besondere war. Ein schöner Ort, natürlich. Aber das war es nicht.

In mehreren gigantischen Steilhängen, die sich sehr musikalisch im Raum erhoben, ragte das gegenüberliegende Ufer in den Himmel und drückte die Umgebung nieder. Es war ocker. Jetzt, in den Strahlen des Sonnenuntergangs, goldgetönt und rosa. Darin schwarze Löcher, von hier aus fast Punkte. Das gibt es auch an unseren Flüßchen: das abschüssige Ufer übersät mit Nestern, blitzschnell tauchen Schwalben hinein, sausen mit einem Schrei heraus, stoßen wie durch ein Wunder nicht zusammen und schneiden den Raum in viele Dreiecke. Das ist – Leben. Hier gab es keine Schwalben. Hätte es sie gegeben, wären das bereits Adler gewesen, Adler wären von hier aus kleiner erschienen als Schwalben.

Die Dimension war es, die hypnotisierte. Sie wußten nicht, welcher Art das war, was Sie vor Augen hatten. Es gab keine Dimension zum Vergleich.

Und es schwieg. Auch Sie schwiegen. Schwiegen nicht vor Erschütterung, Begeisterung oder einem vergleichbaren sprachlichen Empfinden, das sich später in Worten oder Ausrufen entlädt, nicht deshalb schwiegen Sie, weil es Ihnen, erschüttert wie Sie waren, erst einmal die Sprache verschlagen hätte. Sie schwiegen deshalb, weil es hier keine Worte gab. Oder seit einer bestimmten Zeit keine mehr gibt ...

Einst war hier ein Kloster gewesen. Das heißt, diese Löcher waren Eingänge in Höhlen, in Zellen. Das wird Ihnen erklärt, wenn Sie am nächsten Morgen, nach Frühgymnastik und Grießbrei, über den Fluß zu einer Exkursion geführt werden. Das Kloster wurde gegründet und wurde rasch größer und wurde zu einer Höhlenstadt von einem in der Geschichte ungekannten Ausmaß. Kirchen und Wirtschaftsbetriebe, geräumige, komfortable Zellen und unzugängliche Asketenzellen, und immer höher und höher, Treppen und Übergänge, aus dem Fels gehauen oder hängend, Terrassen, Galerien und Brücken ... Georgiens Herz und geistiges Bollwerk in einer für Georgien hinreißenden Zeit, die mit den Namen Königin Tamar und Schota Rustaweli verbunden ist.

Doch es verging nicht einmal ein Jahrhundert. »Unsre Welt ist nur ein Augenblick, ein Wimpernschlag ...« Ein Erdbeben von einer Stärke, wie es weder davor noch danach, bis heute nicht mehr, verzeichnet wurde, ließ den Fels in die Tiefe stürzen und mit ihm die Stadt. Was wir heute sehen, ist somit das, was beim technischen Zeichnen Vertikalschnitt genannt wird – eine tragische Anschaulichkeit! »Und nun betrachten Sie dieses Fresko«, animierte uns der romantische Fremdenführer in seinen Jeans, die besonders die Schmalheit der Hüften unterstrichen, und dem lockeren weißen Hemd, das besonders die Breite der Schultern unterstrich, mit dem offenen Kragen, der besonders den starken Hals und das Kreuz auf dem Leib sehen ließ, wobei der Fremdenführer überhaupt nicht zu dem besonders aufmerksamen und weit vorne stehenden Mädchen blickte, das aber auch ihm keinen Blick gönnte … »Auf diesem Fresko sehen Sie die Ohren eines Tiers«, sagte der Fremdenführer, eigentlich ein Jäger, ein Krieger, und nur jetzt, vorübergehend, Fremdenführer, »und dieses Tier ist, den Ohren nach, ein Pferd. Der Maler hätte aber nicht einfach die Ohren eines Pferds gemalt, klar, er hat einen Reiter auf einem Pferd gemalt. Und das heißt, daß der übrige Teil des Freskos in die Tiefe gestürzt ist.«

Die Frage »Warum?«, die sich jedes Volk in der Geschichte mindestens einmal stellt, erklingt auch in diesem Tal. Es ist dasselbe »Warum?«, das auch Russen im Mund führen, wenn sie versuchen, ihre Gegenwart in stetiger Verbindung mit den Ursprüngen zu verstehen, wenn die einen die Republik Nowgorod ins Gedächtnis rufen, die anderen die Tataren, die dritten Peter den Großen … Sie alle geraten sich schon im Vorfeld in die Haare, wenn es um den Nullpunkt geht, und vergessen über dem Streit, daß sie alle von der gleichen Verwunderung ausgehen. »Der Maler hätte aber nicht einfach die Ohren gemalt …« hörte ich erneut einen Fremdenführer, einen nicht weniger strengen und romantischen, der die nächste Gruppe führte.

War das ein Zeichen des Himmels? Und wie war es dann zu verstehen, hatte doch ein unserem Verstand nicht faßbarer Glaube diese Nester geformt, die geistige Festung der Nation geschaffen? Eine Katastrophe ist eine Katastrophe. Was zugrunde gegangen war, war zugrunde gegangen, die anderen zogen fort. Sowieso war das, steht anzunehmen, keine geschwätzige Zeit: ein schweigsamer Landstrich, Mönche, Höhlen – eine Abgeschiedenheit von der Welt, die ein dreifaches Abscheiden wünschte: in Selbständigkeit, in Unerreichbarkeit und im Gebet. Ein Schwert, zweifellos ein strafendes Schwert, spaltete diese Welt ab, so glatt wie mit dem Rasiermesser. Von nun an herrschte ein Schweigen, das viel tiefer war als eines ohne Menschen, das Schweigen nach der Katastrophe. Eben das sehen wir, nicht die Landschaft. Es schweigt auch in uns. Ist nicht zu beschreiben. Schweigen läßt sich nicht erzählen, wie Musik sich nicht zeichnen und eine Zeichnung sich nicht schreiben läßt, soviel die Kunstwissenschaftler auch trainieren mögen, um derartige Übergänge und gegenseitige Bereicherungen anzuregen. Ich werde es auch nicht tun.

Nur das Schweigen bringt den Dichter hervor. Obwohl Rustawelis Biographie so unbekannt ist, daß sie die unbegründetsten Schlußfolgerungen ermöglicht – wie überzeugt gerade dieser Ort und diese Tragödie, daß in einem der hier geborenen Menschen der Dichter Rustaweli geboren wurde. Bei einer Grenze ist schwer zu verstehen, was sie wovon abschirmt, die Innenwelt von der Außenwelt oder die Außenwelt von der Innenwelt. Die Frage ist, von welcher Seite wir selbst … Hier jedoch – ein Bruch. Die Festung, die wir verteidigen, ist die Heimat. Die Festung, in der wir eingekerkert sind, ist ein Gefängnis.

> »Siehst ja, Bruder, was mit mir ist. Wie verhüll ich
> meinen Schmerz?
> Eine Last ist mir das Leben. Doch das Schicksal zwingt
> mich weiter.
> Endlos dauert schon mein Leben. Und der Tod hat
> Angst vor mir.«
> Er verstummt. Ein Tränenstrom. Wie traurig ist doch
> die Geschichte!

Sie schauen in die Ferne, über den Fluß, auf diesen machtvollen Fels, auf diese menschlichen Waben. Wie Würmer, mit unanzweifelbarer Arbeitsamkeit und Hartnäckigkeit, ohne Maschinen und Sprengstoff, fast gar mit den Händen, doch mit ungewöhnlicher Schnelligkeit, haben Menschen sie gegraben. Wie Würmer – aber auch wie Vögel! Nicht von ungefähr so hoch oben und in dem Bestreben, immer weiter hinauf! Nicht von ungefähr kam mir die Assozation mit den Schwalben – das erste, was einem hier einfällt. Sowohl Würmer als auch Vögel. Menschen. Und Sie schweigen. Schauen. Sehen nicht und hören nicht. Können sich nicht losreißen. Wissen nicht, was Sie sagen sollen. Nicht nur das Schweigen, sondern auch die Zeit. Die Zeit ist hier stehengeblieben. Sie ist die gleiche wie damals, als die ersten Asketen hier heraufkletterten. Als die letzten von hier fortzogen. Die gleiche Zeit wie damals, als aus dieser steinern unausdrückbaren Stummheit Rustaweli zu sprechen begann.

> Gramvoll ist die Welt. Das Schicksal schlaflos. Und du
>   wirbelst ständig?
> Wovon bist du stets bekümmert? Wer glaubt dir so fest
>   wie ich …

Alles an Rustawelis Biographie ist gemutmaßt, und in diesen Mutmaßungen bestätigt sich stets der Urheber der Hypothese und nicht das Faktische. Alles an Rustaweli ist mutmaßlich, außer Rustaweli selbst. Rustawelis Museum befindet sich unter freiem Himmel, es hat keine Exponate außer seinen Zeilen. Aber hier stört nichts ihren Klang.

Dennoch sieht uns Gott und liebt uns.

Das Haus des Dichters Ich habe eine Erinnerung, der ich nicht glaube. Nicht, daß ich Zweifel hätte, aber – ich glaube ihr nicht. Der Krieg war zu Ende, ich war neun, und Mama brachte meine Mandeln nach Jalta. Ich flog zum ersten Mal mit dem Flugzeug. Was ist da schon glaub- oder unglaubhaft – daß ich mit dem Flugzeug flog? daß der Krieg zu Ende war? er war immer gewesen, davor gab es für mich nichts … daß ich einmal neun war?

daß ich mich heute an Ereignisse von vor dreißig oder vierzig Jahren erinnere? Viel weniger glaubhaft ist jedoch das Folgende, das mir damals, mit meinen neun, nicht den mindesten Anlaß gab zu einer Überlegung oder Gemütsbewegung.

Eine alte Frau sperrte uns die Pforte auf und ließ uns in das Gärtchen. Sie gab Mama die Hand, aber wie ich begriff, war sie keine Bekannte von Mama. Mama erklärte ihr, daß wir aus Leningrad kämen und uns zu gerne mal anschauen würden ... Die gestrenge Alte maß mich erst mit einer Spur von Zweifel, dann ließ sie uns wortlos ein und machte die Pforte zu. In dem Häuschen sah es so ähnlich aus wie in unserer Wohnung, nichts, was mich verwundert hätte. Für den alten Autor von »Kaschtanka« empfand ich damals weder Liebe noch Abneigung.

Dann tranken wir in der winzigen Küche des Anbaus Tee, ganz wie zu Hause, sogar das Büffet war genau das gleiche. Mama erzählte vom Petersburger Gymnasium und vom Leningrader Konservatorium, die alte Frau von ihrem Bruder, aber nicht von Anton Pawlowitsch, sondern von einem anderen ... Ich weiß nichts mehr von dem, was Marija Pawlowna erzählt hat. Ich weiß noch, daß eine Schildkröte auf den Gartenweg herausgekrochen kam, als wir uns dankbar verabschiedeten.

(Es war dies in dem Jahr, als seit Tschechows Tod ebensoviele Jahre vergangen waren, wie er gelebt hatte, ebensoviele Jahre, wie Mama damals alt war und wie ich jetzt alt bin. Die Aufgabe lautet: Was haben wir heute für ein Datum und wieviel haben wir innerhalb dieser Zeit geschrieben?)

Mama nahm mich immer auf ihre Urlaubsreisen mit, und außer dem Tschechow-Haus sollte ich noch viele andere besuchen. Auch in Georgien war ich, im Haus von Kasbegi und im Haus von Pschawela, außerdem noch in Gori ... In jedem prägte sich mir das eiserne Bettgestell ein und der schmalhalsige, grünliche Krug in der Ecke.

Als bereits dreißigjähriger Mann geriet ich nach und nach ein zweites Mal in diese Häuser. Ich wurde mitgenommen. In Tschechows Häuschen kam ich mit einem bekannten Filmregisseur, dem wir vor allem die Verfilmung von Tschechow-Prosa verdanken (die »Dame mit dem Hündchen« war bereits gedreht, das vortreffliche »Duell« noch nicht). Selbstverständlich wurden vor uns alle Türen aufgerissen. Die Samtbarriere, die Exponate und Zuschauer trennt, wurde für uns ausgehängt, wir durften nah rangehen. Auf dem Nachttisch neben Tschechows kleinem Bett lag ein französisches Buch über Patiencen, auf dem Abreißkalender stand für immer und ewig das Datum 27. Mai ... Ich erkannte von dem, was ich gesehen hatte, nichts mehr wieder. »Schon war die Alte nicht mehr da ...« Der Museumsdirektor beklagte sich über die Million Besucher im Jahr, über den Plan und den Zwang zur Wirschaftlichkeit, und wir zeigten Verständnis: Die Holztreppen, gedacht für die Schritte weniger Familienmitglieder, waren nicht dafür gedacht, die Allgemeinheit zu einer geistigen Tränke zu führen.

Viele Häuschen hatte ich mit Mutter besucht und bemühe mich, sie nicht wieder zu besuchen. Irgendein Reißen jedesmal in der Seele, sei es der Schmerz um den Dichter, sei es der um einen selbst. Irgendwas kann man jedesmal der Zeit nicht verzeihen oder auch wieder sich selbst. Nicht leicht, solche Besuche ... Die Menschen in den geführten Gruppen zu hassen, sie in Gedanken von einem selbst zu unterscheiden und zur Überzeugung zu kommen, daß man keinen Deut besser ist als sie, höchstens schlechter.

Solch einen Besuch zustande zu bringen ist merkwürdigerweise auch nicht so einfach: Man rafft sich dazu nicht eigens auf, und wenn sich, wie von allein, eine natürliche Gelegenheit ergibt, die man sogleich als Fingerzeig oder Schicksal deuten möchte, selbst dann ... ist entweder Ruhetag oder sogar Schlimmeres.

Ich kehrte mit dem Auto aus dem Süden zurück und war

bis ins mittlere Rußland vorgedrungen, das ich schnellstens hinter mich zu bringen trachtete, erschöpft von der langen Raserei und der Einförmigkeit der sich mir darbietenden Aussicht, als plötzlich ... Was war das? Wie freute sich der Blick! Die Landschaft verblüffte durch Kultiviertheit und Freiheit. Die Lösung folgte sogleich: Auf dem Wegweiser stand »Spasskoje-Lutowinowo«. Das war eine Fügung des Schicksals – wann wäre ich je so glücklich hierher geraten? Aber dieses Schicksal verfügte auch über mich. Ich konnte nicht einmal die bescheidene Eintrittskarte bezahlen, denn ich konnte meine Brieftasche nicht finden – weder Geld noch Papiere! Offenbar hatte ich sie an der letzten Tankstelle gelassen, von der ich schon fast fünfhundert Kilometer entfernt war ... Deshalb besuchte ich Turgenew nicht! Vielleicht ganz gut so. Warum auch, so mit einemmal? Vielleicht wäre ich noch verstörter gewesen als wegen der Brieftasche ...

Von allem, was ein Dichter für sein Volk bedeutet, von allen seinen Verdiensten wird eines nie erwähnt, dabei ist es unbestreitbar: der Naturschutz. Wieviel Geschichte, wie viele Kulturdenkmäler haben sie uns allein dank ihres Namens bewahrt. Doch auch wie viele Landschaften! Nicht geschützt durch ihren geheiligten Namen, hätten auch die sich in nichts aufgelöst, wäre das Wäldchen abgeholzt, das Gutshaus heimlich abgetragen worden, wenn es nur so dagestanden wäre. Ohne wem zu gehören. Das Eigentumsrecht des Dichters bleibt ihm, es ist geheiligt; geheiligt im übrigen durch unser Eigentumsrecht. *Am* Dichter. Daher können wir bis heute nicht nur aus ihren wundervollen Werken herauslesen, sondern zum Teil auch mit eigenen Augen sehen, wie der Mensch gelebt hat und was ihn damals umgab, als es ihn noch gab. Tintenfaß, Laube, Allee ... das Spazierstöckchen in der Ecke, am Ufer die Eiche, die einzige hundertjährige im ganzen Umkreis ... »Erneut besuchte ich ...«, »Ich denk des holden Augenblicks ...«, »Nein, gänzlich sterb ich nicht ...« In unserem Jahrhundert ist die

Natur ein ebenso intimer Kulturraum wie die Gedichte über die Natur. Wenn bei einer Fahrt über Rußlands Fernstraßen statt endloser, degenerierter und unaufgeforsteter Wäldchen und Holzschläge, die sich zu einem einzigen Durchhau zusammensetzen, und statt baufälliger, direkt auf die Fahrbahn stürzender Bauernhütten und Zäune plötzlich die Straße eine elegante Kurve macht, in einen breitbrüstigen, echten Wald eintaucht und sogar das Gelände veredelt erscheint, mit einemmal malerische Hügel und Lichtungen vorbeiziehen, reines Wasser blinkt, die Natur Kultur ausstrahlt (denn auch die wilde Natur gelangt, wird sie nicht gestört, zu ihrer Kultur), dann können Sie, noch bevor Sie den gezielt kultivierten, angelegten und später nicht abgeholzten Park oder Garten erblickt haben, noch bevor ein unverfälschtes Kirchlein mit einem nicht abgebrochenen und nicht umgebogenen Kreuz vorübergehuscht ist, bevor Sie an einer bescheidenen und äußerst passenden Stelle ein gemütliches Gutshaus erblickt haben – dann können Sie sicher sein, daß Sie sich dem Haus eines Dichters nähern, graben Sie nur in Ihrer Bildung, wessen Haus … Der Dichter ist der letzte Landmann. Sein Anwesen ist nicht nur ein geschlossenes Ganzes, sondern auch unversehrt.

Vielleicht sollte man nicht mit dem Auto hinfahren? Wir hatten eine Fahrt vor uns, mein Freund wollte die Stadt zeigen, in der er geboren wurde. Unterwegs könnten wir Abstecher machen, wohin wir wollten. Abbiegen. Aber wohin? Sagen wir, nach Gori. Oder noch davor, nach Saguramo. Nach Gori oder nach Saguramo? Ich wollte nicht ins Museum, viel lieber war mir in dem Moment die weite Landschaft. Außerdem war ich in Gori schon gewesen … Wann? Vor dreißig Jahren? Kann doch nicht sein! Ich war entsetzt. Aber alle wollten. Alle wollten, was ich wollte. Das heißt, alle wollten, daß ich wollte. Dann eben nach Saguramo. Dort wußte ich wenigstens nicht, was da war. Dorthin wollte ich auch nicht, aber weniger entschieden. Wir bogen von der Trasse ab, mit jener unbegreiflichen Erleichterung, die ein Abbiegen verursacht: gar nicht dorthin zu fahren, wohin du vorhattest ...

Was konnte ich dort noch nicht gesehen haben? Der Wagen knirschte über Schotter, steil den Berg hinauf. Die Steine und Büsche von mittelmeerischer Trockenheit spießten fröhlich den Blick auf. Schon interessant: immer müssen wir uns etwas vorstellen, bevor wir etwas zum ersten Mal sehen! Ein verschwommenes Monstrum aus bereits Gesehenem und Dingen, die wir niemals sehen werden, versperrt die Sicht: da hüpft ein Känguruh durch die Tundra, und auf dem Montmartre tröpfelt Petersburger Regen. Tschechows durchgetretenes Häuschen hatte ich während jener Auffahrt vor Augen, Kurgäste stiegen in Massen die klagenden, wakkeligen Treppchen hoch, das Andenken der (mir nicht mehr erinnerlichen) Marija Pawlowna schwebte traurig über dem Grabmal aus Zement, in dem das zu ihren Lebzeiten noch lebendige Haus beigesetzt war. Aber was ich da vor Augen hatte, war sowohl das Haus von Tschechow wie nicht das Haus von Tschechow – das Treppchen, das ich in der Erinnerung hochkletterte, führte mich in das ganz andere obere Stockwerk einer Holzdatscha in Sestrorezk, und nicht Marija Pawlowna, sondern die noch lebende Wera Wladimirowna führte mich über das steile Treppchen nach oben: »Achtung! Sehen Sie das Schildchen am Querbalken? Das hat Michail Michailowitsch noch selbst geschrieben. Damit die Gäste sich nicht den Kopf anschlagen.« – »Vorsicht, Stirn!« stand da sorgfältig von der Hand des Meisters auf einem sorgfältigen Brettchen aufgemalt. Seinem Willen gehorchend, verneigte ich mich unwillkürlich beim Eintreten ... So sei, wird erzählt, auch der Eingang zu Napoleons Grabkammer gebaut, daß jeder unwillkürlich den Kopf neige. Doch wie unterschiedlich waren die beiden Grandiositäten und Größen!

Dies war das lebendigste Schriftstellermuseum, das ich je

besucht hatte. Lebendig wie ein letzter Seufzer, wie eine herbstliche Spinnwebe, wie ein Zimmer, das verlassen wurde, aber noch sind die Schritte zu hören. Es war lebendig und leicht wie der luftige Gang der alten Dame, wie der Silberflaum, der als Gloriole um ihren Kopf leuchtete, wie ihr ununterbrochenes Mädchengezwitscher, das mir Begriffsstutzigem erläuterte ... Ich setzte mich an seinen Schreibtisch. »Diese beiden runden Dämpfer hat er auch selbst gemacht, damit die Läden nicht klappern.« Und sie setzte den einen Dämpfer zwischen Rahmen und Fensterflügel, als sie das Fenster öffnete. »Sehr praktisch.« Vor dem Fenster draußen war ein schlichtes Gärtchen, Stapel von Holzscheiten stützten den Zaun; ein schiefes Klohäuschen, das sich mit der Schulter gegen die Zweige eines hindurchgewachsenen Holunderbusches lehnte ... Ebenso schüchtern wie dreist, hob ich vom Schreibtisch die Brille, die wie ein Heuhupfer die Beine umgeklappt hatte; zwei verstaubte Wattebällchen waren für die Nasenwurzel drangepappt. Auch sie hatte Michail Michailowitsch selbst »gemacht«, wie mir erklärt wurde; die Brille hatte gedrückt! An der lebendigen Nasenwurzel hatte sie gedrückt! Die Watte hatte sie berührt! Hatte die Nase berührt! ... Nein, ich konnte nicht mehr ... Der Nachfolger Gogols und Erbe Tschechows! Ich drehte und wendete ein Papier in den Händen, sowas wie ein Formular, ein halbes Blatt, so groß wie eine Dienstreisebewilligung, eine Vorschrift oder Vorladung, unterschrieben vom Inspektor der Personalbuchhaltung. Das Papier setzte in Kenntnis, daß dem Autor Michail Michailowitsch Soschtschenko aufgrund des Beschlusses vom ... eine Ehrenrente in Höhe unserer heutigen einhundertzwanzig Rubel verliehen? zugesprochen? zuerkannt (ja, jetzt!) worden sei. Sie können sich nicht vorstellen, wie er sich gefreut hat, erläuterte Wera Wladimirowna. »Jetzt bin ich zumindest sicher«, sagte er, »daß du nicht Hungers stirbst. Dir steht nach meinem Tod die Hälfte zu.« Sie redete auf ihn ein, nicht hinzufahren (es ging ihm nicht gut): hat doch noch Zeit mit den Formalitäten, beschlossen ist es ja schon. Er litt an einer Nervenkrankheit, konnte nicht essen ... (Ach? wie Gogol? – Was Sie nicht sagen! wußte ich nicht ...), er sagte: »Du kennst mich doch, ich habe keine Ruhe, bis das nicht ...« Und er fuhr, wie sehr ich auch auf ihn einredete, kehrte in ganz schlechter Verfassung zurück ... Das heißt, er hat sie nicht mehr bekommen, seine erste Rente – der Schatten Akaki Akakijewitschs deckte den Schoß seines Pelzmantels über den großen Satiriker ... Die alte Dame erzählte mir mit ebenso klingender Stimme (in ihrer Rede fehlten auf erstaunliche Weise die Pausen), wie sie sich kennengelernt hatten, wie schön er gewesen war, als er von der Front zurückkehrte, noch im Uniformmantel, einen Baschlyk trug er darüber, eine ländliche Kapuze, sie waren gerade auf dem Heimweg vom Gymnasium, und da sagte ihre Freundin: »Schau, was für ein Baschlyk!« So nannten wir ihn dann auch, Baschlyk, und eines Tages sprach er uns an. Eine Gymnasiastin war die bemerkenswerte alte Dame auch geblieben, noch war sie eher auf ihre persönliche Bekanntschaft mit der berüchtigten Tscharskaja stolz (sie hatte ihr einen Leserbrief geschickt, und können Sie sich vorstellen! sie antwortete!) als darauf, daß sie die Frau eines großen Schriftstellers geworden war ...

Das war es, ja, genau das! Sie hatte nicht den Schriftsteller geheiratet, sondern einen schönen zwanzigjährigen Offizier, bleich, von deutschem Gas vergiftet, mit Baschlyk, mit Georgskreuz und Portepee am Säbel! Ihr Silberstimmchen schwirrte und schwirrte, und sie war immer noch dieselbe, in die er sich verliebt hatte, und nie habe ich ein erregenderes und lebendigeres Gedenken an einen großen Schriftsteller gesehen als dieses! Verliebt in ihr Silberglöckchen, machte ich meinen Kratzfuß, ohne deutliche Worte zu finden, und verließ dieses niemals eröffnete Museum, das durch ihr Leben dermaßen lebendig war, daß auch Michail Michailowitsch am Leben geblieben war – hinaus in das Gärtchen oder auf die Terrasse war er gegangen, während wir plauderten, ohne ihn zu ermüden ... Und als ich das gleiche Treppchen wieder hinabstieg, stieß ich mir doch die Stirn an, es sprühten Funken und es sprühte ihr Lachen, was machen Sie nur, dabei hatte Michail Michailowitsch selbst mich gewarnt davor ... Gerührt ging ich, trollte mich den lückenlosen grünen Zaun der offiziösen Nachbardatscha entlang, hinter dem was weiß ich wer jetzt noch leben mochte ...

... entlang einem ebensolchen Zaun, der unendlich lange den Blick von den herrlichen Birken im Park fernhält und an dem überall das Schild »Halten verboten« steht, während die Japaner, die das nicht verstehen, darum bitten anzuhalten, sie möchten die Birken photographieren, sie hätten gern Russian forest, sie möchten nicht ins Museum, während wir sie sanft, japanischer als sie selbst, anlächeln und vorbeifahren, weiter und weiter, und ihnen beruhigend zureden wie kleinen Kindern, bald sei es soweit und gleich seien wir da ... Und tatsächlich, zwischen zwei sich verengenden Zäunen zieht es unsere Delegationskolonne hinein wie eine Viehherde in die Hürde, und wieder geraten wir, wohin ich es nie erwartet hätte – grandiose Weite, Sicht und Luft um dieses gloriose Herrenhaus, wo der Mensch die Natur bereits komponiert hat, im gleichen Maße wie Musik, auch im Kamisol-Zeitalter übrigens. Nein, das Herrenhaus hatte keinem Dichter gehört, sondern einer Standesperson, aber Dichter waren hier oft, und eine ihrer Geliebten ist hier unter diesem Denkmal begraben.

In diesem Palast ergab es sich irgendwie, daß ein mit dem Verstand nicht faßbarer Reichtum nicht durch Luxus bedrückte, sondern durch Lebendigkeit berückte, durch Intimität des Raums und durch ein genaues Gefühl für den lebendigen Menschen, der sich hier bewegt hatte und den Palast zu seinem Revier gemacht hatte. Mit unterdrücktem nostalgischem Seufzer hörte ich im Saal nebenan das Schlurren der bestickten Schuhe meines Urururgroßvaters, den ich mir, offen gestanden, zu Unrecht zulegte. Ich weiß nicht, wieso es mich gerade in Archangelskoje so packen mußte, auch noch mit diesen Japanern, die so viel und so höflich lächelten, daß man nicht glauben mochte, sie wären imstande, auch nur einen Bruchteil dessen zu empfinden, was jeder Russe hier empfinden muß, vielleicht auch aus Ärger über ihre – für uns unerreichbare – Phototechnik, die sie unablässig aufblitzen und surren ließen, um sich zu verewigen, vielleicht auch um ... Bloß, wieso bildete ich mir ein, ich würde zu Asche verglühen von dem Anblick ihres Kaiserpalastes oder könnte ihre Gefühle angesichts eines japanischen Gärtchens nachempfinden oder einer japanischen Vase, von denen es hier, in unserem Palast, mehr als genug gab und die sie (mit welchem Gefühl?) mit ihrem japanischen Finger berührten ... wieso bildete ich mir ein, ich wäre dazu fähig? Deshalb etwa, weil ich zu ihnen reisen wollte und eben aus dem Grund, daß ich selbst bald ihr Gast sein würde, meine japanischen Gäste an einen Ort begleitet hatte, den ich, nebenbei gesagt, genauso zum ersten Mal im Leben sah wie sie ihn zum ersten Mal sahen ... wieso bildete ich mir eigentlich ein, daß gerade ich ein echter Russe wäre, als ich, besonders empört über ein lebhaftes Gekicher hinter meinem Rükken, mich umdrehte und meinen (nicht weniger russischen, aus einem Dorf im Norden stammenden) Filmregisseur ertappte, der auch mit mir nach Japan zu reisen gedachte, das heißt, aus einem nicht weniger hehren Grund hier in Archangelskoje war ... ich ertappte sie, den Japaner und den Russen, wie sie neugierig ihre philologischen Bedürfnisse befriedigten, nämlich bei dem fröhlichen Versuch, eine gemeinsame Sprache zu finden: sie deuteten auf marmorne Körperteile eines Amors, der Japaner nannte sie auf russisch und unser Regisseur offenbar auf japanisch; sie wiederholten diese, ihrem Klang nach dem Vertrauten so unähnlichen Wörter und lachten mit wahrhaft kindlicher Fröhlichkeit, dabei hatten sie endgültig die heimischen Penaten, das Kulturdenkmal usw. vergessen. Ich empörte mich damals ungeheuerlich.

Heute denke ich: prima Kerle, im Grunde … besser, als Krieg zu führen … prima Kerle!

… aber was mußte ich damals aus heiterem Himmel so zu heulen anfangen beim Ausgang? Ich war fast zufällig dorthin geraten, ein paarmal schon hatte es nicht geklappt, mal mit meiner Tochter, mal mit dem georgischen Freund, mal mit einem Fremdländer, jedesmal war es für uns geschlossen gewesen, dieses nette Häuschen, diese kleine Villa, sogar dieses Villalein, das mit seiner roten Schmalseite auf den Gartenring hinausgeht – mal war Mittagspause, mal der freie Tag, mal Putztag … doch da komm ich zufällig vorbei und hab gar nicht die Absicht, aber eine Stunde nichts zu tun (und das in Moskau!), und das Häuschen ist gerade offen! Ich zögere noch, zu unerwartet ist das, beschließe sogar, nicht reinzugehen; Tschechow ruft ein solches Gefühl hervor, daß man sich vor sich selbst geniert oder vor den Leuten schämt und inzwischen auch vor ihm, der diese Scham »mit solch wunderbarer Kraft« besungen und dargestellt hat. Lieber nicht, denke ich, da bin ich schon drin, da steige ich schon die Treppe hoch, ohne mich, stolz, einer Führung anzuschließen und mein – wenn auch bescheidenes – Inkognito zu lüften … mir braucht doch keiner was von Tschechow zu erzählen! … ich flaniere mit einer Miene von Bescheidenheit und Grandiosität durch die, muß man sagen, vortrefflich konzipierte Ausstellung, es gefällt mir, und da ich in vollem Umfang meiner Kenntnisse und meines Verständnisses mit Anton Pawlowitsch sympathisiere, lasse ich mich sozusagen gänzlich durchdringen von …

Und ganz am Schluß, plötzlich auf einem Kissen, unter Glas, in einer Vitrine so winzig wie eine Schreibmaschine, plötzlich, auf einem Kissen, einfach so, ohne jede Erklärung, einem aus Samt … unter unangepatztem Glas – Pincenez und Visitenkarte von »Doktor Tschechoff« … Ich stand,

stand davor, benommen, erstarrt … und als ich auffuhr, zu mir kam (hinter mir schon eine Alte, argwöhnisch), da beschloß ich, mehr könnte ich nicht anschauen, ich müßte gehen. So beschloß ich, aber so war es auch, es gab gar nichts anderes mehr: zum Ausgang. Und da gehe ich hinaus auf die Straße, lobe bei mir Takt und Geschmack der Ausstellungsmacher … und ich lächle noch einen Moment mit zufriedenem, entspanntem Lächeln ins plötzliche Straßenlicht, kneife die Augen zusammen, kann mich nicht gewöhnen, kneife und kneife sie, der Gartenring, es zwickt, Autos, Autos, es zwickt stärker, heute!! jetzt … und da beginnt, ganz ohne Gedanke, ohne Idee, einzig von diesem stummen Gefühl, ein Schluchzen mich zu »würgen«, wie man einst schrieb. Und ich bin unfähig, kann es weder begreifen noch zurückhalten, weder mich verstecken noch im Erdboden versinken … Ich weiß nicht, wohin mitten auf diesem brüllenden und verpesteten, baum- und strauchlosen Gartenring, wo durchaus Bekannte … was ist nochmal nebenan? der Schriftstellerverband ist nebenan … und ich als Vierzigjähriger, drei Kinder, stehe mittendrin, und sinnlose, ungehorsame, auf jeden Fall nicht betrunkene, denn da war nichts, Tränen fließen nicht einfach, sondern strömen, woher nur so viele? und weshalb? keinerlei Worte in mir, die erklären könnten, finde selbst heute noch keine. Ich stehe bloß, jetzt, in unserer Zeit, auf dem Gartenring, der in Moskau ist, mit meiner ganzen … mit meinem ganzen … ja, das geht doch nicht!

So ist das gewesen. Wovon hätten sie auch trocknen, wie hätten sie aufhören sollen? Keine Ahnung. Nein, niemals werde ich nach Michailowskoje fahren! Ich will nicht die Eiche sehen, um die die Katze herumgegangen ist, auch nicht das Spinnrad von Arina Rodionowna – nein, will ich nicht! Will nicht in die nicht mehr genutzte Kirche, die so hervorragend restauriert worden ist für die Besucher … Ungefähr das gleiche sagte mir ein Mönch, den ich im Dorf Nebyloje mitgenommen hatte, in der Gegend von Wladimir. Wir fahren, rasen dahin. »Der Inspektor!« warnt mich der aufmerksame Kirchenmann. Das Auto geht in die Knie, von hundertzwanzig auf sechzig, direkt vor der Nase des im Gebüsch hockenden Straßenpolizisten, und da ich gebremst habe, kann ich noch das in seiner Plötzlichkeit unwirklich wirkende Ortsschild des Dorfes lesen: Boldino. Wieso machte das Herz einen solchen Sprung? Von der Angst, ein Loch in den Führerschein geknipst zu kriegen? Von jenem unglaublichen Herbst Puschkins in Boldino? Weder der Straßenpolizist hielt mich an, noch hielt ich selbst. Ich begriff das erst, als ich wie in einem Finish die entgegengesetzte Dorfgrenze kreuzte und das Wort »Boldino« im Rückspiegel las. Nein, ich konnte hier nicht halten! Und ich hielt auch nicht. Mit was für Augen schaute ich auf die vorübergeflogene, von mir weggeflogene Landschaft! Was für Wolken zogen dahin, genau die gleichen wie über ihm! Hätte ich gewußt, daß das ein anderes Boldino war, in einer anderen Gegend, ein Namensvetter ... Und so jagte ich daran vorbei wie ein Namensvetter meiner selbst. Schminke mich noch immer als Hamlet, dabei wär es an der Zeit, den Lear zu proben.

... kaum waren wir an einem Straßeninspektionsposten vorbei, kaum hatte mein Freund, so heftig er konnte, davor gebremst und uns durcheinandergeschüttelt wie die Ferkel im Sack, da waren wir auch schon dort, wohin wir fuhren, da waren wir auch schon in Saguramo. Die Vorstellungen vom noch nie Gesehenen fielen sogleich in sich zusammen, worauf sich alles uns zukehrte und zur Bedingung jenes Glücksfalls wurde, wenn man – nichts voraussetzt. Gruppen gab es keine, wir waren die ersten und allein; es gab auch keinen übertriebenen Überbau über dem Heiligtum, weder eine Schwester noch eine Witwe war noch da ... Alles hier war durchaus normal, nicht vor dem Auseinanderfallen und nicht nach der Generalüberholung, in jenem Normalzustand, wenn man so weiterleben kann, wie man gelebt hat.

Allein unseretwegen kamen Hofhunde herausgelaufen, für einen so abgelegenen Ort überraschend reinrassige; allein von uns wandte sich an dem kleinen Teich ein schwarzer Schwan ab; allein für uns wurden aus dem frischen, noch unangebrochenen Heft die Eintrittskarten herausgerissen. Die Kassiererin aber war natürlich nicht allein, ein paar Frauen saßen in gemütlichem und müßigem Kreis vor dem Museum, belebten den Eingang. Wer waren sie? Mitarbeiterinnen, Verwandte? vielleicht sowohl als auch ... Eine der Plaudernden drehte eine Kaffeetasse in der Hand, hatte sich offenbar mitten im Satz unterbrochen, eine andere hatte das Interesse am eigenen Schicksal noch nicht verloren, das auf dem Gesicht eines jeden liegt, dem geweissagt wird, und auf dem Tisch der Kassiererin wartete ein weiteres Täßchen, schon umgedreht, bis es an die Reihe käme. Wir gingen hinein.

Dort war es still, reinlich, der Boden war auf bäuerliche Weise durchgeschrubbt oder schlicht uneben, darauf aus Stoffresten geflochtene, ebenso ländliche Dielenläufer. Gemütlich war es, als ob wir hier eine Zeitlang bleiben wollten oder doch lieber weiterfahren, als ob wir eingeladen worden wären und der Gastgeber auf uns gewartet und gewartet hätte und unmittelbar vor unserem Eintreffen weggegangen wäre, und wie immer war mir, dem Fremdling, hier nicht klar: und der Gastgeber? kommt der gleich oder in einer Woche? Hier hat die Zeit ein anderes Leben ... Die Erinnerung an den großen Mann unterbrach das Leben der hier Lebenden nicht. Weshalb ich mich außerdem wohlfühlte: ich bebte nicht vor Ehrfurcht vor dem großen Ilja Tschawtschawadse; mein Freund wohl schon, aber ich war nicht in der Pflicht. Das heißt, ich empfand sowohl aufrichtige wie auch gebührende Verehrung für ihn, mehr jedoch nicht. Für mich stand hinter ihm nicht das Schicksal meines Volkes. Und Gott sei Dank. Erholen wir uns auch davon. Alles hier stimmte einen auf Erholung ein, durch eine Art prinzipieller Schattigkeit, sowas gibt es nicht nur unter einem Baum ... Und ein guter Mensch war er auch. Daß unser Gastgeber Ilja ein guter Mensch war, wäre mir auch ohne die leidenschaftlichen Erklärungen meines Freundes in die Augen gesprungen. Die alltägliche Umgebung eines Menschen lügt nicht.

Als wir in den ersten Stock hinaufstiegen, beschauten wir auf dem Treppenabsatz, in einer großen Vitrine, persönliche Habseligkeiten: den Spazierstock, den Reisesack, eine weiße Weste – die eines »soliden«, wie man früher sagte, stattlichen Mannes ... als ob er doch zurückgekehrt wäre, uns noch erreicht hätte und nun rasch sich umkleiden gegangen wäre ... während wir derweil in sein Kabinett gebeten wurden, wobei man die himbeerrote Samtabsperrung rasch hinterm Rücken versteckte ... So nämlich sah die uns nachgeeilte Führerin aus, mit der mein Freund sich höflich unterhielt, während ich nichts verstand ... so nämlich sah sie aus: wie eine ferne und womöglich arme Verwandte, die hier im Haushalt half, Ilja hatte uns vorerst ihr anvertraut ... Sie versteckte hinter ihrem Rücken diese himbeerrote Anakonda mit dem Haken am Ende, und wir traten in sein Kabinett, so hatten wir uns das auch vorgestellt – männlich, gebildet; wir lasen die Buchrücken im Bücherregal, nicht allzu viele, aber alle notwendig, beschauten den nicht durch übermäßige Arbeit gemarterten Schreibtisch und den hübsch abgeschabten Teppich und die Schlummerrollen auf dem schmalen Sofa für ein plötzliches Nickerchen ... Wir traten auf den Balkon. Ein wunderschöner Park zog sich den sanften Hang hinab, die Bäume standen weiträumig, so daß zwischen den Stämmen, auf dem trockenen, niedrigen Gras ganz besonders die Sonnenflecken flirrten; diese Flecken spazierten nach Belieben durch den Park, gewährten bald Schatten, bald Licht, so daß weder das Licht irgendwo herunterknallte noch der Schatten sich irgendwo verdichtete. Und die Bäume waren von so gutem Schlag, wie die Hunde am

Eingang von guter Rasse gewesen waren. »Hier«, erläuterte mir der Freund träumerisch und liebevoll, »stellten sie gewöhnlich den Tisch auf ...« Und sein Blick wanderte zwischen den Bäumen durch, als ob er jemanden in die Ferne geleitete ... Oder vielleicht war jemand, den wir erwarteten, bereits im Anmarsch? »So ist das«, sagte er mit weichen Pausen, runden Gesten. »Direkt hier, wo wir stehen, waren Ilja und Akaki einst dermaßen ins Gespräch über die Geschicke ihres Landes vertieft, daß sie gar nicht merkten, wie sie ein ganzes Ferkel verspeisten ...« Und wieder machte sein Blick sich auf, um dort in der Ferne jemanden zu empfangen.

Danach verspeisten wir selbst, was wir mitgebracht hatten, dort unter dem Balkon, in dem schattig-goldenen Park; wir aßen, tranken Quellwasser dazu; spielten mit Lewan, dem Sohn des Freundes, Federball; und niemand verlor gegen niemand, bloß strebte die Sonne auf einmal hastiger dem Untergang zu, und Ilja war immer noch nicht zurück. Was konnte ihm bloß zugestoßen sein?

Das Grab   »Warum?« – das ist die Frage. Warum
des Dichters   Ilja? Warum Galaktion? Alexander Sergejewitsch – warum mußte es ausgerechnet Puschkin treffen?

»Puschkin tut mir mehr leid«, sagte ein Bauer auf den Tod von Lew Tolstoi.

Warum haben sie uns soviel ...? Und warum haben wir sie so ...? Und warum wurde ihnen das alles ...?

Wo wäre es richtiger, einen Dichter zu begraben: wo er geboren wurde? wo er schrieb? wo er umkam?

Doch wo hat er denn beispielsweise geschrieben? Wann kam er überhaupt dazu? Er wußte doch nie, wann und wo.

Heute errichten wir ihnen nun die Häuser, in denen sie gelebt haben. Tempel. Und beten sie an. In den Heiligenschreinen Photos, Erstausgaben, Manuskripte ... Porträts von Vätern und Söhnen, von Geliebten ... Tintenfässer, Stühle, Schirme ... Siegel, Handschuhe, Pistolen ... der Frack, der Gehrock ... Der Schlafrock!

Der Gehrock des Jungen, modisch und fein. Im Rockschoß ein Löchlein wie ein Finger so klein. Durch dieses Löchlein blinzeln wir ins Licht: Kommt wer und hilft uns, oder hilft er uns nicht? Es war einmal eine Grille ... Herrgott, kannst du verzeihn!! Über ganz Rußland brach Stille herein.

Die Gegenstände sind der Beweis, daß es den Dichter gegeben hat. Als ob wir nicht glaubten, als ob wir uns überzeugen müßten. Nur Exponate sind unanfechtbar. Als ob uns die Texte nicht reichten. Es muß auch noch eine Biographie her. Lieb ist uns, was wir genau wissen, lieb ist uns, was alle wissen ...

Geboren in der Ukraine. Lebte in Petersburg und Italien. War nicht verheiratet. Machte eine Reise nach Jerusalem. Erhielt einen Brief von Belinski. Bat darum, nicht bestattet zu werden. Später umgebettet.

Geboren in Taganrog. Von Beruf Arzt. Lebte in Moskau, in Melichowo und Jalta. Machte eine Reise nach Sachalin. Starb in Deutschland. Bestattet auf dem Friedhof des Neuen-Jungfrauen...

Wer ist das? Im Chor: Puschkin! Richtig, Kinder, Gorki.

Füllen wir ein für allemal in dem Kreuzworträtsel alle Kästchen aus.

Geboren 1796-1828 in einer wenig begüterten Landadelsfamilie aus altem Geschlecht, gestorben 1829-1910 im Alter von 26-82 Jahren. Sprach zwei bis sechs Sprachen. Zeichnete. Komponierte Walzer. War im Außenministerium tätig. Kriegsteilnehmer. Wurde zum einfachen Soldaten degradiert, in den Kaukasus, nach Sibirien und auf das Familiengut verbannt. Machte Reisen, wurde nicht ins Ausland gelassen, verbrachte 10, 20, 30 Jahre in Italien, Frankreich und England, wo er auch starb. Kam im Duell um, wurde ermordet, hatte eine Erkältung, kam um ... Seine sterblichen Überreste ruhen in der Heimat, wurden aus der Fremde überführt, das Grab ist verlorengegangen. Schrieb »Verstand schafft Leiden«, »Der eherne Reiter«, »Ein Held unserer Zeit«, »Die toten Seelen«, »Krieg und Frieden«, »Der Idiot« und noch einige andere Werke. Hundert Bände Briefe.

Mit der Anerkennung zu Lebzeiten stand es bei den russischen Schriftstellern nicht so schlecht wie, sagen wir, in Amerika. Bei uns wurden Stendhal, Poe, Potocki oder Melville nicht nach hundert Jahren entdeckt. Leser wie Machthaber wußten mehr oder weniger sofort, mit wem sie es zu tun hatten. Um die Biographien stand es schlechter, aber immer noch besser als im nächsten Jahrhundert. Bewahrt haben sich die Dichter auf jeden Fall ihren außergewöhnlichen Patriotismus.

Ja, die Biographie hätten wir. Aber wo ist dann das Haus, das wir gerade besucht haben? Wann hat der Dichter eigentlich darin gelebt? Er wurde darin geboren, oder er starb darin. War hin und wieder zu Gast. Einzig Lew Tolstoi; ... aber auch er hielt es letzten Endes nicht aus und starb unterwegs.

> Bald vergeht die harte Zeit. Der fromme Wandrer lobet Gott.
> Niemals wird der Weg enttäuschen, nahe leuchtet schon das Ziel.

Das Haus gibt es gar nicht, nur den Weg. Die Reise. Und wenn der Beginn der Reise, der Geburtsort, noch am wenigsten Chancen hatte, den dankbaren Nachfahren erhalten zu bleiben, denn das neugeborene Genie ist genauso ein Säugling wie alle anderen, nicht zu unterscheiden (wie verblüffend die Tafel an einem der Moskauer Hochhäuser: Hier wurde Lermontow geboren!), so müßten doch Sterbeort und Grab viel eindeutiger sein bei einem Menschen, der so viel vollbracht ... Sollte man meinen.

»Diese Menschen werden sich nicht an mich erinnern ...«

– »Diese Menschen werden sich an mich erinnern ...« Zwischen diesen Sätzen befindet sich eben die Generation, die alles vergessen wird.

Auch jenseits des Todes findet ihr Vagabundieren kein Ende.

Wie konnte es nur geschehen, daß es regnete, die Frau das Bett hüten mußte und dem Sarg nur vier Menschen folgten (einer davon Salieri), bis zum Friedhof nur einer mitkam, das Grab nicht fertig war und er so in einem Gemeinschaftsgrab für die Armen bestattet wurde, und als die Witwe am nächsten Tag kam, der Aufseher ihr das Grab nicht zeigen konnte? Und das bei einem Mann, der seit frühester Jugend den gekrönten Häuptern an Europas wichtigsten Höfen bekannt war! Ganz davon abgesehen, daß er ein Genie war, wie die Welt noch keines gesehen hatte, und zwar ein zu Lebzeiten anerkanntes Genie! »... im Vogeltschilpen Mozart« – dort, im Blätterwerk, ist sein Grab.

Es mag ja noch so häufig auf die Intrigen der Dritten Abteilung verwiesen werden, welche Unruhen im Volk befürchtete, trotzdem ist letztlich nicht zu begreifen, weshalb der Schlitten mit dem Sarg des Dichters unter soviel Geheimniskrämerei, nachts, in Begleitung von Gendarmen, nach Michailowskoje gejagt werden mußte. Das Grab ist freilich in diesem Fall bekannt. Dafür erlebte der Ort des Duells, noch zu Lebzeiten unmittelbarer Zeugen und Beteiligter, geheimnisvolle Verschiebungen ... sogar, ob links oder rechts der Straße, konnte zwanzig Jahre später nicht mehr bestimmt werden. So daß Sie, wenn Sie am Ort des Duells bei dem Obelisk stehen, womöglich gar nicht an dem Ort sind, wo sein Blut vergossen wurde.

Und Gogols ruhelose sterbliche Überreste? Er hatte so darum gebeten, hatte sich rechtzeitig gekümmert. Was galt sein Vermächtnis in den Augen von Menschen, die nicht daran zweifelten, daß sie ein Genie bestatteten? Sie hielten es für Faselei.

Weiter geht der Weg, die Reise. Viele Menschen gibt's
auf Erden.
Niemals wird der Weg enttäuschen, nahe leuchtet
schon das Ziel.

Die sterblichen Überreste eines Dichters werden nach Jahr-
hunderten aus ihrer Ruhe aufgestört, wenn man ehrenvol-
lere oder symbolträchtigere Orte für ihre Bestattung gefunden hat. Finden die Gebeine keine Ruhe oder finden wir
keine? Die Überreste von Kolumbus sollten nach seinem
Tod noch zweimal den Ozean überqueren, so durchpflügte
er vier Jahrhunderte lang die Wellen; Chaplin wurde gestohlen ...
Chlebnikow, der ewige Pilger, schleppte sich mit einem
Freund durch die Steppe, und bei dem Freund ging es ans
Sterben. Chlebnikow blieb nicht stehen, um zu helfen: »Die
Steppe wird die Totenmesse halten«, sagte er zu dem Sterbenden. Auch ihm hielt die Steppe die Totenmesse. Wie sie
auch, in Eiseskälte, Zwetajewa und Mandelstam die Totenmesse hielt. Wie sie es auch, im Felsgestein, für Pirosmani
tat. Nein, darin liegt nicht nur unsere Undankbarkeit! Darin
liegt noch etwas, wir verstehen es nur nicht ...
Die großen Verbannten und Vagabunden, deren Geburtsort ihrem Sterbeort entspricht ... Wer sind sie? Woher sind
sie gekommen und wohin entschwunden? Was hat da unser
irdisches Leben durchzogen wie das Himmelsgewölbe?
Ich stand und stand immer noch mit dem Rücken zum
Touristencamp. Wardsia versank in der Nacht wie im Schweigen. Nichts war dort mehr zu erkennen, aber es war etwas
in der Finsternis, das schwerer und schwerer wurde – es
war *vorhanden*. Hinter meinem Rücken kamen Tänze in
Schwung. Sowohl die Musik wie das Licht des Touristen-
camps, die mir in den Rücken schlugen, reichten nicht bis
dorthin. Ich stand zwischen beidem an der Grenze. Ein Stern
flammte auf und war auch schon vorbeigeflogen.

»Soll ich noch am Leben bleiben, muß ich den Verstand verlieren. Vögel streben zu den Seelen – auch den Leib ereilt das Ende.«

Rustaweli war nach Jerusalem fortgezogen. Alle waren in ihr Jerusalem gezogen. Und nicht zurückgekehrt. Als ich so hineinschaute in das nächtliche Schweigen von Wardsia, diesem Denkmal für die Vogelmenschen, die es einst bewohnt hatten, und selbst verstummte vor diesem Riesengrab von Geschichte und Heimat, da glaubte ich immer mehr an Rustaweli und immer weniger an sein Grab. Nicht, daß es das Grab nicht gäbe oder es nicht gefunden worden wäre. Sondern, daß er darin wäre, unter dem Stein. Sein Grab war hier. Die Heimat ist sein Grab. Er ist ihr Stern.

> Leben ist ein Augenblick.
> Für die Welt fühl ich nur Abscheu.
> Zu der Erde zieht's mich hin.
> In die Nacht führt mich die Schwermut.

Die Dichter sind alle vom gleichen Schlag. Jahrhunderte später sollte ein russischer Dichter, der Rustaweli nicht kannte, wiederholen:

> Mich dauert nicht des Lebens schwerer Atem,
> Was ist schon Tod? Mich dauert dieses Licht,
> Das nun, nachdem es überm Weltall strahlte,
> Zu Nacht wird, weinend, daß das Herz ihm bricht.

Lichtstreuung

Zum Gedächtnis an den Vater

Wie werden sie so plötzlich zunichte! Sie gehen
unter und nehmen ein Ende mit Schrecken.

Wie oft haben wir geseufzt und Ah und Oh gerufen, wenn
wir aus einem Wald traten, auf einen Berg kamen, um eine
Kurve bogen und das Meer erblickten ... Haben sich viele
Landschaften und Ausblicke vor meinem Blick aufgetan im
Laufe meines Wanderlebens? Nein. Nicht viele. Je häufiger
ich die Orte wechselte, desto weniger. Je weiter ich vor-
drang, desto mehr sah ich den Staub unter den Füßen und
die geflickten Schuhe. Ich schleppte mich durch schon un-
unterscheidbaren Wald, verließ sowas wie einen Garten ...
überquerte Berge, drang durch Gebüsch ... ich schritt auf
Wörtern aus dem allerdürftigsten Wortschatz.

Ich blieb bei dem, was ich hatte. Bei dem Datschensee in
Toksowo und beim finnischen Kieferngehölz des Pionierla-
gers, mit Blick auf die Peter-Pauls-Festung. Der Abstand
von einem halben Hundert Kilometer ist unwesentlich, vom
Gedächtnis getilgt; als läge beides in Sichtweite, in der gleichen Gegend. Jetzt wäre auch das nicht wenig: Der See ist
zugewachsen, der Wald kahl geworden, der Blick auf die
Newa durch Ansichtskarten ausgezehrt. Aber das – ist mein.
Darüber hinaus habe ich das eine oder andere durch
Beschreibung mitgehen lassen, habe es zu einem Faktum
meiner ... habe mir angeeignet. Dort in den Manuskrip-
ten, da liegt ein armenisches Kloster, ein georgisches Städtchen ... Ich gebe zu Protokoll, daß ich einiges gesehen habe.

Satt vom Sehen, gehe ich nach wie vor durch eine Straße,
betrete ein Haus, setze mich an einen Tisch – eine generelle
Straße, ein generelles Haus, einen generellen Tisch. Also –
nicht mein. Mein ist bloß soviel. Soviel es nun mal ist. Gut,
wenn es noch soviel ist, wie es war.

Das möchte ich sehen. Sonst möchte ich nichts. Ich erblicke sonst nur wieder …

Ich kehre aus Moskau zurück, bringe einen neuen Witz mit. »Dem Schah haben sie ein Bein abgenommen …« Wie man einsteigt, steigt man auch wieder aus. Wäre nicht das Schild LENINGRAD, gäbe es keinen Unterschied. Irgendwer hatte die ideale Idee, der Moskauer Bahnhof müsse dem Leningrader entsprechen: die gleichen Bahnsteige, die gleichen Wartesäle, das gleiche Friedhofsbeet am Anfang und Ende der Reise, der eine Lenin aus Stein blickt zum andern Lenin aus Stein – der Leningrader zum Moskauer? der Moskauer zum Leningrader?

Ohne den Bahnhof zu verlassen, tauche ich hinunter in die Metro: ich bin immer noch in Moskau.

Auf der Petrograder Seite komme ich heraus – endlich! zu Hause! alles klar und vertraut. Fröhlich stapfe ich über die Erde. Und zwar tatsächlich über Erde, denn zuerst kommt eine Anlage. Der kürzeste Weg. »Ich erkenne« könnte ich nicht sagen. Ich weiß! Sogar »ich sehe« könnte ich nicht sagen. Ich sehe nämlich NICHT, ich vergewissere mich nur: ja, alles noch an Ort und Stelle.

Meine Route erinnert an das Experiment von Konrad Lorenz mit der Spitzmaus. Dieses unterentwickelte Tier sucht sich seinen Weg nur ein einziges Mal; stellt man ihm bei diesem ersten Mal ein Hindernis in den Weg, das man später beiseite räumt, so umrundet das Tier dieses nicht mehr existierende Hindernis bis ans Ende seiner Tage. Vor vierzig Jahren überquerte ich die Karpowka auf einem Holzsteg, vor einem Jahrzehnt wurde dann, fünfzig Meter weiter, eine solide Steinbrücke gebaut; eine Zeitlang standen beide nebeneinander, und ich ging noch über den Holzsteg; er wurde rasch baufällig, hatte Löcher, wo Bretter herausgebrochen waren, die blankgewetzten Nagelkappen glänzten; dann wurde er abgerissen. Auch jetzt noch lande ich, auf dem kürzesten Weg, zuerst bei ihm, vergewissere mich, daß er nicht mehr da ist, und taste mich gleichsam zur neuen Brücke vor, mache einen kleinen Schlenker. Der kürzeste Weg ist jetzt ein anderer … Daß ich NICHT sehe, war also ziemlich genau ausgedrückt – ich spüre, aber sehe nicht; was hätte ich hier noch nicht gesehen? Ich gehe und blinzele, als schaute ich in die Sonne, ich atme, als wäre die Luft hier anders, fast huscht ein Lächeln über mein … Würde ich mich allerdings aus der Distanz betrachten, bemerkte ich, daß ich mich leicht seitwärts gedreht fortbewege, gewissermaßen einäugig, falls man das so ausdrücken kann, und nicht vor die Füße schaue.

Ich gehe so, damit in mein Gesichtsfeld nur fallen kann, was auch früher da war, und früher, das heißt: vor mir. Schaut man nicht nach links, gelingt es einigermaßen: die Karpowka, der Botanische Garten, und jetzt kann man den Kopf auch nach links wenden – dort steht mein Haus: wie es früher stand, so steht es noch. Die Karpowka ist jetzt allerdings granitverkleidet, die Bäume, die nach dem Krieg an ihrem Ufer gepflanzt wurden, sehen fast hundertjährig aus, und jene hundertjährigen, die den Botanischen Garten säumten, sind längst umgefallen, sie neigten sich tiefer und tiefer über das damals noch nicht granitene Ufer und fielen der Reihe nach … auch umgibt den Garten jetzt ein anderes Gitter. Und natürlich treten meine Füße bereits nicht mehr auf Steinplatten, und das Pflaster besteht nicht mehr aus Kopfsteinen – alles Asphalt. Doch mein Haus ist noch wie früher, wenn man nicht zu sehr den Hals reckt: oben sind die schrägen Mansardenfenster weggekommen, sie wurden zu einem zusätzlichen Stockwerk begradigt. Von meinem Haus aus hat sich die Sicht zu meiner Zeit allerdings nie verändert: dasselbe Elektrotechnische Institut mit dem Turm, dieselbe Uhr auf dem Turm, dieselbe zweihundertjährige Baracke aus Elisabeths Zeiten in der Ecke des Botanischen Gartens … Dieses ganze selektive Sehen gelingt ohne Mühe, ohne Willensanstrengung, ganz von allein – ich bin noch in meinem früheren, unveränderten und unveränderlichen Raum, es ist keine Zeit vergangen. Und meine Assoziationen sind so eintrainiert wie der Weg.

Wie die Spitzmaus das Hindernis auf ihrem Weg tatsächlich *sieht* und deshalb umrundet, so sehe auch ich als erstes stets denselben Mann in Unterhosen, der die Beine vom Dach eines siebenstöckigen Hauses baumeln läßt und den hinaufkletternden Feuerwehrleuten droht, hinunterzuspringen, falls sie sich näherten ... dort unten stehe ich, hinter den Menschenrücken sehe ich nicht alles ... drei Stunden dauert die Belagerung ... Jetzt gleich, wenn ich an der Stelle vorbeikomme, wird mir gewohnheitsmäßig das Herz stehenbleiben, wie damals, als ich das Warten aufgab und mich, aus Angst vor einem Rüffel wegen Zuspätkommens, schließlich auf den Heimweg machte, und da hörte ich hinter mir den Schrei der Menge, und als ich mich umdrehte, erblickte ich den Körper, für alle Zeiten im Flug erstarrt, schlaflos weiß, gleichsam leer ...

Am anderen Ufer der Karpowka, wo das Krankenhaus ist, erblicke ich zuallererst das Wort »Leichenhalle« ... Nein, es hängt kein Schild dort, ich hatte bloß immer Angst, in jene Richtung zu schauen und wußte nie, welcher von den finsteren Bauten »es« ist (von der Leichenhalle dachte ich stets im Neutrum), und deshalb liegt dort das Wort ... Wohl deshalb begann ich damals, eben an der Biegung von der Karpowka zum Apotheker-Prospekt, ein denkwürdiges Gespräch mit Mama. Ich ging damals in die erste Klasse ... Mama verstand mich damals nicht ... und noch heute, sooft ich hier vorbeikomme, stelle ich ihr jedesmal dieselbe Frage und erhalte wieder keine Antwort: »Mama, wenn ich sterbe, sterbe ich dann ganz?« Mama hat es eilig, wir müssen noch für unsere Marken etwas kriegen und sie muß mir noch zu essen geben, bevor sie an ihre zweite Arbeitsstelle hastet. »Ich verstehe dich nicht, was meinst du?« Ich stelle die Frage anders. »Na, wer war ich, als es mich noch nicht gab? Ich war doch schon ...« Meine Stimme zittert. Trotzdem versteht Mama nicht, daß ich, wenn ich vorher schon war, auch nachher sein würde. Bei meinen schlimmen Mandeln soll ich in der Kälte möglichst wenig reden. Mein Leben interessiert die Mutter eben in jenem Intervall zwischen »vorher« und »nachher«. Wenn ich um diese Ecke biege, weine ich jedesmal nicht.

Ich bin auf dem Apotheker-Prospekt. Die Karpowka bleibt hinter mir zurück; rechter Hand der Garten ist nach wie vor schön, links bin ich blind – eine Fabrikmauer. Bis zum Haus sind es wenige Schritte, aber selbst auf diesem kurzen Stück kommt noch ein Erkennungszeichen: eine kümmerliche Eiche, die sich mühsam ihre Lebenssäfte unter der Fabrikmauer hervorholt. Zwei ungleiche Baumschicksale: auf der anderen Straßenseite hat sie ein glückliches Leben vor Augen – dort hinter dem Gitter, im Botanischen Garten ... Dieser Eiche jedoch wurde sogar ihr unglückliches Leben gerettet. Blattläuse hatten sie befallen, und als mein Vater noch aus dem Haus konnte, gab er sich lange damit ab, das Ungeziefer mit einem Stock von jedem Blatt zu lesen. Die Passanten schauten verwundert auf den alten Mann; ihn brachte das nicht in Verlegenheit, und wenn ihn jemand fragte, gab er bereitwillig Auskunft, mit erhobenem Zeigefinger. Wie unsäglich sinnlos mir seine Beschäftigung vorkam! Auf diese Weise, im Alleingang, hat Vater jedoch im Lauf des Sommers die Blattläuse besiegt. Aha, da ist sie, die frühreife Halbwüchsige aus der Nachkriegszeit! Doch mit kräftigem Laub, ohne Blattläuse. Wenn ich mich um-wende, erblicke ich Vater: mit der einen Hand stützt er die andere, damit sie nicht absinkt, wenn er sich nach einem Blatt reckt. Er wirkt licht, innerlich konzentriert. Er hat mich nicht bemerkt, als ich vorbeiging, und ich habe ihn nicht angesprochen. Im Raum hinter meinem Rücken, dort ist er geblieben, in demselben Raum, wo auch der Mann in der weißen Leinenblase fliegt und nie herunterfällt, wo ich auf »vorher« und »nachher« keine Antwort bekomme.

Da ist ja auch der BAUM. Der Baum, das heißt – das Haus. Bäume gibt es hier in Mengen, aber der BAUM ist einzig. Er wächst unmittelbar am Haus, also auch außerhalb des botanischen Reiches, trotzdem ist er ebenso mächtig und uralt, aus dem gleichen Geschlecht, mit jenen verwandt, ein Patriarch der Vorstadtgärten aus Elisabeths Zeiten. Er überdeckt die ganze Straße, hat sich mit dem unteren gigantischen Ast seinen Brüdern entgegengereckt und hatte, wenigstens mit dem letzten Blatt, das Gitter erreicht, war bei den Seinen, im Garten … Diesen Ast brach ein Lastwagen mit überdimensionaler Ladung ab. Es tat wohl, den herabgeschleuderten Container zu sehen. Und der Ast versperrte die ganze Straße, er selbst ein hundertjähriger Baum. Er dauerte mich sehr, der Ast. Aber recht bald hing, genauso mächtig und niedrig, der nächste Ast über die Straße. Eingedenk des Unfalls wurde er rechtzeitig abgesägt. Darauf reckte sich der ganze BAUM zum Garten hinüber. Und wuchs unter einem Winkel … Es tat wohl, wenn ich mit dem Taxi nach Hause kam, jedesmal wieder zu sagen: »Halten Sie bitte dort, unter dem BAUM.« Nie fragte ein Fahrer zurück, so sehr war klar, was das bedeutete, »unter dem BAUM«. Seit drei Jahren gibt es ihn nicht mehr. Jedesmal stockt mein Blick vor dieser Leere, vor diesem empörenden Kahlschlag, der unsere Toreinfahrt entblößt hat. Wenn ich nachts mit dem Taxi nach Hause komme, mache ich jedesmal den Mund auf, um dem Fahrer zu sagen, wo er halten soll, dann fällt mir ein: für den Fahrer ist der BAUM ja unsichtbar. Nun weiß ich nicht, was sagen, über dieser Sekunde vergehen weitere zwanzig Meter, bis ich barsch hervorstoße: Hier. Na ja, kehr ich ein Stückchen zurück.

Als der Baum gefällt wurde – das war ein EREIGNIS. Lange danach lagen im Hof noch elfenbeinfarbene Holzstücke herum. Vater haben wir von dem Baum nichts gesagt. Vater konnte schon nicht mehr aus dem Haus, so hat er das von dem Baum nie erfahren. Ich feierte meinen Vierzigsten in Moskau. Er gratulierte mir noch telefonisch. Eine Stunde später … Als ich mit der ersten Maschine ankam, Vater ankleidete und mit der Hand unter sein Kreuz fuhr – da war seine letzte Wärme.

Aus dem umfangreichen Bund mit Schlüsseln von zahllosen fremden Häusern greife ich einen heraus. Bevor ich ihn im Schloß drehe, stecke ich die Hand durch den Briefkastenschlitz; beim Öffnen klappert der Deckel. An diesem Geräusch erkannten immer alle, daß Vater nach Hause kam. Ich drehe den Schlüssel.

»Guten Tag, Mutter.«

Auch wenn wir stets mit Ausdauer und Nachdruck über das Leben klagen, wollen wir im gegenwärtigen Augenblick niemals wahrhaben, wie schrecklich unsere Lage tatsächlich ist. Wir haben keinen Krebs, es wird nicht auf uns geschossen, alle sind, Gott sei Dank, am Leben. Je schlechter die eigene Lage, desto mehr ist sie unser: wir würden mit niemandem tauschen. Anderen scheint es ja noch schlechter zu gehen. Bedenklich stimmt nur, daß eine weitere Verschlechterung kategorisch ausgeschlossen wird. Was das anbetrifft, kann's nicht mehr schlechter kommen. Ansonsten geht's eigentlich noch. Einigermaßen. Wenn's nicht mehr zu lang anhält.

Dafür kam der Tod dann plötzlich. Vater ahnte überhaupt nichts. Dabei hatte er ihn so gefürchtet. Sein letzter Tag war sogar leicht und gut. Sogar Appetit hat er gehabt, nach einer Frikadelle verlangt. Mit der Nichte und der Kollegin hat er telefoniert. Über ein Jahr hatte er niemanden mehr angerufen, nun tat er es, nahm Glückwünsche zu meinem Vierzigsten entgegen.

Sein Gesicht war klar, war schön. Fast nicht zu sehen der Bluterguß an der Stirn – er hatte sich angeschlagen, als er umfiel. Aber es hat ihm, wie der Doktor sagt, nicht weh getan; als er fiel, war er schon tot. Er war sogar bereits gestorben, als er aufstand. Tot stand er auf und fiel um. Was soll's, daß er eingeäschert wurde. War ja auch sein Wille. Außerdem, so konnten wir ihn auf unserem Friedhof beerdigen. Und dort sind Bestattungen nicht mehr erlaubt. Mit einem Sarg hätten sie uns nicht …

Ein Gedanke, den zu Ende zu denken mir nie gelingt: diese beiden Skalpelle, die Vaters Leben durchschnitten haben … Mag es auch nur noch schwach in ihm geglommen haben, so war es doch nicht völlig erkaltet, nicht im letzten Funken erloschen, nun jedoch brach alles, was noch in ihm war, ab – schlagartig, auf ganzer Front. Nicht sein eigenes Dasein, sondern die gesamte Welt, wie sie sich ihm dargestellt hatte, stürzte in diesen Abgrund. Zeit und Finsternis haben diese besondere Eigenschaft, die ich nicht in Gedanken fassen kann: die wie ein Apfel zerstückelte Welt. Und danach – der Ofen … Wohin kam am dritten, am neunten, am vierzigsten Tag nach dem Tod seine Seele zu Besuch?

Doch ein Jahr später kam er selbst zu Besuch. Im Traum. Wie eine Begegnung auf der Straße. War zerlumpt und fröhlich. Unbeschwert. Hatte ausgefranste Hosen. Mutter war bei mir, doch er freute sich besonders über mich. Tätschelte mir die Hand. Mutter wurde richtig eifersüchtig: »Und ich?« Dann gingen wir zum Essen in einen Schnellimbiß. Vater aß gierig und jungenhaft, wir schauten zu, wie er aß. Er aß und redete (eine Angewohnheit, die Mutter früher so gestört hatte), erzählte Mutter begeistert von meinen literarischen Erfolgen. Das war zu merkwürdig, sah ihm gar nicht ähnlich. Gott sei Dank, ging mir durch den Kopf, daß gerade er diese »Erfolge« nicht mehr erlebt hat: er hätte sie nicht verschmerzt. Doch – wer sagt's denn, da sucht er tatsächlich Mutter vom Gegenteil zu überzeugen … Erfreut über die unerwartete Unterstützung, wollte ich die Gelegenheit nutzen und ihn nach dem Leben »drüben« ausfragen (nicht nach dem in Amerika, sondern dem Jenseits), doch er wehrte kauend ab: »Dort bin ich so selten …« Dieser merkwürdige Satz spießte sich auf seine Gabel wie eine Makkaroni. Sein Hunger und sein verwahrlostes Aussehen bestärkten meine christlichen Zweifel am zeitgenössischen Ritual – andrerseits war dieses Unbehaustsein gleichsam nur äußerlich, woher sonst diese Sorglosigkeit und Freiheit, die ihm nie eigen gewesen waren? Darum ließ ich nicht locker und stellte ihm die wichtigste Frage, ich neigte mich zu ihm, damit Mutter es nicht hörte, und fragte wie unter Brüdern: »Na, wieviel hab ich noch vor mir?« Vater sah mich an und kaute nachdenklicher. Ich redete auf ihn ein, ich wollte es nicht aus purer Neugier wissen, ich sei auf alles gefaßt, nur müßte ich es im Ernstfall noch *rechtzeitig schaffen*. Gemeint war meine Arbeit, mein Lebenswerk, das er stets – dies wurde mir nun klar und schmeichelte meinem Sohnesstolz – voll und ganz akzeptiert hatte. Vater hörte mir unaufmerksam zu, schließlich, nach einem letzten Abwägen, streckte er mir, ohne mit dem Kauen aufzuhören, fast geringschätzig, als teilte er unser sterbliches Interesse am Leben nicht – so streckte er mir zwei Finger entgegen. Mit der Hand, die nicht die Gabel hielt. Wie Hörner oder Hasenohren. Oder damit Mutter es nicht verstand. Oder es war eine römische Fünf. Aber wieso eine römische? Dann hätte er mir auch auf russisch alle fünf Finger hinhalten können. Oder war es ein lateinisches V – für Viktoria? Eine Zwei kam mir natürlich gleich als zuwenig vor. Viel hatte ich nicht erwartet, aber keine Zwei. Der 25. Juli 1980, wie sich mühelos errechnen ließ. Das zu präzisieren gelang mir jedoch nicht. Der Traum löste sich auf.

Vor mir lagen also mindestens zwei Jahre …

In einer Hinsicht hat sich bereits erwiesen, daß Vater recht hatte – in seiner Geringschätzung für mein Interesse. Rein gar nichts habe ich in diesen zwei Jahren geschafft! So ist das Leben. Es läßt sich nicht beschleunigen. Meinen Fünfjahrplan habe ich nicht in zwei Jahren erfüllt. Ich lebte mit der Vorwarnung genauso wie ohne sie, und einzig in dieser Hinsicht bin ich mit mir zufrieden. In dieser Hinsicht erwies ich mich als frei und habe kein zusätzliches Brett an mein Kreuz genagelt. Drei Monate habe ich noch vor mir.

Es sei denn – Viktoria …

So daß mir meine Lage durchaus nicht als mies erscheint. Denn schlechter kann's gar nicht kommen. Meine Freunde verlassen mich … Mein Mädchen kommt nicht zu Besuch … Nichts geht mehr, kein Geld, geschieden, weiß nicht, wo wohnen. Das Schreiben will auch nicht, wie Zement liegen die Früchte im Schoß, kein einziges Ei habe ich ausgetragen. Habe also doch nichts getan, wozu mußte ich Vater damals fragen. Zwar, meine Kinder – über die kann ich mich nicht genug freuen. Bloß hat die Tochter keinen Studienplatz und der Sohn wieder eine Erkältung. Zwar, was die mir auferlegten Unterhalts…: bislang erfülle ich sie, ich verzehre mein Automobil. Es fehlt den Kindern an nichts, als ob ich noch da wäre. Zwar gibt es noch ein paar minderbemittelte Leser, für die ich ein Lichtblick bin. Minderbemittelte arme Schlukker, doch sie brauchen mich, und Gottseidank kenne ich sie noch nicht. Zwar gibt es noch ein paar ehemalige und künftige Schönheiten, die mir wohlgesonnen sind. Doch besser, sie schätzten mich schlechter ein als ich mich selbst. Zwar ist da noch meine Mutter – Gott gebe ihr Gesundheit!

Im großen und ganzen komme ich über die Runden …

Ein verlorener Sohn, kehre ich nach Hause zurück. Vor vierzig Jahren wurde ich hierhergebracht, dann vergingen irgendwie vierzig Jahre, und wieder bin ich hier! Mein Bollwerk! Ich weiß immer noch, wo ich hinkann – wenn das kein Fazit ist.

Mutter ist wie ein junges Mädchen. Sie redet munter und fröhlich drauflos, läßt sich nie von Alter oder Stimmung unterkriegen, sie redet, und auf ihrem Rücken scheinen zwei Gymnasiastinnen-Zöpfe zu wippen oder zwei buntbestäubte Schmetterlingsflügel zu flattern … Sie überschüttet mich mit sämtlichen Familienneuigkeiten, und zwar den allerletzten, allerbelanglosesten, als hätte ich erst gestern das Haus verlassen und wüßte über alles noch gut Bescheid. Und so lasse ich mich einstäuben, gehe zurück in Puppenstellung, spinne mich ein in den Kokon und bin bereit, nie wieder zur Welt zu kommen, sondern hierzubleiben, bei Mama.

»Stell dir vor, wir werden ausquartiert!« plappert Mutter fröhlich.

Die Einzelheiten berichtet mir der Nachbar Nikonowitsch. Daß er schon 89 ist, ich glaube, da schwindelt er ein wenig. Aber mag ja sein. Den Ausweis hat er mir gezeigt. Mag sein, Nikonowitsch lebt ewig. In den letzten vierzig Jahren hat er sich nicht nur nicht verändert, sondern entschieden verjüngt. Im Gerontologischen Institut wird er als Objekt geführt. Er ist hochgewachsen, schlank, behend; die glattrasierten Wangen überzieht ein frisches Rot, und sein Haar ist nicht grauer als meines. Vier Kriege haben seine stramme Haltung gefestigt, und sein bewußtes Junggesellentum tat ein übriges. Begonnen hatte er als Unteroffizier in der zaristischen Armee, jetzt muß es mindestens eine Obristenuniform sein, damit er einem Engagement bei Lenfilm zustimmt, im Rang eines Großfürsten verschlug es ihn auch schon in die Zarenfamilie. Zu seinem knorrigen Äußeren paßte die durchdringende Stimme, ein schnarrender Bariton. Der Bariton wurde ihm jedoch wegen Kehlkopfkrebs entfernt, die Operation verlief höchst erfolgreich, so daß er nun auch in onkologischer Hinsicht als Objekt gilt. Und man muß sagen, so gesprächig wie nach der Operation war er vorher nie. Zuerst konnte man ihn schwer verstehen, mit steifer Gymnasiastenschrift schrieb er endlose Zettel. Jetzt hat er es oder haben wir es gelernt. Ich höre mich nicht mehr, wenn ich ihm antworte, und wir unterhalten uns wie zwei Fische im Aquarium.

Übrigens erinnert unser – wie sich zeigt, unrettbar verlorenes – Haus ein wenig an ein Aquarium. Jahrhundertwende, Jugendstil – tatsächlich, seine Linien haben etwas

Aquariumhaftes. Nikonowitsch öffnet und schließt den Mund, und mir wird immer klarer: Wir werden ausquartiert, nun ist es unumstößlich, wenn schon das Exekutivkomitee der Stadt den Beschluß gefaßt hat, nun kann es jeden Moment passieren, noch am ehesten nach der Olympiade. »Nach der Olympiade« ist bereits eine stehende Redewendung. Wie »nach dem Krieg«. Am ehesten noch um sechs Uhr abends. Nach einem Regen, falls es ein Donnerstag ist. Einem kleinen radioaktiven Regen. Immer weiter höre ich das abgeklärte, aschene Flüstern.

Ein Aquarium, zwei große alte Fische, nun auch noch Regen von oben. Mein Blutdruck sinkt rapide, Trommelfelle und Schläfenbeine wölben sich einwärts, als saugte ich mich selbst inwendig aus. Und er redet und redet. KOMMUNALENERGVERBRAUCHENTSORGREPARATREFERAT schreibt er auf einen Papierfetzen das mir in seiner Aussprache unverständliche Wort. Der hat uns gekauft, der hat uns verschlungen, dieser Gliederfüßler. Also, unser ganzes Leben und Sterben ist nichts als ein PLUMPSKRÄHHOPSQUENGELAUAKAPUTT. Wir sind nicht mehr, doch er, der sich schon die halbe Apotheker-Insel einverleibt hat, er existiert weiter, RÜLPSROTZWUCHERKOTZVERDAMMT.

Vor meinen Augen schwankt bereits das Zimmer; der Raum verschwimmt, treibt allerhand Hokusfokus, wie es sich gehört für ein Aquarium; unter einem bestimmten Blickwinkel verwandelt er die Masse in eine Linse, bald drückt er meinen Gesprächspartner platt wie eine Flunder, bald zieht er ihn lang wie einen Nadelfisch. Schließlich klage ich vor Nikonowitsch über Schwindelgefühle und niederen Blutdruck, doch besser, ich hätte es nicht getan ... Erstens soll ich, seinem Beispiel folgend, vor dem Essen ein Glas trockenen Wein trinken (für zehn Minuten schweifen wir vom Thema ab, vertiefen uns in die Eigenschaften von Vitaminen und Glukosen ...), aber nicht zuviel (das ist eine Anspielung), allerdings regelmäßig (das ist ebenfalls eine Anspielung), das Ergebnis sehen Sie handgreiflich vor sich ... und zweitens, getrocknete Aprikosen (noch fünf Minuten über Eigenschaften und Preise getrockneter Aprikosen) ... und siebtens: eine Bouillon (aber das ist nun ein Scherz, Nikonowitsch bullert lange vor sich hin). Der Scherz liegt in folgendem: Descartes (das Buch kann er mir zeigen) gab dem an Anämie und dergleichen Gebresten leidenden Pascal den Rat, öfter eine kräftige Bouillon zu sich zu nehmen (aber was ist mit Cholesterin und Sklerose? – besser, ich hätte nicht nachgefragt ...), also, eine Bouillon, und zweitens, sich morgens so lange wie möglich nicht vom Bett zu erheben, bis er sich vom Liegen hundsmüde fühlt ... Ha-ha-ha! Wirklich? Descartes? Ich hole Ihnen rasch das Buch ... Nicht doch, ich glaube Ihnen. Gute Nacht, Alexander Nikonowitsch.

Am Morgen mag ich lange nicht aufwachen. Unhörbar, wie ein Nachtfalter raschelnd, flattert Mutter zwischen Küche und Zimmer hin und her. Erst mag ich nicht aufwachen, dann mag ich nie mehr wach werden. Ich erinnere mich nicht, ich mag mich nicht erinnern, warum ich es nicht mag. Ich hätte von einem Telefonanruf aufwachen müssen. Wenn ich die Hand aus dem Bett hängen lasse, fällt sie auf den Telefonhörer. Vielleicht hat Mutter das Telefon weggebracht? Ohne die Augen zu öffnen, lasse ich die Hand fallen – der Hörer ruht sicher auf der Gabel, ist nicht herausgesprungen, nicht herabgeglitten ... Sie hat nicht angerufen! Ich wende mich vom Leben ab, der Wand zu. Aber der Schlaf will nicht mehr kommen. Ich halte diese letzte morgendliche Möglichkeit in mir fest, an nichts zu denken – eine seltsame Anspannung! Woran speziell denke ich nicht? Kann mich nicht recht erinnern ... Die Uhr schlägt einmal. Wieviel Uhr ist es? Halb – wieviel? Wenn ich mich wenigstens an ein Detail aus dem letzten Traum erinnerte, könnte ich versuchen, mich wieder hineinzuversetzen, zurückzukehren. Aber er ist weg, offenbar unwiederbringlich. Die kläglichen Versuche, mir selbst einen Traum zu basteln, erinnern an die Brechreiz verursachenden Anstrengungen des Schreibens ... Die Uhr schlägt, und wieder nur einmal. Also habe ich mich eine halbe Stunde zur Wand hin widersetzt ... Erleichtert drehe ich mich auf den Rücken. Was ist mit der Uhr los? Entweder es ist eins, oder es ist halb zwei. Das wiederauferstandene logische Denkvermögen entzückt mich. Wenn sie angerufen hätte, dann nicht nach zwölf, und auch das schon unter Berücksichtigung sämtlicher geographischer Komplikationen, sämtlicher Postpferdewechsel von ihrem Leningrad zu meinem – sie ist also nicht durchgekommen ... Doch das ist immerhin etwas, das ist immerhin ... Mein Kopf ist absolut leer. Und da: die Sonne.

Die Sonne gab mir den Rest. Natürlich wollte sie überhaupt nichts von mir wissen, genausowenig wie die Zeit, die ich zu verliegen trachtete. Unterdessen ging alles weiter. Davor konnte ich nicht länger die Augen verschließen.

Ich öffnete sie. Was ich sah, war der Mühe wert. Ich lag, hatte immer noch die durch eifriges Liegen gehortete Starre und Kopfleere in mir und beobachtete ein allbekanntes Phänomen: Staubkörner in einem Sonnenstrahl. Wie viele Jahre hatte ich das nicht gesehen? Zehn? Zwanzig? Ganze dreißig? Der Strahl stand als hohes rechteckiges Prisma im Raum, er war zwischen Fensterrahmen und Vorhang durchgedrungen und wurde unten abgeschnitten vom Aufsatz meines prächtigen Schreibtischs, an dem schon mein Großvater keine Zeile geschrieben hatte, nachdem er ihn auf Bestellung, nach eigenem Plan, hatte fertigen lassen. Das vom Schreibtisch abgeschnittene Lichtprisma stützte sich auf das Parkett und stieß mit der einen Seite auf mein Kissen. Staub gab es allerdings genug. Er wölkte sich, aufsteigend und absinkend, drehte sich zu galaktischen Spiralen, er blinkte sogar, fand dafür geschickt Facetten in sich, hingerissen vom Geheimnis der eigenen Materie. Er war auferstanden aus dem Urgrund, demonstrierte eine Art kosmischer Solidarität der Materie. Staub, Korpuskel, Staubkorn, Körper ... Ein unfaßbares Wunder. Tja, wären wir jetzt im siebzehnten Jahrhundert, käme der Ratschlag von Descartes sehr gelegen, und ich würde jetzt, in Integralpose auf der faulen Haut ruhend, zwei, drei klassische Gesetze ausliegen, wäre ich Pascal, versteht sich ... Über die Strömungen in der Luft, oder die Dispersion der Teilchen, oder den undurchsichtigen Körper ... natürlich, die Integralrechnung hing schon in der Luft, falls sie noch nicht entdeckt war ... Eine Art Siegeswirbel – der Triumph der Gesetzmäßigkeiten – stieg in dem Sonnenstrahl auf, er schien sogar zu frohlocken über die eigene Unfaßbarkeit: die Gesetze verbargen sich nicht, sondern führten sich dem hilflosen Verstand vor, praktisch ohne zu riskieren, daß ich in irgendeine Windung der Schöpfung eindringen könnte. Und es war derart klar, daß es nicht lohnte, den Armen (den Verstand) anzustrengen, daß nicht nur in jenem Staub alles lag, was den Ruhm der ganzen klassischen Mechanik und Mathematik und so ausmacht, sondern überhaupt alles – auch, was danach kam, auch, was noch entdeckt werden wird, und all das wird ein Klacks sein im Vergleich zu dem, was in diesem Strahl vorging. In diesem demonstrativen Tanz – denn auch Rhythmus und Musik schien ich schon zu hören – lag außerdem noch beschlossen, daß er überhaupt nicht für mich bestimmt war und auch nicht einmal für den vor dreihundert Jahren auf den Rat von Descartes in meiner Pose daliegenden Pascal ... »Triumphierende Gesetzmäßigkeit«, sagte ich noch einmal vor mich hin, und der Gedanke entglitt mir im Wirbel der anderen, mir unzugänglichen, was mich regelrecht freute. Und dieser Triumph bezog sich nicht auf mich und mein armseliges Bewußtsein, dessen letzter, inniger Wunsch es gewesen war, nie mehr den Kopf zu heben, und sei es von diesem Kissen, er bezog sich auch nicht auf das menschliche Bewußtsein generell, das ich im Augenblick, so gut ich vermochte, unbevollmächtigterweise repräsentierte ... – der Triumph lag in der Beständigkeit und Endlosigkeit seines Währens, in seinem Präsens, dem Er Sie Es Ist. So daß man die Anstrengung auch sein lassen konnte: Jedes von uns wahrgenommene Gesetz war quasi nicht nur ein winziger Teil jener universalen, alle Zeit umschlingenden und alles in sich verschlingenden Gesetzmäßigkeit, sondern verflüchtigte sich auch gleichsam völlig, sobald es erhascht und formuliert worden war, das nette kleine Gesetz; unserem Bewußtsein nachfolgend, verflüchtigte sich unser Gesetz auch quasi aus dem Weltall – etwas Unnützes, Totes, ohne das das Weltall in seinem Währen ganz gut allein auskommen konnte, denn das Gesetz hatte es ja auch vorher nicht gegeben, bloß wir, wir fielen mit ihm zurück, während wir es in Einklang bringen wollten mit dem Weltall, das unterdessen, bei unserem ungeschickten Denkaufenthalt, von uns weggeflogen war, weggeflogen in Weiten, die überhaupt keine Relation mehr hatten zu dem, wo wir uns in jenem berauschenden Moment befunden hatten, als uns schien, wir hätten irgend etwas von irgend etwas begriffen und entdeckt ... Überschwengliche Freude erfaßte mich bei der Anschauung des vor meinen Blicken flirrenden Erdenstaubes – überschwengliche Freude, wie nichtig ich selbst davor war: auf welchem dieser Staubkörnchen sauste ich selbst an den Myriaden der anderen vorüber? Und wenn ich der neuerworbenen Erde hätte einen Namen geben müssen, hätte ich sie Hekuba genannt ... was beginne ich Schreiberling schon ohne Zitat? Gestreutes Licht! Das Licht hatte sich über blinkende Staubkörnchen ausgestreut, hatte sich zerstreut, zersetzt. Existierte es überhaupt zwischen ihnen? Oder hatten sie sich im Licht verstreut? War es mir vergönnt, ein weiteres Mal niederzufallen, um erneut all das zu verlieren, zurückzukehren, vorsorglich den Staub von den Knien wischend? Hatte ich das Licht erblickt, war auf mich das Licht gefallen, damit ich, ewig dahinsausend, mit meiner Staubfacette leuchte? Herrgott, wie ist es doch gar nicht schlimm, daß du existierst. Bitte schön, existiere ruhig, soviel du magst. Was juckts mich. Dieses Frohlocken, daß es mir gegeben war, auf deinem Karussell ein Stückchen mitzufahren! Gestreutes Licht … Wohin hatte es sich verstreut, wann hatte es das getan? Was hatte es vergessen oder verloren, zerstreut, wie es ist … Es mag so zerstreut sein, wie es will, und doch ist es – Licht! Und das Licht, es mag so schwach sein, wie es will, und doch, oh! Licht ist immer – *ganz*! Und ein Teilchen davon ist ein Teilchen vom ganzen Licht. Ist durchaus nicht wenig. Auch gestreutes Licht erreicht uns noch. Und wir existieren noch. Wo sollen wir auch hin, wenn es sich immer noch nicht völlig verstreut hat. Vielleicht schwindet das Licht dabei nicht, sondern wird nur noch lichter …

Der Lichtstrahl wanderte weiter, wobei er zu meiner Verwunderung ein äußerst sauberes und blankpoliertes Parkett zurückließ, ohne ein Staubkörnchen – und beleuchtete Mutter. Es sah aus, als sei sie aus diesem Zauberstaub gewirkt und sei immer noch ein wenig durchscheinend. Der Lichtstrahl wurde von ihr gebrochen, sie jedoch absorbierte das Licht nur wie ein undurchsichtiger Körper, als wäre ein Strahl auf einen anderen gestoßen – womöglich eine Interferenz? – und hätte ihren leichten, heiligen Schatten geboren, damit mein Auge sie wahrnehmen konnte im zerstreuten Licht. Mama!

»Du bist wach! Was möchtest du zum Frühstück?«

»Vielleicht eine Bouillon?«

Mit Pascal hat das absolut nichts zu tun! Wer weiß, ob er den Rat von Descartes überhaupt ausprobiert hat. Die Bouillon verbrannte mir den Gaumen und verdarb mir mit ihrem langen Nachgeschmack die erste Zigarette sowie die ganze Inspiration, die ich mir mit soviel Mühe anerlegen hatte.

Ich hätte so gerne weitergemacht und konnte doch nicht.

Meine Frist war um. Ich hatte überlebt ... Zerstreutes Licht! Wohin hatte sich alles zerstreut und zersetzt? Weshalb? Weil wir so zerstreut waren? Und welches Licht hatten wir gemeint? Ringsum wird alles dichter. Verengt sich. Ein Engpaß, ein Tunnel. Alles Licht ist zerstreut und absorbiert, aber weit vorne wächst etwas, ein winziger Fleck ... weit vorne – oder am Ende? Dort ist es licht. Von dort kommt Licht. Jenseitiges Licht.

Einmal werde ich dieses Buch bestimmt noch schreiben! Darin wird die Zeit in ihrer wahren Richtung verlaufen – rückwärts! Allerdings – keinerlei Retrospektiven! Bloß wird zuerst unser HAUS die greuliche Behörde, die es absorbiert hat, aus seinen vier Wänden vertreiben, danach wird vor allem Vater wiederauferstehen, dann wird auch seine Krankheit in die ferne Zukunft entschwinden, wird der BAUM wiedererstehen und der Ast wieder anwachsen, wird auch der Selbstmörder in seinem Leinenhemd vom Asphalt zum Dach hochfliegen; wird Mutter wieder jünger ... Rasch, im Zeitraffer, werden die Bomben zum Himmel fliegen, wird das Eis der Blockade tauen und der Krieg nicht beginnen. Freundlicher wird das Laub flimmern, wie in der Kindheit, wenn man unverdient einen Klaps bekommen und geweint hatte. Und schon hat es auch den Klaps nicht gegeben ... Die Großmutter lebt wieder auf. Der Himmel blickt immer ungetrübter, plötzlich beginne ich vom allerersten Klaps zu schreien, und – der Erzähler ist noch nicht geboren. Wie wird sich die Welt dadurch verändern, daß ich noch nicht auf der Welt war? In welch ungeahnte Farben des Neids, der Hoffnung und Erwartung wird sie sich tauchen ohne mich? Wie wird alles schäumen und schillern vor Glück?

Und schon ist buchstäblich noch gar nichts geschehen. Alles ist davongesaust in die Zukunft.

Übers Pflaster ratternd, kommt eine Equipage vorgefahren, eine Dame mit Sonnenschirm hüpft vom Trittbrett, sie wird gestützt von einem Herrn, in dem ich nicht gleich meinen Großvater erkenne, erst später komme ich darauf … Die Dame rafft leicht den Rock, und unter den Rüschen entblößt sich – was für ein hübsches Füßchen! Was für eine schöne, junge Großmutter ich habe im Jahre 1910! Und was kommt da für eine Rasselbande herausgesprungen? Der Blondschopf mit den aufgeworfenen Lippen und dem Matrosenhemd hält ein Glasgefäß mit einer in Spiritus konservierten Krähe unschlungen – mein Onkel war sich schon früh über seine Berufung im klaren. Da ist ja auch die Tante, ich erkenne sie an ihrem Näschen, sie ist noch keine zwei, was läßt sich da über sie sagen … Überhaupt möchte ich die beiden eigentlich gar nicht so eingehend betrachten – meinen Blick fesselt ein anderes Mädchen: nur sie kann derart staunen, nur sie kann, vor Begeisterung erschrocken, so runde Augen machen… Mama! Mamotschka! Hab keine Angst, du kennst mich nicht … Wie aufregend es für dich ist! Koffer, Kisten, Schachteln und Reisesäcke werden hineingetragen. Wie neu das Haus ist! Wie groß! Wirst du tatsächlich darin wohnen, meine Kleine?

Wirklich, Haus, wie interessant du bist, wie wenig den anderen gleich! Noch weiß niemand, daß du im Stil der Jahrhundertwende gebaut bist – Jugendstil, »Art Nouveau«, »Liberty«. Du bist bloß neu und für meine lebenden Lieben zum Wohnen günstig. Da entgleiten auch sie mir in die verschwommene Ferne der Zukunft, und irgendwie beschäftigt mich das immer weniger … War es nicht das, wonach ich später einmal Mama fragte? Ob es mich schon gab? Nun – gibt es mich nicht.

Was für ein Buch das einst werden wird! Oh, ich muß mich sputen! Vielleicht ist es noch nicht zu spät? Vielleicht ist es noch nicht …

1970-1973, 1980-1983

Inhalt